비관의 힘

초판 1쇄 발행 2015년 4월 8일
　　2쇄 발행 2015년 4월 24일
　　3쇄 발행 2015년 5월 1일
　　4쇄 발행 2015년 5월 20일

지은이 정선구
펴낸곳 책밭
펴낸이 유광종
책임편집 이동익
디자인 박동훈
출판등록 2011년 5월 17일 제300−2011−91호
주소 서울 중구 필동1가 39−1 국제빌딩 607호
전화 02−2275−5326
팩스 02−2275−5327
이메일 go5326@naver.com
홈페이지 www.npplus.co.kr
ISBN 979−11−85720−07−4 03320
정가 16,000원

 늘품은 항상 발전한다는 순수한 우리말입니다.

비관의 힘

The Power of Pessimism

이 책은 삼성언론재단 언론인 저술지원 사업으로 만들어졌습니다.

서문

'비관', 한자로 적으면 '悲觀'이다. 나는 이 말을 퍽 좋아한다. 비관은 그냥 비관이 아니다. '낙관樂觀'과 반대의 뜻을 지닌 단어가 아니라는 얘기다. 원래는 석가모니 부처의 자비관慈悲觀에서 비롯한 말이다. '대자대비大慈大悲'라고 하면 금세 이해를 할 수 있는 말이다.

사랑의 눈길로 세상의 중생들을 바라보는 게 '자관慈觀', 슬픔의 눈길로 뭇 생명들을 보는 게 '비관悲觀'이다. 나는 석가모니 부처의 자애로운 눈길보다 그 다른 눈빛, 비관의 눈길에 훨씬 더 끌린다. 석가모니 부처의 뜻은 다른 데 있지 않다. 중생을 업장業障과 윤회輪回의 끝없는 순환에서 벗어나도록 이끌고 돕는 것이다.

석가모니 부처의 원대한 희원希願을 따를 만큼 나는 성숙하지 못하다. 그러나 슬픔의 눈길에서 빛을 찾아내는 그 비관의 울림이 그저 좋을 뿐이다. 그래서 나는 어느 시점에선가부터 이 비관이라는 단어에 주목하기 시작했다.

기쁨은 늘 좋은 것. 그러나 슬픔은 비장해서 좋다. 슬픔의 깊이를 제대로 지닌 사람에게는 영롱함이 번진다. 숙성이 깃들고, 고요함이 넘친다. 슬픔을 고스란히 이겨낸 사람은 아주 두텁다. 쉽게 움직이지 않아 의젓하다. 큰 목표를 보면서 큰 걸음을 내딛을 줄

안다. 인생의 항로航路에는 늘 풍파가 닥친다. 높은 물결, 낮지만 몸 전체를 휘감는 물결, 성난 물결, 거센 물결이 줄곧 닥친다. 순탄하게 모든 일이 풀리는 경우는 거의 없다. 흐름을 막아버리는 경우가 더 많다. 그런 때를 우리는 역경逆境이라고 적는다.

역경에 처했을 때 빠져나오는 일이 우선이다. 그러나 쉽게 빠져나오면 그로부터 얻는 교훈은 그만큼 쉽게 잊힌다. 역경의 그늘이 짙을수록, 그를 헤집고 나온 사람의 경륜은 더욱 쌓인다. 경륜만이 아닐 것이다. 깊은 그늘로부터 꿋꿋한 걸음으로 걸어 나오면서 얻은 지혜의 빛도 적지 않을 것이다.

나는 그런 이들을 많이 만날 수 있었다. 고상한 정신세계를 헤집고 다녔다면 더 좋을 일이지만, 나는 기자생활의 상당 기간을 경제와 산업의 현장에서 보냈다. 나는 내가 섞이고 부딪는 그런 현실의 생생한 터전에서 비관의 힘을 찾기 시작했다.

역경을 맞았을 때, 실패의 늪에 빠졌을 때 내가 책에서 언급한 사람들은 우회하지 않았다. 오히려 역경과 실패의 근저根底를 향해 발을 옮겼던 사람들이다. 그들은 그로써 정면돌파를 시도했고, 부단한 각성과 노력으로 마침내 어두운 그늘을 밟고 역경과 실패의 길목을 벗어났다.

    그들 대부분은 또 역경과 실패를 돌파하면서 얻은 경험과 지식으로 아주 값진 성공을 거뒀다. 그런 스토리를 직접 듣고 취재하면서 내 머릿속을 맴돌았던 말은 '뿌리 깊은 나무'였다. 뿌리가 깊어야 열매 많이 맺는다는 것은 거의 공자님 말씀이다. 아울러 '깊은 샘'도 떠올렸다. 샘이 깊어야 물은 멀리 흐르는 법이다.

    그런 내 작은 깨달음을 어떤 언어로 정리를 할 것인가. 그러다가 문득 떠올랐던 말이 마음에 오래 담아뒀던 비관이다. 시련의 깊이가 깊을수록, 역경의 그늘이 짙을수록, 실패의 중압감이 클수록 그를 이겨낸 사람들이 지닌 빛과 무게가 다르다고 느껴졌다. 그래서 이 책을 적었다.

    솔직해야 성공을 거둔다. 남에게도 그렇고, 자신에게도 그렇다. 자기가 맞닥뜨린 현실의 이모저모를 솔직한 시선으로 보고 연구해야 옳다. 막연한 자신감과 긍정의 심리는 실패를 모면하는 데 작은 도움은 줄지언정 진정한 해법 찾기로는 이어지지 않는 법이다.

    그보다는 슬픔에 깊이 젖어서 슬픔의 바닥을 솔직하게 관찰해야 한다. 부처님 수준에야 이를까만, 이게 바로 나름대로의 정직하면서도 솔직한 비관이 아닐까. 실패와 역경의 극복은 그곳에서 시작할 수 있다. 슬퍼봤기 때문에 달리 찾아오는 슬픔은 두렵지 않다. 그저 또 상대해서 이길 수 있는 슬픔에 불과할 뿐이다.

이 책은 기존 상식에 어깃장을 놓는 내용을 담았다. '긍정 마인드로는 큰 일 난다', '비관해야 생존한다', 뭐 이런 식이다. 긍정론을 신조로 삼는 독자들에게는 정말 죄송할 일이다. 그럼에도 굳이 비관론을 늘어놓으려 하는 것은 또 다른 역설을 토하기 위함이다. 낙관과 긍정을 넘어 비관과 긍정을 보면 또 다른 빛이 보인다는…. 그것이야말로 생존의 길이요, '일보후퇴 이보전진'이다.

이 책에 등장하는 인물들은 대부분 내가 직접 만나 본 분들이다. 거의 대부분 실명을 거론했다. 또 그분들의 직함은 현재 그 직위에 있지 않더라도 현직으로 명기했다. 그분들의 생생한 경험담을 독자들에게 전달하기 위함이다. 이들 모두 내가 좋아하거나 존경하는 인물들이며, 설사 실패담을 적었더라도 좋은 의미로 기록하기 위함인을 밝혀 둔다.

2015년 봄 정선구

Contents

제1장

왜 비관론인가

우리는 행복한가

겉으로만 웃는다

박종수 금융투자협회장은 대한민국 금융계의 원로다. 1947년생으로 대우증권 대표이사, LG투자증권 대표이사, 우리투자증권 대표이사 등을 거쳐 2012년 2월 제 2대 금융투자협회 회장이 됐다. 서울 토박이인 박 회장은 서울 양정중학교에 다닐 때 매우 똑똑해 수재 소리를 들었다. 당연히 전국에서 내로라하는 수재들이 모이는 경기고등학교(62회)에 응시해 합격했다.

당시 그의 중학교 동창 네 명이 경기고 입학시험을 봤다는데, 그중 두 명이 합격했다고 한다. 자신을 포함해 우리나라에서 난다 긴다 하는 학생들만 모였다는 경기고 생활. 워낙 공부의 천재들만 모여서 두렵기도 했지만, 그래도 "나 역시 양정중학교에서 수재 소리를 들은 사람인데 질 수야 없지"라고 각오를 다지며 죽어라 공부에 몰두했다.

그런데 이게 웬일인가. 아무리 공부해도 반에서 40등 언저리를 맴도는 게 아닌가. 박 회장은 그런 자신에게 크게 실망했다. 10등 안에 들어가려고 무지하게 노력해도 10등은커녕 20, 30등 안에 들기조차 어려웠다. 반면 늘 놀러만 다니며 말썽만 피우는 깡패 같은 친구는 언제나 10등 안에 들었다.

박 회장 본인도 나중에는 가까스로 10등까지 올라갔지만, 그로서는 참 신기한 일이었다. 박 회장은 그 이유가 너무 궁금했다. 그래서 용기를 내어 그 깡패 같은 친구에게 물어봤다. "너는 매일 노는 것 같은데 도대체 10등 안에 드는 비결이 뭐냐?"고. 돌아온 친구의 대답에 박 회장은 하마터면 뒤로 자빠질 뻔했다. "나 과외 해."

"우리는 행복한가?" 난데없이 이런 질문을 받았다고 치자. 그러면 대부분의 사람들은 대답하기를 망설인다. '행복? 과연 나는 행복한 삶을 살고 있기는 한 걸까', '실컷 놀아도 과외 덕 하나로 난다 긴다 하는 아이들만 모인 경기고등힉교에서 10등 안에 든다는데 역시 돈 있고 배경이 좋아야 행복한 건가', '도대체 나는 뭐지? 지금 출

세한 걸까, 갈 길이 아직도 먼 걸까.'

아무리 생각해 봐도 쉽게 답이 나오질 않는다. 그건 우리가 설사 불행까지는 아니더라도 행복하게 살고 있지 못하다고 대답하는 것과 같다. 아마도 십중팔구는 "혹시 나는 지금 행복은커녕 불행한 건 아닐까"라고 반문할지도 모르겠다.

그만큼 행복에 대한 자신감이 우리에겐 없다. 아무도 없는 강가에 가서 "야~ 나는 불행하지 않아! 아니, 행복해야 해!"라고 큰 소리로 외치는 수밖에 별다른 도리가 없다. 그래서 옛 애인을 우연한 기회에 다시 만났을 때 "행복하니?"라고 묻곤 하는 게 영화나 TV 드라마의 단골 소재가 된 건 아닐지.

한때 대한민국 전역을 실컷 웃기다가 어느 날 훌쩍 시공時空의 틈새로 빠져나간 사내가 있었다. 고故 이주일(본명 정주일) 선생은 살아생전 참 대단했다. 식상하던 코미디 업계에 혜성처럼 등장해 시쳇말로 코믹 연기 하나로 우리나라를 들었다 났다 했다.

이주일 선생을 기억하는 사람들은 TV에서 그가 보여준 익살스러운 연기에 흠뻑 빠져 잠시나마 괴로움을 잊곤 했다. 그를 보고 있노라면, 우리는 여전히 고달픈 삶의 포로로 묶여 있는데, 혼자만 여유와 행복을 즐기고 있다는 착각도 들게 하곤 했다. "일단 한번 와 보시라니깐요", "못생겨서 죄송합니다" 같은 유행어를 세상에 퍼뜨린 우리나라 최고의 코미디 황제 이주일 선생.

사실 1980년대와 1990년대 그의 인기는 지금의 아이돌 스타들보다도 훨씬 더 높았다. TV 프로그램에 그가 출연하는 날이면 어린 이들이고 직장인들이고 할 것 없이 안방에 옹기종기 모여 앉아 그를 보는 재미에 흠뻑 빠졌다. 이주일 선생은 한 방송사의 오락 프로그램 〈토요일이다, 전원 출발〉에서 처음 단역으로 출연했다. 그러나 그다지 인기를 끌지 못했고, 그저 스쳐 지나가는 코미디언 중의 한 명이 될 뻔했다. 그런데 그 코너에서 우연히 실수 연발 대사를 한 것이 대박으로 이어져 스타로 떠올랐다.

운 좋게도 필자는 그 이주일 선생과 딱 한 번 술자리를 가진 적이 있다. 1992년 14대 국회의원 선거가 열리기 직전이었다. 이주일 선생과 필자를 비롯해 네 명이 모였던 기억이 난다. 정말 신이 났다. 당대 최고 코미디언과의 만남이라 약속장소로 가는 길에 얼마나 가슴이 설렜는지 모른다.

"못생겨서 죄송합니다"라고 하는 익살을 구경할 수 있을까, 〈수지 큐Suzie Q〉 춤을 바로 코앞에서 볼 수 있는 걸까. 약속장소로 가는 약 40분여 동안 가슴이 두근거렸다. 나중에 "야, 나 이주일과 술 한 잔 했어"라고 친구들에게 자랑할 것을 생각하니 흥분이 멈추질 않았다.

아, 그러나 아쉽게도 그와의 술자리 내내 웃음꽃은 한 번도 피지 않았다. 정겨운 익살도 흥겨운 춤도 당연히 없었다. 오히려 이주일 선생은 저녁 내내 사뭇 진지하기만 했다. 필자의 기대감과 흥분, 설렘이 모두 물 건너가는 술자리였다.

지금은 세월이 너무 흘러 그와의 술자리에서 무슨 말들이 오갔는지 기억나지 않는다. 그런 걸 보면 딱딱하고 재미없는 정치 이야기, 그저 세상 돌아가는 이야기만 나눴던 것 같다. 그런데 그의 말 가운데 딱 하나 기억나는 게 있다.

"부탁이 하나 있습니다. 이거, 꼭 들어주셔야 하는데요, 제발 저를 '딴따라'라고 부르지 말아 주세요. 그저 열심히 살아가는 '연예인'이라고 불러 주시면 안 될까요? 그렇게 해 주신다면 정말 감사하겠습니다."

비록 딱딱한 자리가 되고 말았지만 필자에게는 의미 있는 저녁이 됐던 그날이 지나고 며칠 뒤. 이주일 선생은 멋지게 통일국민당 후보로 경기도 구리에서 국회의원에 당선되는 쾌거를 이뤄냈다. 고故 정주영 현대그룹 회장의 권유로 정치를 시작한 뒤 얼마 안 돼서다.

그의 당선 소식을 듣고 필자는 얼마나 기뻤는지 모른다. 사실 그와의 인연은 술자리 한 번 가진 게 다였다. 하지만 대한민국 모든 남자들이 영화나 TV에서 비쳐진 그의 겉모습만 봐 왔던 것과는 달리 필자는 단 한 차례의 저녁자리만으로도 그의 생각과 고민을 알 수 있었다. 다른 사람들보다는 그를 조금이나마 더 잘 안다는 묘한 쾌감 때문일까. 그의 번민을 직접 코앞에서 들었다는 으쓱함 때문이었을까. 그의 국회의원 당선 소식은 필자의 귓가에 남다르게 들려왔다. "정말 대단하시네요, 정말 장하시네요"라는 이야기를 전해주고 싶었다. 그것은 기존 국회의원들의 식상하고 못난 활동과는 확연히 다른 행동을 그가 보여줄지 모른다는 기대감이기도 했다.

사실 이주일 선생이 당선된 배경에는 '반값 아파트' 등 기상천외한 공약을 내건 정주영 회장의 바람이 있으리라는 점을 배제할 수 없다. 그러나 그보다는 곳곳에 걸려 있는 선거벽보에서 '못난 친구 정치선언'이라는 문구가 유권자들의 눈길을 끌었을 듯 ' 서생의 선거 홍보책자에는 '얼굴이 아니라 마음입니다'는 구호도 내,

이 모든 게 이주일 고유의 이미지를 잘 살려낸 것이었다. "고'ㅇ 해 본 사람만이 어려운 사정 알아줍니다"라는 메시지도 경기도 구리 유권자들의 마음을 자극했으리라. 기존 정치권 인물들과는 사뭇 다른 이미지, 실망만 안기는 다른 국회의원 후보들과는 확연히 구별되는 모습 등이 그의 경쟁력을 더했을 것이다.

그는 그렇게 국회의원이 됐다. 그 뒤 코미디언 생활을 접고 본격적인 정치인의 길로 들어섰지만, 이후 4년 동안 정치판을 웃긴 적은 없다. 그는 필자와의 술자리 다짐처럼 자기 분야에 대한 강한 자부심을 갖고 국회에 나섰다. "나는 딴따라가 아니라 연예인"이라고 말했듯이 늘 진지한 자세로 문화예술 분야 의정활동을 벌였다.

그는 국회에 첫발을 들이고 나서 다른 국회의원들의 면면을 찬찬이 둘러보니 그야말로 기라성 같은 인재들뿐이어서(맞는 소리인지는 의문이지만) 자기 같은 코미디언이 어떻게 감히 국회의원이 되었는가 싶어 황송하기까지 했다고 한다.

그런데 한 1년쯤 지나고 나니 생각이 달라졌단다. '뭐 이런 것들이 다 국회의원을 하나!'라는 생각에 실소가 나왔다고 한다. 그렇게 이주일 선생은 웃지 않고, 웃기지 않고 묵묵히 국회의원 활동을 했다. 대신 정치판이 그를 웃긴 모양이다. 그는 4년 뒤 정계를 떠나면서 명언을 남겼다.

"(국회의원 하는) 4년 동안 코미디 공부 많이 하고 갑니다." 국회가 자신의 코믹 이미지보다 더 코믹해서였을까. 그는 정치판은 자기가 있을 곳이 아니라고 회고했다. 지금은 고인이 된 이주일 선생.

.션 평생 행복했을까. 국민들에게 한바탕 행복 웃음을 주었지만 본인 스스로는 행복을 만끽했을까.

곰곰이 생각해 보니 그와의 술자리에서나 의정활동을 보면 그는 고민과 번뇌의 인간이었을 것으로 짐작된다. 겉으로 보면 가장 행복했을 것 같은 이주일 선생마저도 실제론 제대로 행복을 느끼지 못했을 것이다. 그저 남들을 웃기고 행복하게 해주는 재주는 있어도 정작 본인 자신은 고뇌의 나날을 보냈을지도 모른다.

'행복'의 이면 풍경

필자와 친분이 있는 분들 가운데 '행복전도사' 두 분이 있다. 한 분은 오종남 서울대학교 과학기술혁신최고과정 명예주임교수요, 또 다른 한 분은 박시호 《행복편지》 발행인이다. 스크랜튼 여성리더십센터 이사장도 겸임하고 있는 오종남 교수는 '행복'을 주제로 사방팔방 돌아다닌다. 1952년 전라북도 고창에서 태어나 서울대학교 법학과를 졸업한 수재인데다, 어찌나 말을 잘 하는지 이야기보따리를 한 번 풀면 청산유수다. 그가 필자에게 들려준, 아주 의미심장한 이야기 한 토막부터 살펴보자.

"갈수록 목이 뻣뻣해졌지. 하마터면 목 디스크에 걸릴 뻔했지 뭐야. 나에게 하는 인사 각도가 90도야. 책상을 보고 머리를 숙이는데, 나한테 굽실거리는 줄 알았다니까. '그건 틀렸습니다'라고 말하는 사람은 단 한 명도 없었어. 어느덧 나는 책상과 한 몸이 되어 가고 있었던 거야."

목이 굳고, 책상과 한 몸이 된다고? 이거 도대체 무슨 소린인가. 어느 날 잠에서 깨어 보니 벌레가 되어 있었다는, 프란츠 카프카^{Franz} ^{Kafka}의 『변신』류 소설도 아니고. 이는 정부 공직생활로 통계청장까지 지낸 오종남 교수가 자신의 청와대 비서관 시절을 회고한 내용이었다. 과연 달변가다운 그였다. 스토리를 담아 과거를 술회하는 솜씨가 여간 흥미로운 게 아니다.

오 교수는 출세한 관료 출신이다. 그는 서울대학교 법대를 졸업하고 행정고시 17회로 공직사회에 발을 들여놓았다. 경제기획원에서는 주요 과장 자리를 거쳤다. 이어 능력 있는 젊은 관료들이 한 번쯤은 경험하고 모든 관료들이 선망하는 청와대 비서실에 들어갔다.

그곳에서 그는 정책, 건설교통, 산업정보통신과학, 재정경제 비서관을 두루 지낸다. 청와대 비서관 한 번 하기도 어려운데 여러 분야를 섭렵한 것이다. 그 정도로 촉망받던 관리였다. 많은 분야의 비서관 자리를 경험했으니 미래는 활짝 열렸을 터.

하지만 사람의 운명은 모른다는 말이 맞나 보다. 그는 일단 공무원으로서 차관 자리(통계청장)까지는 올랐으나 최고 희망인 장관은 못해 봤다. 남들이 보기에 차관까지 했으니 출세한 거 아니냐고 하겠지만 정작 본인 스스로는 아쉬웠을 것이다.

그러나 그는 훌훌 털었다. 그리고는 세월이 흘러 청와대 비서관 시절을 익살스럽게 회상한 것이다. 나는 새도 떨어뜨릴 핵심 비서관이니 디스크 걸릴 정도로 목이 뻣뻣해지는 거고, 청와대 부하들이 자신에게 인사하는 각도가 90도로 굽혀지고, 모두가 다 "비서관님이 다 옳습니다"라며 굽실거리고…. 그런데 지나고 보니 자신에게 굽실거리는 게 아니라 책상(자신의 비서관 직위)을 보고 굽실거리는 거였고, 그렇게 자신은 책상과 한 몸으로 붙어버리며 망쳐지는 줄도 몰랐다고 한다.

그랬던 그가 어느 날 모든 걸 다 내려놓고 행복전도사로 나섰다. 청와대 비서관 시절 목에 잔뜩 주었던 힘을 완전히 뺀 채. 오 교수는 행복에 대한 자신의 관점을 설파하면서 초등학교 시절 배우는 국어와 산수를 예로 들었다. "우리가 어렸을 때 국어에서는 주로 뭘 배우나요? 문단의 주제를 파악하는 거죠. 산수는? 분수를 중요시하지 않나요?" 느닷없는 소리에 필자도 처음엔 알쏭달쏭했다. 그런데 가만히 생각해 보니 배꼽을 잡을 일이다. "오호~ 자신의 주제 파악을 잘 하고, 분수를 알라? 그게 행복이다? 바로 그런 소리군." 오 교수가 말하는 행복의 조건은 아주 간단한 공식으로 표현된다. '행복지수=이룸/바람'이다. 여기서 분모인 '바람'을 줄이면 행복지수가 올라간다는 게 그의 조언이었다.

가까이 하기엔 너무 먼 행복

오종남 교수와 더불어 대표적인 행복전도사 박시호 ≪행복편지≫ 발행인과의 인연은 1990년대 초반으로 거슬러 올라간다. 당시 그는 경제부총리까지 지낸 나웅배 민자당 정책위의장의 보좌관으로 있었다. 1954년 대전에서 태어난 전형적인 충청도 사람이다. 말을 얼마나 느긋하게 하는지 뒤에서 말만 들어도 "아, 이 분은 충청도 사람이야"라고 알 수 있을 정도다.

한때 정치인을 꿈꿨던 그는 외국계 보험사 임원과 우체국예금 보험지원단 이사장을 역임한 뒤 갑자기 ≪행복편지≫라는 이메일 보내기 활동에 몰두한다. 가끔 만날 때마다 이렇게 말하며 해맑게 좋아하던 얼굴이 떠오른다. "나, 진정한 행복을 찾았어. 내가 가장 좋아하는 사진 찍기 활동과 좋은 글 보내기 활동이 바로 그것이야. 정치고 사업이고 다 필요 없다네. 지금 하는 일이야말로 내 인생 최고의 직업이지."

그가 주변 지인들에게 ≪행복편지≫를 배달하기 시작한 때는 2003년 11월이다. 한때 정치권을 맴돌았고 국회의원에 출마할 생각이 있었던 박시호 발행인. 그래서 자신을 알리기 위한 책을 만들려고 글을 썼는데, 정치인이 되는 게 생각처럼 쉽지 않았다. 막상 정치인 꿈을 접고 나니 글이 아깝다는 생각이 들었다.

'아, 이거 조금 다듬어서 주변 사람들에게 보내주면 어떨까'라는 아이디어가 떠올랐고, 주말을 제외한 매일 아침마다 지인 500명에게

≪박시호의 행복편지≫라는 이름으로 글을 보냈다. 그는 새벽 5시 30분에 일어나 약 한 시간 동안 전날 생각해 놓은 것을 글로 다듬은 뒤 이메일을 보낸다.

내용은 주로 사람들을 감동시킬 만한 사연들이다. 그가 500명의 수신인 리스트를 만드는 기준은 꽤나 까다롭다. 일단 자신과 개인적으로 알고 지내는 사람이어야 한다. 자기를 모르는 사람이 메일 수신을 원할 경우에는 이력서와 사진 등을 받은 뒤 일단 만나보고 편지를 보낼지 말지를 결정한다.

이처럼 까칠하게 독자 선정을 하는 이유에 대해 그는 "행복을 주고받는 편지인 만큼 공감이 중요하기 때문"이라고 말한다. ≪행복편지≫ 회원들은 20대부터 70대까지 연령대가 다양하다. 전직 장관, 고위 관료, 검사, 판사, 기업 최고경영자CEO가 대부분이지만 일반 회사원과 그의 단골 식당 주인도 있다.

≪행복편지≫에는 그가 직접 찍은 사진도 담겨 있다. 그런데 이거 꽤 수준급이다. 아마추어 단계는 지난 것처럼 보인다. 유명한 사진작가 김중만 씨로부터 배운 솜씨라는데, 박시호 발행인과 김중만 작가는 수십 년 지기다. 그는 "사람들에게 행복을 전하는 것을 일생 영원히 해야 할 '사업'으로 여기고 있다"고 말한다.

"누구의 마음속에나 행복이 있습니다. 그걸 찾느냐 못 찾느냐의 차이가 있을 뿐이지요. 저는 그걸 찾도록 도와주는 것입니다. 저 자신도 욕심을 버리니까 행복이 왔습니다." 그런 박시호 발행인은 예금보험공사에 근무한 적이 있다.

부실기업을 정리하는 게 그의 업무였다. 남을 날카롭게 추궁하는 게 업무의 핵심이다 보니 본의 아니게 엄청난 일도 겪었다. 그에게 조사를 받던 한 기업인이 자살한 것이다. 충격은 너무 컸다. 그가 행복전도사로 나선 까닭이기도 했다.

필자 역시 그의 500명 회원 중 한 명이다. 그는 이메일뿐만 아니라 지금까지 쌓인 글들을 묶어 비매품 도서 『행복편지』로 출간하기도 한다. 최근 받아 본 그의 행복이야기 하나가 눈길을 끌었다.

어떤 인류학자가 아프리카 한 부족의 아이들에게 게임을 하자고 제안했다. 그는 근처 나무에 아이들이 좋아하는 음식을 매달아 놓고 먼저 도착한 사람이 그것을 먹을 수 있다고 알린 뒤 "시작!"을 외쳤다. 그런데 아이들은 각자 뛰어가지 않고 모두 손을 잡고 가서 그것을 함께 먹었다. 인류학자는 아이들에게 "한 명이 먼저 가면 다 차지할 수 있는데 왜 함께 갔지?"라고 물었다. 그러자 아이들은 "우분트!"라고 외치며 "다른 사람이 모두 슬픈데 어째서 한 명만 행복해질 수 있나요?"라고 대답했다.

'우분트ubuntu'는 아프리카 반투족 말로 '네가 있기에 내가 있다'라는 뜻이라고 한다. 남아프리카공화국 대통령을 지낸 넬슨 만델라 Nelson Mandela가 자주 강조해 널리 알려지기 시작한 말이다. ≪행복편지≫에 나오는 내용, 하나만 더 소개하자.

아리스토텔레스는 "인간이 그 자체로서 추구하는 가치는 하나밖에 없다. 그것은 바로 행복이다. 돈, 권력, 명예 등 모든 것은 행복이란 가치를 추구하기 위한 수단에 불과하다"고 말했다. 그러면 어떻게 해야 행복해질 수 있을까. 그것은 바로 가지고자 하는 욕망을 줄이는 것이다. 간단한 행복지수Happiness Index 계산법을 통해 내가 가진 것What I have을 내가 가지고 싶은 것What I want으로 나누어 계산해 보면 내 행복지수를 알 수 있다. 가지고 싶은 것이 100이고 가지고 있는 것이 80이면 나의 행복지수는 80%다. 그러나 가지고 있는 것이 80에서 100으로 증가해도 가지고 싶은 것이 100에서 150으로 늘어난다면 오히려 행복지수는 67%로 떨어지고 만다.

$$\left(\frac{\text{가지고 있는 것}}{\text{가지고 싶은 것}} \quad \frac{80}{100} = 80\% \right.$$

$$\left. \frac{80}{150} = 67\% \right)$$

오종남과 박시호. 두 분의 행복론은 분명 우리의 영혼을 맑게 하기에 충분하다. 자기 분수를 알고 바람을 줄이며 내가 가지고 싶은 것을 줄이면 행복해질 수 있다. 말하자면 "남을 행복하게 할 수 있는 사람이 행복을 얻는다"(플라톤Platon), "욕망을 채우려 하기보다 줄임으로써 행복을 추구하라"(앨빈 토플러Alvin Toffler), "행복의 비밀은 소유에 잊지 않고 주는 것에 있다. 다른 사람들을 행복하게 만드는 사람은 행복해진다"(앙드레 지드Andre Gide), "원하는 것을 소유할 수 있다면 그것은 커다란 행복이다. 그러나 그보다 더 큰 행복은 우리가 갖고 있지 않은 것을 원하지 않는다는 것이다"(메네데모스Menedemos)처럼 전 세계 석학들의 가르침과 다를 게 없다.

그러나 진짜 그렇게 하면 행복할까. 구구절절 옳은 명언들은 보통 사람들에게는 귀신 씨나락 까먹는 소리로 들리지는 않을까. 혹여 나의 행복은 남의 불행에서 오는 게 아닐까. 사람마다 행복의 조건은 다르다.

입신양명立身揚名해야 행복해지는 사람이 있는가 하면, 유유자적悠悠自適의 삶을 행복으로 여기는 사람이 있다. 대권을 잡기 위해, CEO가 되기 위해 끊임없이 노력하는 과정 자체를 행복으로 즐기는 부류도 있겠다. 오죽하면 『달라이라마의 행복론』(달라이 라마, 김영사, 2001)은 "인간은 행복을 추구하는 존재"라고 말하고 있겠는가.

그러나 행복은 지키는 데 있는지도 모른다. 인생을 전투처럼 살아온 제너럴일렉트릭GE, General Electric Company CEO 출신 잭 웰치Jack Welch에게는 유일한 행복이 있다. 세계적인 프로골퍼와의 골프 라운딩에서 이겼다는 즐거움이다. 잭 웰치는 "경영자가 되지 않았으면 프로골퍼가 됐을 것"이라고 말할 정도로 골프광이다.

그가 CEO 시절 '호주의 백상어' 그렉 노먼Greg Norman과 골프 대결을 벌여 딱 한 타 차이로 승리를 거둔 적이 있다. 방심하다 허를 찔린 노먼은 약이 바짝 올라 재시합을 요구했으나 웰치는 절대 응하지 않았다. 웰치는 그로써 세계 정상급 프로골퍼를 눌렀다는 쾌감을 영원히 간직하고 있다.

행복을 추구하든 지키든 간에 우리들은 엉뚱한 행복을 갈구하다가 너무 지친 것은 아닌지. 행복은 바로 곁에 있는데 멀리서 찾으려는 것은 아닌지. 불행과 비관, 슬픔을 겪어야만 행복의 진정한 기쁨을 아는 것은 아닌지. 치열한 전쟁터 같은 세상에서 홀로 착한 척

하면 되는 것인지. 생존의 경쟁을 벌이는 삭막한 사회에서 "너의 행복이 곧 나의 행복"이라고만 주장해도 살아남을 수 있는 것인지. 아, 너무 머리가 복잡해진다. 어떤 게 진정 행복한 것이란 말인가. 아예 행복이란 인간사회에서는 존재할 수 없는 게 아닌지. 우리는 과연 행복한가.

긍정은 좋은 것인가

왠지 불안한 자신감

조선시대 유명한 신립申砬 장군의 본관은 평산平山으로 선조가 즉위한 해인 1567년 무과에 급제했다. 북쪽 국경을 침범해 온 이탕개尼湯介를 격퇴하고 두만강을 건너 야인野人 소굴을 소탕해 함경북도 병마절도사에 올랐다. 왜구의 침략도 물리치는 혁혁한 공을 세운 명장이기도 하다.

특히 그의 기마병 전술은 정평이 나 있어서 북방 야인들과 왜적들에겐 공포의 대명사였다. 그랬던 그가 1592년 임진왜란 때 큰 실수를 범하고 만다. 충주 탄금대에서 밀려오는 일본군에 맞서 배수진背水陣을 친 것. 신립 장군은 북상해 오는 적을 맞아 기병술에 의존했다. 그러나 평야지대이긴 하지만 논밭이 많아 말이 달리기가 매우 어려운 지형이었다. 당연히 기동성이 떨어졌다. 논밭에 푹푹 빠지는 신립 장군의 기병들은 일본군의 총탄에 좋은 표적이 되고 말았다. 부하 장수인 김여물金汝吻 장군이 "왜적은 그 수가 많고 강합니다. 험준한 조령鳥嶺을 지키며 싸우는 게 맞습니다"라고 건의했지만, 신립은 자신의 장기인 기마병 전술만을 고집했다. 결국 조선군은 대패하고 신립 장군과 김여물 장군은 강물에 뛰어들어 장렬한 최후를 맞았다.

미국 메이저리그MLB, Major League Baseball에서 대성공을 거둔 추신수 선수는 2013년 시즌에서 대박을 터뜨렸다. 신시내티 레즈Cincinnati Reds에서 크게 활약한 그는 2013년 시즌이 끝나자 자유계약FA, Free Agent의 자격을 얻어 텍사스 레인저스Texas Rangers와 7년간 최대 총액 1억 3,000만 달러(약 1,370억 원)의 계약을 체결했다.

이는 역대 메이저리그 외야수 FA 총액 6위에 달할 정도로 높은 액수다. 그는 금의환향錦衣還鄕했다. 한국에서의 기자회견 중 추신수 선수는 "지는 팀은 항상 이겼으면 좋겠다고 생각한다. 그러나 이기는 팀은 이긴다고 생각한다"고 소감을 피력했다. 그러나 2014년 시즌이 개막한 뒤 그는 초라한 성적표를 남겼다.

성적은 그가 메이저리그 데뷔한 이후 가장 저조했다. 123경기에 출전, 타율 0.242, 출루율 0.340, 장타율 0.374, 홈런 13개, 타점 40개의 성적을 남겼다. 2008년 풀타임 메이저리거가 된 이후 타율, 출루율, 장타율 모두 최악의 기록이다. 물론 부상이 가장 큰 이유였지만, 사람들은 그 부상까지 배려해서 추신수 선수를 이해하기 어려웠다. 미국 현지 언론에서는 '먹튀'라는 비난도 나왔다. 추신수 선수는 시즌 후 한 언론과의 인터뷰에서 이렇게 말했다.

"내가 해놓은 결과물이고, 그로 인해 쓴소리를 듣는다면 감당할 수밖에 없다고 받아들였습니다. 어쩌면 FA 첫해 이런 상황에 처한 게 오히려 잘됐다는 생각도 들었지요. 악몽 같았던 시련을 통해 나도, 또 내 야구도. 시즌 내내 아픔, 안타까움을 넘어 비참한 마음이 오래 내 자신을 괴롭혔습니다. 그런데 요즘엔 이런 생각을 하게 됩니다. 힘들고 안 풀렸던 시기가 언젠가는 고마운 시간들로 기억될 것이라고. 내가 야구하는 데 중요한 경험과 자산으로 남게 될 것이라고." 그랬다. 그는 잘나갔을 때 성공을 만끽했고, 자만했을지도 모른다. 오만한 성품은 아닐 것으로 보이는데(아니, 그동안의 행적으로 보면 매우 겸손한 성품일 텐데), 혹여 2013년의 대성공이 그를 오판의 길로 들어서도록 했을 수도 있다. "이기는 팀은 항상 이긴다고 생각한다"는 말은 그래서 나왔을지도 모른다.

그러나 그는 부상이 자신의 발목을 잡았든, 어쩌면 마음 깊은 데서 솟아나왔을 오만이 스스로를 옭아맸든, 부진이 현실을 인정했다. 그는 긍정의 덫을 뼈저리게 실감했다. 존경을 받는 신립 장군 역시 기마병 전술만으로 적을 이긴다는 긍정에서 벗어나 새로운 전략을 펼쳤더라면 후세는 더 위대한 인물로 평가했을지도 모른다.

미국의 유명 목사 조엘 오스틴Joel Osteen은 하도 잘 웃어서 별명이 '웃는 목사the Smiling Preacher'다. 오스틴 목사는 레이크우드 교회의 담임 목사로 최고의 인기를 누리고 있다. 레이크우드 교회는 미국에서 상당한 속도로 성장한 교회다. 그는 ≪처치 리포트Church Report≫와 ≪가스펠 투데이Gospel Today≫라는 잡지에서 미국의 가장 영향력 있는 기독교인으로 뽑히기도 했다.

2006년에는 '바바라 월터스Barbara Walters(미국의 저명한 여성 앵커)가 선정한 올해의 멋진 인물 10인'에 올랐다. 오스틴 목사의 특기는 희망복음 전파다. 자기계발에 관한 참신하고도 열정적이며 설득력 있는 설교가 강점이다. 그는 존 오스틴John Osteen 목사의 다섯 아들 중 넷째로 태어났다. 아버지 존 오스틴 목사는 1959년 미국 휴스턴의 버려진 사료 가게를 교회로 탈바꿈시켜 신도들을 꾸준히 늘려 나갔다.

아버지의 뒤를 이어 교회를 맡은 조엘 오스틴 목사는 레이크우드 교회를 네 배로 키워 냈다고 한다. 한 리서치 조사기관에 따르면, 매주 수만 명이 찾아오는 레이크우드 교회는 미국에서 가장 큰 교회 중 하나로 꼽힌다. 게다가 오스틴 목사의 설교는 전 세계 150개국에서 방송하고 있을 정도로 영향력이 크다.

긍정도 때론 의심스럽다

조엘 오스틴의 저서 가운데 『긍정의 힘Your Best Life Now』(두란노, 2005)에는 "나는 긍정의 힘을 믿는다"고 일갈하며 최선의 삶을 위한 7단계를 거치면 부정적인 태도를 벗어나 잠재력을 발휘할 수 있다는 주장이 담겼다. 그는 일주일에 하루씩 아래의 말을 선포하면 시각이 바뀌고, 비전이 자라며, 인생이 변하는 마술 같은 힘을 얻는다고 했다.

첫째 날　나는 비전을 키우는 사람이다(마음에 품지 않은 복은 절대 현실로 나타나지 않는다).

둘째 날　나는 건강한 자아상을 일군다(자신을 행복한 승자로 여기는 사람은 인생의 거친 파도를 이겨낸다).

셋째 날　나는 생각과 말의 힘을 발견한다(말과 생각에는 엄청난 창조의 힘이 있다).

넷째 날　나는 과거의 망령에서 벗어날 것이다(마음의 실타래를 풀지 않으면 행복은 찾아오지 않는다).

다섯째 날　나는 역경을 통해 강점을 찾는다(우리는 선한 싸움을 하면서 점점 더 강해진다).

여섯째 날　나는 베푸는 삶을 살 것이다(베푸는 행위는 하나님의 은혜를 저장해 놓는 것이다).

일곱째 날　나는 언제나 행복하기를 선택했다(눈과 가슴, 얼굴에 열정을 가득 품고 살면 행복은 이미 나의 것이다).

그러면서 우리 마음은 자동차 변속기와 비슷하다고 강조했다. 자동차 변속기에는 전진기어와 후진기어가 있는데, 우리는 차를 운전할 때 어떤 기어를 넣을지 스스로 선택할 수 있다는 것이다. 두 기어를 넣는 데 드는 노력은 똑같기 때문이다.

마찬가지로 우리는 우리 뜻대로 인생의 행로를 결정할 수 있다고 오스틴 목사는 말한다. 우리가 긍정적인 생각을 품고 하나님의 복에 마음을 두기로 결정하면 어떠한 어둠의 세력도 우리가 전진해 목적지에 이르는 것을 막지 못한다고 주장한다. 그러나 부정적인 생각을 품고 문제점과 불가능만 바라보는 것은 후진기어를 넣고 하나님이 예비하신 승리에서 멀어지는 일이라고 덧붙이고 있다.

『긍정의 힘』은 필자도 감명 깊게 읽었던 책이다. KAIST 교수로 있는 죽마고우로부터 선물 받았는데, 읽고 또 읽어 몇몇 구절은 외우기도 했다. 죽마고우는 천주교 신자였지만, 그 책의 영향을 받아 주일에는 성당에 나가고 평일에는 개신교 교회에 나가 새벽기도를 한다고 했다.

국내에서도 이 책은 엄청나게 팔린 모양이다. 베스트셀러이자 지금도 꾸준히 팔리는 스테디셀러. 보통 사람들에게 그동안 잊고 있을지도 모르는 희망을 일깨우고, '나도 할 수 있다'는 자신감을 북돋았으리라. 또 긍정적인 생각을 가져야만 이 험한 세상을 헤쳐나갈 수 있을 것이라는 힘을 주었으리라.

하지만 필자가 "긍정이 곧 힘"이 아니라는 사실을 깨닫기까지는 그리 오랜 시간이 흐르지 않았다. 취재를 통해, 혹은 그냥 친목으로 만났던 수많은 기업인들을 접해 보면서 무조건적인 긍정은 외려 장애로 작용하는 경우가 적지 않았기 때문이다.

4년마다 하계 올림픽이 열린다. 또 그 중간에 4년마다 동계 올림픽이 개최된다. 국가대표 선수들은 올림픽에서 메달 따는 일을 가장 큰 영광으로 삼는다. 4년 동안 투지를 불태우며 대회를 준비하고, 메달을 따지 못하면 다시 4년 동안 절치부심切齒腐心한다.

그런데 심리학에 따르면 올림픽에서 은메달리스트보다 동메달리스트의 만족도가 더 높다고 한다. 동메달은 은메달의 하나 아래다. 그런데도 그런 만족도 결과가 나왔다. 왜 그럴까. 어쩌면 노메달에 그칠지도 몰랐는데, 동메달이라도 목에 걸었으니 그럴 법도 하다. 그러나 필자는 이를 뒤집어 생각해 봤다. 동메달로 만족한 낙관보다 금메달을 아깝게 놓친 은메달리스트의 비관과 절치부심이 앞으로 금메달 딸 확률을 더 높인다고. 동메달리스트는 간신히 메달권에 들었다는 안도감에 휩싸이기 십상이다.

그래서 "휴, 이거면 됐지"라고 만족하며 그 자리에서 노력을 멈출 가능성이 높을 것이다. 하지만 은메달리스트의 마음가짐은 다르다. 조금만 더 잘했으면 금메달을 딸 수 있었을 것이다. 아쉬움을 뒤로하고 4년 뒤 부족했던 부분을 더 가다듬으면 금메달을 거머쥘 수 있을 것이라는 생각에 훈련을 배가할 것이다.

실제 이에 관한 연구는 보지 못했지만 필자의 경험상 그럴 가능성은 충분하다고 본다. '자살'을 거꾸로 읽으면 '살자'가 되고, '역경'을 뒤집으면 '경력'이 된다. 여기에 보태 넬슨 만델라가 한 유명한 말이 있다. "인생의 가장 큰 영광은 결코 넘어지지 않는 데 있는 것이 아니라 넘어질 때마다 일어서는 데 있는 것"이라고. 비관과 부정이 되레 효과를 내는 게 현실이다.

안철수의 비관론

해마다 돌아오는 설날이나 추석을 생각해 보자. 땀 흘려 일하다가 모처럼 연휴를 맞아 신선처럼 여유 있게 휴식을 만끽하는 명절. 가족과 함께 떡국과 송편, 토란국을 즐기는 오붓한 시간이다. 햇버섯, 도라지, 쇠고기에 양념을 해서 볶은 뒤 꼬챙이에 끼운 화양적, 삶은 밤을 꿀에 개어 붙이는 율단자도 먹으면서 말이다.

자, 그런 명절이 끝나고 현실의 벽 앞에 다시 서 보자. 모처럼 긴 연휴의 달콤함에 젖어 있다가 갑자기 비정한 세상에 내몰린 기분이 든 적은 없는가. 꿀맛 같은 휴식은 끝났는데, 아직도 "더도 말고 덜도 말고 설날과 한가위만 같아라"고 하는 환상에 빠져 있는 건 아닌지. 설날과 추석이란 꿈은 저만치 뒤로 가고 있는데, 여전히 긍정의 덫과 낙관의 속살에 푹 파묻혀 있는 건 아닌지.

우리는 명절을 맞을 때마다 우리의 조상님들이 천당에 계실 거라고 믿으며 아침에 차례를 지낸다. 그러나 막연히 조상님들이 천국에 가 계실 것이라고 믿는 것일 뿐, 그분들이 천당에 계실지 지옥에 계실지는 아무도 모른다. 아는 것과 믿는 것은 전혀 다르니까 말이다.

명절은 명절일 뿐이다. 만약 누구는 죽어서 천당에 가고, 누구는 죽어서 지옥에 간다는 것을 미리 안다면 그것은 오히려 엄청난 두려움 그 자체일 것이다. 우리가 신이 아닌 이상 어떻게 알겠는가. 또 죽어서 천당에 갈 거라는 막연한 긍정은 만에 하나 지옥의 나락으로 떨어졌을 때 더 큰 절망으로 다가올지도 모른다.

이런 비관에 관해 이야기할 때 국회의원 안철수와의 경험담을 빼놓을 수 없다. 그에 대한 호불호好不好는 확연하게 갈린다. 때 묻지 않은 정치인으로 치켜세우는 사람들이 있는가 하면, 정치인이 되기 전엔 몰랐는데 막상 정치에 발을 들여 놓으니 별거 없다고 비아냥거리는 사람들도 있다. 특히 권력의지權力意志가 없어서 대권을 잡기엔 틀렸다는 시각도 있다.

그럼에도 안철수 의원은 그런 호불호나 정치적 활동을 떠나, 척박한 환경 속에서도 창업해 자기 분야에서 일가를 일궈낸 사람임에는 틀림없다. 게다가 정치인이 되기 이전에 필자가 그와의 만남에서 바라본 그의 '비관론적 인사이트'는 정말 대단했다.

그가 자신이 창업한 안철수연구소에서 CEO로 한창 일하던 2005년 3월이었다. 그는 경영 일선에서 물러나 느닷없이 미국으로 훌쩍 떠났다. 미국 펜실베이니아대학교University of Pennsylvania 와튼스쿨Wharton School에서 공부를 더 하겠다며. 그리고는 필자에게 이메일을 한

통 보내왔다. "하루 종일 책을 읽어도 저녁 무렵이 되면 공부한 양이 얼마 되지 않음을 보면서 절망하곤 합니다. 시간이 너무 빨리 지나가 오히려 초조한 마음입니다."

기가 막혔다. 도대체 얼마나 공부에 미쳐 있기에 절망하고 초조해 하는지…. 원래 안철수 의원은 책벌레로 유명했다. 부산에서 중·고등학교를 다닐 때 책을 보며 걸어가다가 전봇대에 무수히 부딪혔을 정도였다. 안철수연구소를 만든 뒤에도 손에서 책을 놓지 않는 버릇은 여전했다. 무슨 일이든 하기 전엔 꼭 관련된 책부터 읽었다.

예를 들어 바둑을 배우기 전에 바둑 책 10권 이상은 본 뒤 바둑돌을 집었다. 책의 발행 연·월·일과 출판사 주소까지, 책에 담긴 모든 활자는 달달 외워 버릴 정도라고 한다. 하루는 필자가 몇몇 벤처인들이 초대된 저녁 모임에 참석했을 때였다.

말수가 워낙 적은 그가 내 바로 옆에 앉았는데, 모임 자리가 끝나자마자 "제가 정성들여 쓴 책 입니다. 읽어봐 주세요"라고 말하며 책 한 권을 필자의 손에 살포시 건네줬다. 책의 제목은 『CEO 안철수, 지금 우리에게 필요한 것은』(김영사, 2004)이었다. 안타깝게도 술에 취한 채 버스를 타고 귀가하다가 그만 그 책을 버스에 두고 내렸지만(너무 미안한 마음에 아직도 안철수 의원에게는 비밀이다), 조용한 성품을 가진 그가 책에 미친 사나이란 인상이 짙게 남은 날이었다.

미국에 있던 안철수 의원은 2년 뒤 또 한 통의 이메일을 필자에게 보냈다. "주위를 돌아볼 틈도 없이 살고 있어 다른 대한민국 중년들과 별반 다를 바 없는 삶을 살고 있습니다. 그렇지만 바쁠 때일

수록 스스로 돌아보고 점검해 보며 방향과 균형감각을 잃지 않는 것이 중요합니다. 인생은 미지의 땅을 여행하는 것과 같아서 자신의 발끝만 보고 정신없이 걸어가기만 하다가는 미아가 돼 버리고 말 것이기 때문입니다."

그는 국내에서 CEO로 있는 동안 컴퓨터 바이러스와 싸우며 정말 정신없는 삶을 살았을 것이다. 겉모습만 봐서는 세상 풍파를 겪어보지 않았을 것 같지만 그래도 사업이라, CEO들에게 닥친 온갖 시련을 온몸으로 맞았을 것이다. 그는 이메일에 적시한 것처럼 인생을 "미지未知의 땅을 여행하는 것"이라고 정의했다.

그러면서 자신을 포함해 한국의 모든 사람들이라면 이런 삶을 사는 거라고 봤다. 그리고는 자신의 발끝만 보고 정신없이 걸어가기만 해서는 안 된다고 했다. 그는 이메일에서 스스로를 되돌아보라고 권하며 유명한 경영사상가 짐 콜린스Jim Collins의 저서 『좋은 기업을 넘어 위대한 기업으로Good to Great』(김영사, 2011)에 나오는 '스톡데일 패러독스Stockdale Paradox' 이야기를 들려줬다.

제임스 스톡데일James Stockdale이 누군가. 미국이 베트남과 치열하게 전쟁을 벌였을 당시 베트남군에 붙잡힌 미군 장군 아닌가. 스톡데일 장군은 베트남 포로수용소에서 8년간 고문을 받으면서도 많은 미군 포로를 고향으로 돌아가게 만든 전쟁 영웅이었다.

장군은 함께 포로로 잡힌 부하들의 심리에서 묘한 점을 발견했나. 수용소에서 살아남은 사람들은 '낙관주의사'가 아닌 '현실주의자'였다는 점이었다. 일반적인 통념을 완전히 깨는 비상식이었던 것이다. 낙관주의자들은 "다가오는 크리스마스에는 나갈 수 있을 거야"라고 스스로 희망을 불어넣었다. 하지만 그들은 크리스마스가 지났음에도 여전히 포로 신세를 면치 못했다. 그러면 이들은 또 이렇게 생각했다. "그래, 이번 크리스마스 때는 풀려나지 못했지만 다가오는 내년 부활절에는 나갈 수 있겠지."

그러기를 몇 해. 기대만을 반복했던 낙관주의자들은 결국 상심해 죽었다. 반면 현실주의자들은 "크리스마스 때까지는 절대 나가지 못할 거야"라고 생각했다. 체념이었다. 그러나 체념만 했다가는 이들 역시 살아남지 못했을 것이다. "이왕 못 나갈 바에는 적응하며 살자"라며 생존을 우선시하거나, 포로 신세라는 황당한 현실에서도 각오를 거듭해 살아남았다. 낙관하고 기대하기 이전에 살아남는 법부터 체득한 셈이다. 이메일 말미에 안철수 의원은 이런 말을 덧붙였다. "결국 성공할 것이라는 믿음과 눈앞의 냉혹한 현실을 혼동해서는 안 됩니다. 생명 자체가 자연의 균형과 안정이라는 거대한 힘과 끊임없이 투쟁하듯, 개인과 조직 역시 안정과 끊임없이 싸워야만 살아남을 수 있습니다. 변하지 않는 개인이나 조직은 죽어갈 수밖에 없습니다. 이는 암울해 보일 수 있지만 한편으로는 현실을 객관적으로 바라보게 하는 동시에, 끊임없는 변화는 끊임없는 기회를 제공해 준다는 긍정적인 면을 암시해 줍니다."

결론적으로 그가 말하고 싶은 메시지는 간결했다. "난 성공할 거야"라는 무작정의 믿음과 "웃기고 있네. 내 앞에 펼쳐진 상황은 그게 아니야"라는 냉정한 현실을 혼동해서는 안 된다는 사실이었다. 그래서 안정을 바라지 말고, 안주하지 말고, 끊임없이 자신을 바꾸고 변화시키라는 주장이었다. 얼핏 보면 그게 암울할지 몰라도 결국은 생존의 길이요, 역설적으로 긍정의 길이라는 점을 각인시켜 주었다.

현실주의로 살아남기

'스톡데일 패러독스'처럼 이왕 군 이야기가 나왔으니, 널리 알려진 미담 하나 더 소개해 보자. 어느 전투에서 군인들이 한바탕 큰 전투를 치렀다. 당연히 모든 병사들은 목이 말랐다, 그중에서 큰 부상을 당한 병사 한 명이 애타게 물을 찾고 있었다. 마침 군종목사 한 사람이 있었는데, 그에게는 얼마의 물이 남아 있었다.

군종목사는 수통을 그 병사에게 건넸다. 부상병은 무심코 그 물을 마시려고 했다. 그런데 모든 동료 병사들이 자기를 바라보고 있는 게 아닌가. 그들 역시 목이 타긴 마찬가지였다. 그래서 부상병은 목마름을 꾹 참고 그 수통을 소대장에게 넘겨주었다.

소대장 역시 부상병의 마음을 모를 리 없었다. 소대장은 그 수통을 받아들더니 입에 대고 꿀꺽꿀꺽 소리를 내며 마셨다. 그러고 나서 부상당한 병사에게 다시 그 수통을 건넸다. 부상병은 소대장이 건넨 수통의 물을 마시려고 하다가 깜짝 놀랐다.

수통의 물은 조금도 줄지 않고 그대로 있는 것이 아닌가. 부상병은 소대장의 뜻을 짐작할 수 있었다. 그 역시 수통을 입에 대고 소대장처럼 꿀꺽꿀꺽 소리를 내며 맛있게 물을 마셨다. 그리고 다시 수통은 다음 병사에게 전해졌다.

소대원들은 모두 꿀꺽꿀꺽 소리를 내며 물을 마셨다. 마침내 수통은 군종목사에게로 돌아갔지만 수통의 물은 처음 그대로였다. 그리고 그 누구도 갈증을 느끼는 사람은 아무도 없었다. 군종목사와 소대장, 그리고 부상병을 비롯한 병사들은 어차피 물을 충분히 마시지 못할 것을 알고 있었으리라. 물을 나눠 마셔 모두 살아보자는 낙관과 긍정보다는 차라리 물을 마신 것처럼 행동함으로써 모두 만족하며 생존한 것은 아닐지.

일본 전국시대, 이마가와 요시모토今川義元는 세 지방(미카와三河, 스루가駿河, 토토우미遠江)을 지배하며 토카이東海 지방에 큰 세력을 형성한다. 훗날 도쿠가와 이에야스德川家康가 되는 어린 아이 다케치요는 이마가와 요시모토 아래서 비참한 인질생활을 한다. 이때 이마가와 요시모토의 부하 중 다이겐 셋사이太原雪齋가 다케치요의 스승 역할을 하게 된다.

그는 이마가와 가문의 군사軍師이자, 사찰 주지스님으로 정치·외교·전술에 뛰어난 책략을 발휘해 '흑의黑衣의 재상宰相'이라 불렸다. 어느 날 그는 다케치요를 교육하면서 옛날 중국에서 자공子貢이 공자孔子에게 질문한 이야기를 들려준다.

"일찍이 공자는 나라 운영의 중요한 세 가지를 역설하며, 굳이 우선순위를 따진다면 '신信-식食-병兵' 순이라고 했느니라. 등을 따뜻하게 하는 국방과 배를 불릴 수 있는 경제보다는 신뢰의 정치를 더 중시한 것이니라."

그런데 다케치요의 생각은 달랐다. "스승님, 식食이 우선 아닌가요"라고 반문했다. 오랜 인질생활로 툭하면 굶다 보니 나온 처절함이었다. 먹는 일이야말로 생존의 필수조건이라 여긴 것이다. 그는 시종이었던 산노스케와 도쿠치요와 함께 인질생활을 했다.

다케치요는 이들 시종의 주군답게 먹을 것이 생기면 시종들에게 먼저 준 뒤에야 자기가 먹었다. 산노스케는 주군이 준 것을 냉큼 받아먹었다. 아직 어린 나이라 자신이 먼저 먹지 않으면 먹을 것이 다 없어질 것이라는 걱정에서였다.

하지만 도쿠치요는 다케치요가 먹기 전에는 안 먹었다. 왜 그랬을까. 도쿠치요는 다케치요가 혼자 먹을 사람이 아니라는 것을 알았다. 주군을 믿은 것이다. 그러자 이를 깨달은 산노스케도 나중엔 먼저 먹지 않았다. 결국 이 어린 인질들에게 먹을 것이 생기면 꼭 셋으로 나눠 먹었다.

그들은 그렇게 목숨을 이어갔고 치열한 전국시대에서 살아남았다. 결국 이들을 살린 것은 믿음信이었다. 공자가 말한 국가 운영의 첫째 조건이다. 그러나 그 이전, 다케치요는 언제 죽을지도 모르는 인질생활 속에서 우선 먹어야 생존한다는 걸 질감했다. 그래서 스승 셋사이에게 "신信보다 식食이 먼저"라고 했다. 나눠 먹는 방법으로 일단 식食을 해결하며 살아남은 뒤에야 신信이 따라온다는 것이다. 생존이 우선이었다.

잭 웰치가 세계 경영학계의 대부라 불리는 피터 드러커Peter Drucker에게 물었다. "어떤 사업을 포기하는 게 좋겠습니까?" 이에 대해 피터 드러커는 "만약 당신이 이미 그 사업을 하고 있지 않았다면(그 사업을 접었다면) '지금이라도 그 사업에 뛰어 들겠나'라고 자신에게 물어 보십시오. '예'라는 대답이 나오면 계속하세요. 그러나 '아니요'라는 답변이 나오면 아무리 많은 돈이 들었더라도, 업계 선두라 할지라도 과감히 포기하시는 게 좋겠습니다"라고 답했다.

우리에겐 늘 미련이 찾아든다. 아, 내가 그때 그 일을 좀 더 잘했더라면? 그 일을 요렇게 바꿔서 했더라면? 바이어에게 다른 방식으로 설득했더라면? 항상 아쉬움이 남는다. 이에 대한 확실한 해결책을 피터 드러커는 제시하고 있다. "과감히 잊어라"라고.

기업이 어려울 때 CEO는 고민한다. 비용을 줄이는 게 좋을까, 사람을 줄이는 게 좋을까. 그동안 들인 인건비와 투자비가 아까워서 선택의 기로에 선다. 들인 노력과 시간, 비용이 아까워서 하던 것을 멈추기는 더더욱 어렵다. '매몰비용효과the sunk cost effect의 저주'란 말이 있다.

'매몰비용'이란 의사결정을 하고 실행에 옮긴 뒤 다시 되돌릴 수 없는 비용을 말한다. 그러나 사람에게는 늘 본전 생각이 나게 마련이다. 그래서 "조금만 더, 조금만 더" 한다. 마치 고스톱이나 포커게임을 할 때, 주식투자를 할 때, 과감히 털고 일어나는 손절매를 못하고 머뭇거리기 십상이다.

때문에 매몰비용에 대한 집착을 버려야 한다. 지금까지 투자한 것이 아까워 본전 생각에 투자를 지속하다 보면 더 큰 손실을 입을 수 있다. 본전 찾을 생각으로 점점 도박에 빠져들다 결국 파멸을 맞는다. 이미 들어간 돈은 매몰비용으로 보고 냉정하게 결단해야 한다. 심리학을 경제학에 접목시켜 노벨경제학상을 받은 미국 프린스턴대학교Princeton University의 대니얼 카너먼Daniel Kahneman 명예교수는 대표적인 투자 실패의 원인으로 매몰비용효과를 들었다.

콩코드 비행기의 불행도 매몰비용효과의 저주에서 비롯했다. 제2차 세계대전이 끝난 뒤 미국은 최초의 초음속 전투기를 제작하고 세계 여객기 시장의 대부분을 차지하는 등 비행기 산업을 급속도로 팽창시키기 시작했다. 이에 자존심이 상한 영국과 프랑스는 미국의 콧대를 납작하게 하기 위해 초음속 여객기를 개발하기로 결정했다.

미국의 독주를 막고 유럽의 자존심을 지키기 위해 손을 잡은 것이다. 이 두 나라는 마침내 "미국과 소련이 우주기술을 주도하고 있다면, 우리는 지구상에서 가장 빠른 여객기 기술을 갖고 있다"고 천명했다. 샤를 드골Charles De Gaulle 프랑스 대통령은 비행기 이름으로 '조화, 협력, 화합'이라는 뜻을 가진 '콩코드Concorde'를 제안했고, 영국 의견을 반영해 끝의 'e'가 빠진 영어 단어 'Concord'로 했다가 나중에 다시 'e'를 붙였다.

시험 비행도 무사이 마치고, 지원도 풍부했기 때문에 콩코드는 당연히 성공하는 것처럼 보였다. 미국 뉴욕에서 프랑스 파리까지

3시간 45분에 주파하는 데는 성공했지만, 과도한 개발비와 다른 비행기보다 훨씬 많이 드는 연료, 비싼 좌석 가격 등 수익성 면에서 완전 '꽝'이었다.

사실 전문가들은 개발 초기 단계부터 이런 문제들을 제기했다. 누가 봐도 명약관화明若觀火한 실패였다. 그러나 국가 자존심 때문에 영국과 프랑스는 계속 밀고 나갔던 것이다. 결국 이 콩코드는 만성 적자에 시달리다 상업노선 출항 27년 만에 운행을 중단했다.

잘못된 결정이었지만 들어간 투자비용과 노력이 아까워 포기하지 못한 대표적인 사례로 꼽힌다. 우리 주변에서도 막무가내 스타일의 리더들을 자주 접할 수 있다. 무릇 리더란 잘못된 길로 접어들었을 때는 과감히 털고 다른 길로 가야 아래 직원들이 편한 법이다.

하지만 쓸데없는 자존심이랄까, 아래 사람들 보기에 속된 말로 '쪽팔려서'랄까, 엉뚱한 길임이 확실한데도 내리 쭉 '고go'다. 그와는 반대로 맥을 짚지 못하고 왔다갔다 허둥대는 리더들도 많다. 마치 수많은 병사들을 이끌고 알프스 산을 오르던 나폴레옹이 "어, 이 산이 아닌가 보다"면서 하산한 뒤 다시 저 산으로 올라가서는 "어, 이 산도 아닌가 보네?"라며 이 산 저 산으로 지친 병사들을 끌고 다닌다는 조크처럼 말이다.

물론 때로는 합리적 의사결정마저 오류를 일으키는 경우도 있다. 미국 벨The Bell Company과 웨스턴 유니온The Western Union Company의 그 유명한 '전화특허 거절사건'이 대표적이다.

"도대체 이 전기 장난감 같은 것으로 우리 회사가 무엇을 할 수 있다는 겁니까?" 때는 1876년. 웨스턴 유니온 전신회사 사장인 윌리엄 오턴William Orton이 큰 소리로 외쳤다. 알렉산더 그레이엄 벨Alexander Graham Bell의 전화특허권 매수 제의를 거절하면서 한 말이다. 엄청난 기회를 스스로 걷어찬 것이다.

상황은 이랬다. 벨은 자신이 발명한 음성전화 기술을 갖고 당시 세계 최고의 통신회사였던 웨스턴 유니온을 찾아갔다. 오턴 사장을 만난 자리에서 벨은 "나의 기술특허를 10만 달러에 팔겠다"고 제안했다. 하지만 오턴은 "이걸로 우리가 뭘 할 수 있겠습니까?"라고 되물으며 냉정하게 거절했다.

거절당한 벨은 결국 직접 회사를 차리기로 했다. 투자자들을 모았고 1877년에 벨 전화회사를 설립했다. 1885년에는 장거리 전화 설비를 위한 자회사로 AT&T를 설립하면서 급성장했고, 1910년 주식 매입을 통해 웨스턴 유니온의 경영권을 확보하기까지 했다.

오늘날 AT&T가 어떤 기업인가. 미국 최대 규모의 통신회사다. 물론 오턴 사장의 결정은 옳았을 수 있다. 그때는 벨의 발명품이 전자 장난감 정도로밖에 보이지 않았을 것이다. 터무니없는 투자를 하지 않았다는 점에서 합리적인 결정이었다고 볼 수도 있다.

마치 우리나라 최강의 정보기술IT기업 네이버가 초창기에 여기저기 투자 자금을 유치하러 다녔을 때 그 미래를 보지 못했던 몇몇 미디어 IT기업들이 "뭐 이런 회사가 다 있어? 당신들을 어떻게 믿어?"라며 문전박대했던 것처럼 밀이다.

그러나 오턴 사장의 그 '합리적 결정'은 결정적인 기회를 날리고

만 셈이 됐다. 오턴 사장이 차라리 불합리한, 당시 말도 안 되는 결정을 내렸다면? 부정이 긍정을 이기고, 불합리가 합리를 누르며, 비관이 낙관을 능가하는 경우로 역사에 남았을 것이다.

행운인가, 숙명인가

운명은 결코 피할 수 없는 그 무엇

한때 박근혜 정부의 국무총리와 경제부총리 겸 기획재정부 장관을 둘러싸고 말들이 많았다. 정홍원 총리와 현오석 경제부총리를 놓고 이러쿵저러쿵 늘어놓는 인물평 중에서 총리나 부총리 감이 안 된다 느니, 무색무취無色無臭하다느니 수군대는 소리들이 꽤 많았다.

　과연 이들은 총리, 부총리로서 적격인가, 아닌가. 정홍원 총리는 사법시험 합격 후 오랫동안 검사로 일하다가 2013년 제42대 대한민국 국무총리가 됐다. 정 총리는 1944년 유학자 집안에서 12남매(6남 6녀) 중 열째로 태어났다. 집에 머슴까지 있었다고 하니 어느 정도 사는 집이었던 모양이다.

한 친척이 머리 좋은 정 총리를 눈여겨보고 데려가 부산에서 공부를 가르쳤다(영도초등학교와 경남중학교 졸업). 그러나 셋째형이 고시공부를 하다가 중도에 포기하자 정 총리의 아버지는 실망한 나머지 교육시켜 봤자 쓸데없다고 생각했고, 정 총리를 다시 고향인 하동으로 불러들였다.

정 총리는 "원래 경남고등학교로 진학하고 싶었으나 아버지의 부름 때문에 사범학교에 진학, 가사를 돌보는 걸로 아버지와 타협했다"고 한 언론 인터뷰에서 밝히기도 했다. 사범학교 졸업 후 첫 발령지는 서울이었다.

정 총리는 학업에 대한 열망이 깊어 낮에는 서대문구 홍제동 인왕초등학교 교사 일을 하고, 밤에는 성균관대학교 법학과 야간 과정에 다녔다. 그리고는 1972년 사법시험에 합격했다. 이명박 정부의 마지막 국무총리인 김황식 총리와 사시 동기다. 무난한 검사생활을 하던 그에게 기회가 찾아왔으니, 바로 박근혜 대통령의 당선이었다.

정 총리의 고향은 경남 하동군 금남면 대송리. 금오산 바로 아래에 있는 마을이다. 금오산은 지리산 봉우리의 기맥이 용트림한 자리라고 한다. 금오산은 박 대통령과도 인연이 깊은 산이다. 박 대통령은 아버지 박정희 대통령의 고향인 구미의 금오산 정기를 받았다

고 볼 수 있다. 어찌 보면 정 총리는 박 대통령과 합슴이 잘 맞는 형
국인 것이다. 그의 능력을 둘러싸고 말들이 많은 점은 사실 아무것
도 아니다. 정 총리는 우리나라 재상의 반열에 오를 운명이었으니
말이다.

현오석 경제부총리도 마찬가지다. 전직 관료들의 평에 따르면
현오석 부총리는 전혀 나서지 않는 스타일이자 지독한 일벌레다. 정
부 국장 시절 직원들과 함께 자장면을 시켜 먹으며 거의 매일 야근
했다고 한다. 경기고등학교에 다닐 때는 전형적인 모범생이었다.

동창들의 증언을 통해 보면 그에겐 집요함도 있다. 한 고교 동
창은 "오석이가 운동은 젬병이다. 골프도 잘 못 친다. 그런데 테니스
는 굉장한 수준급이다. 한번 테니스를 해보고는 '이거 나에게 맞네'
라며 지독하게 빠져들었다"고 전했다.

현오석 부총리는 요직인 경제정책국장을 지냈다. 경제정책국장
은 한국 경제의 조타수 역할을 하는 자리다. 역대 경제정책국장들은
어김없이 차관보와 차관으로 승진하는 게 관례였다. 그러나 그의
다음 보직은 국고국장이었다. 국고국장은 기획재정부 내 선임 국장
이지만 한직에 속한다.

당시 장관이었던 강봉균 장관은 한 언론과의 인터뷰에서 "현오
석 국장에게 무엇을 물어도 답이 없더라"고 했다. 현오석 부총리의
답답한 성격을 빗댄 말이다. 강 장관은 이 말이 걸렸는지 "그를 홀
대한 것만은 아니다. 내가 경제기획국장 할 때 과장으로 데리고 일
했고, 차관보 때는 청와대 경제수석실에 국장급으로 파견했다"고

해명하기도 했다.

현 부총리는 국고국장도 두 달여밖에 못했다. 이후 세무대학장을 맡았지만 그나마도 세무대학이 없어져 공직을 떠나고 말았다. 그래서 "아마 현 부총리에게 한이 남았을 것"이라고 말하는 사람도 있다. 그럼에도 불구하고 그는 경제부총리로 화려하게 재기했다.

그게 그의 운명이다. 그를 두고 능력 운운하며 말들이 많지만, 솔직히 그동안 똑똑했다는 장관들이 과연 성과를 냈는가는 의문이다. 명석하기로 유명하다는 사람도 제 꾀에 스스로 걸려 넘어지거나 이상한 오판으로 경제를 망친 일이 적지 않았기 때문이다.

정홍원 총리와 현오석 부총리의 성과와 평가에 대해서는 여러 의견이 나올 수 있다. 그들을 보는 시각이 사람마다 제각각일 것이기 때문이다. 그러나 분명한 것은 그들이 재상 자리에 올랐다는 사실이다. 행운이든, 운명이든, 숙명이든 간에.

한낱 건달에 불과했던 한나라의 유방劉邦은 어떻게 황제가 됐을까. 흔히들 그가 장량張良, 한신韓信, 소하蕭何라는 세 명의 유능한 부하를 잘 거느려서 대업을 달성했다고 한다. 책사 장량의 전략과 큰 그림 그리기, 대장군 한신의 기가 막힌 병법, 승상 소하의 내부 결속이라는 톱니바퀴가 잘 맞았던 것이다.

그러나 유방은 황제가 된다는 운명을 갖고 태어났는지 모른다. 후일의 장인인 여문呂文이란 부자 장사꾼이 유방의 고향인 패현을 방문, 그곳 현령에게 자기 딸을 시집보내기 위한 잔치를 벌였다. 동네 건달들과 술을 먹고 있던 유방은 잔치 소식을 듣고는 바로 달려갔다.

잔칫집 입구에는 손님들이 축의금 내는 장소가 있었다. 장부에 써 넣은 유방의 금액은 1만 전. 서기 200여 년 전 때의 일이니 1만 전이란 돈의 가치는 엄청났으리라. 장부를 접수하는 사람과 주변에 몰려든 손님들 모두 경악한다. 돈 한 푼 없는 건달이 큰돈을 적어냈으니 크게 놀랄 수밖에. 모두 유방의 허풍과 배짱에 혀를 내둘렀다.

그리고는 잔칫집 자리 하나를 떡 하니 잡고 앉은 유방. 그런데 잔치의 주인 여문이 유방의 관상을 자세히 살피더니 "당신의 장기는 무엇입니까"라고 물었다. 이에 유방이 "뭐, 정력이 최고지요"라고 대답하자 여문은 "영웅호색이라더니"라며 껄껄껄 웃고는 "또 자랑거리가 없습니까"라고 다시 물었다.

유방은 잠깐 생각해 보더니 "아, 한 가지 특이한 게 있긴 있습니다만…"하고 말을 흐렸다. 그러더니 왼쪽 어깨를 드러내 보이며 "여기에 검은 점 72개가 있소"라고 답하는 게 아닌가. 당시에는 '오행설五行說'이 유행했다. '오행설'이란 우주 간에 운행하는 원기元氣로서 만물을 낳게 한다는 5원소, 즉 금金·목木·수水·화火·토土를 내세우며, 일체 만물은 오행의 힘으로 생성된다고 보는 학설이다. 게다가 당시 1년은 360일이었다. 그래서 360일을 오행설의 5로 나누면 72가 된다. 따라서 이 72는 매우 상서로운 숫자로 여겨졌다. 몸에 72개의 점이 있다는 소리를 들은 여문은 무릎을 치며 '그래, 관상으로 보나 검은 점 72개로 보나 이 사람은 크게 될 인물이다'라고 속으로 되뇌면서 자신의 딸 여치를 유방에게 시집보낸다.

여치呂雉는 훗날 서태후西太后, 측천무후則天武后와 함께 중국의 3대 악녀로 평가받는 여인이다. 특히 여치는 유방이 한나라를 개국하는 데 일등공신 중 하나로, 유방이 사망한 뒤 한나라를 실질적으로 통치하는 인물이다.

이처럼 장차 황제가 될 사람을 사위로 삼고 자기 딸을 황제의 부인으로 만든 여문의 예지력은 높이 살 만하다. 그러나 그 이전에 유방은 황제가 될 운명을 타고 났으니 예나 지금이나 사람에게는 무언가 운명이란 게 있기는 있는 모양이다.

우리는 인생을 살아가면서 때로 요행수를 바란다. 수능시험을 볼 때나 포커게임을 할 때나 복권을 살 때나 '혹시나'하는 기대감을 갖게 마련이다. 그게 인지상정人之常情이요 사람 마음이다. 정말 우연히 그런 일이 벌어지면 얼마나 좋을까.

우연偶然이란 아무런 인과因果관계가 없이 뜻하지 않게 일어난 일을 말한다. 그런데 그런 게 있기는 한 걸까. 수능은 재수와 삼수를 해도 영 신통치 않고, 포커는 할 때마다 돈을 잃으며, 복권은 꼴찌 당첨 근처에도 못 간다. 필자가 2006년 세계 최대 가전전시회인 '국제전자제품박람회CES, Consumer Electronics Show' 취재차 미국 라스베이거스로 출장을 갔을 때다.

CES는 미국가전협회CEA, Consumer Electronics Association가 주관하며 TV, 오디오, 비디오 등 일상생활과 밀접한 전자제품을 주로 소개한다. 1967년 미국 뉴욕에서 제1회 대회가 열린 이후 지금까지 이어지고 있으며, 세계 가전업계의 흐름과 미래 기술동향을 한눈에 볼 수 있는 행사다. 삼성전자와 LG전자를 비롯한 국내 최고의 기업들과 마이크로소프트MS, Microsoft Corporation, 애플Apple Inc., 인텔Intel Corporation, 소니Sony Corporation등 세계 IT업계를 대표하는 기업들이 총출동한다.

1995년부터는 매년 1월 미국 라스베이거스에서 개최하고 있는데, 라스베이거스가 어떤 도시인가. 황폐한 사막 위에 세워진 거대카지노 도시가 아닌가. 당시 필자의 가슴이 얼마나 설렜는지. 잠시짬을 내 난생 처음으로 라스베이거스 카지노에 가 봤다. 여러 가지게임이 있었으나 할 줄 아는 게임은 포커게임뿐이었다.

당시 카지노에서는 카드를 다섯 장만 주는 파이브 포커게임을진행하고 있었는데, 운 좋게도 처음엔 100달러를 땄다. 그때 깨달았어야 했다. 100달러를 땄을 때 자리를 박차고 일어서야 했다는 것을. 그런데 웬걸, 사람 욕심이 어디 그런가. 이거 1,000달러도 벌 수 있겠다는 욕심이 들었다.

허망하게도 결과는 500달러 마이너스였다. 포커게임을 좋아하는 사람들은 '퀸 풀 하우스'를 잡고 가열차게 베팅했지만 '에이스풀 하우스'에게 밟히고, '텐 플러시'를 손에 잡았지만 '잭 플러시'에게지며 번번이 한두 끗 차이로 돈을 잃는 경험을 해 봤을 것이다.

그러면 그날은 안 되는 날이다. 그게 그날의 운이라 여기고 훌훌 털고 일어서는 것이 현명한 선택이다. 로또 복권 5,000원 짜리에당첨됐을 때 잘만 하면 2, 3등에도 당첨될 수 있겠다는 막연한 기대감에 계속 로또 복권을 사면서 수백만 원, 수천만 원 쓴 사람들도있다. 골프 라운딩 전날 밤 머릿속에 스윙을 그리며 80대, 혹은 싱글을 칠 수 있을 것 같은 기분으로 잠도 설치지만 다음 날 여지없이 90대 후반, 아니 100타가 훌쩍 넘는 망가짐을 경험했으리라. 학창시절, 각 과목 시험이 끝난 직후 친구들과 답을 맞춰 본 뒤 두 개만 틀렸다고 좋아했지만 막상 다섯 개 이상이 틀린 성적표를 받아 본 경험도 있었으리라.

현실은 우리네 기대보다 훨씬 가혹하다. 요행수를 바라보지만 그런 것은 남의 나라에만 있는 그림의 떡이 되기 일쑤다. 혹여 우연과 행운이 없는 게 숙명宿命은 아닐까. 날 때부터 타고난 정해진 운명, 또는 피할 수 없는 운명 말이다.

1965년 12월 7일, 세상을 발칵 뒤집어 놓은 입시 오답파동이 있었다. 일명 '무즙 사건'이다. 이 파동은 입시 문제에서 복수정답을 인정해야 하는지를 두고 벌인 논란이었다. 한편으로는 치맛바람이라는 말이 나올 만큼 지나칠 정도로 높은 대한민국의 교육열을 상징적으로 잘 드러낸 사건이었다. 서울특별시 전기 중학교 입시 자연과목 18번 문제에서 '엿 만드는 순서에서 엿기름 대신 넣어도 좋은 것은 무엇인가?'라는 문항이 말썽이었다. 지문은 이랬다.

> 다음은 엿을 만드는 순서를 차례대로 적어 놓은 것이다.
> ① 찹쌀 1kg가량을 물에 담갔다가
> ② 이것을 쪄서 밥을 만든다.
> ③ 이 밥에 물 3L와 엿기름 160g을 넣고 잘 섞은 다음에 섭씨 60도의 온도로 5~6시간 둔다.
> 위 ③ 에서 엿기름 대신 넣어도 좋은 것은 무엇인가?

서울시 공동출제위원회가 밝힌 정답은 보기 1번의 디아스타아제. 그러자 보기 2번인 무즙을 답으로 택한 입시생의 학부모들이 격분했다. 초등학교 교과서에 침과 무즙에도 디아스타제가 들어 있다는 내용이 있으므로 무즙도 정답이라고 반발한 것이다.

실제로 이들은 무즙으로 엿을 만든 실험까지 했다. 그리고는 서울시 교육위원회에 무로 만든 엿을 잔뜩 싸 들고 찾아가 "무즙으로 만든 이 엿 좀 먹어 봐라!"며 거세게 항의했다. 이 시위로 학부모 두 명이 졸도하고, 교육감이 휴가를 낸 채 며칠 동안 출근하지 못하는 사태까지 벌어졌다.

처음에 교육 당국의 대처는 매우 미숙했다. 오히려 사태를 더욱 복잡하게 만들었다. 시험 다음 날인 12월 8일에는 "논란의 여지가 없다"고 하다가, 반발이 거세지자 12월 9일에는 해당 문제를 아예 무효화한다고 발표했다. 그러자 이번에는 보기 1번을 정답으로 선택한 학생들의 학부모들이 반발했고, 교육 당국은 다시 원래대로 디아스타제만 정답으로 인정한다고 발표하는 등 우왕좌왕하는 모습을 보였다. 이 사건은 급기야 소송으로까지 번졌다.

1점 차이로 명문 중학교에 입학하지 못하게 된 40여 명이 소송을 제기한 것이다. 결국 이듬해 3월 30일. 서울고등법원 특별부는 무즙도 정답으로 인정하며 이 문제로 인해 불합격된 학생들을 구제하라는 판결을 내렸다. 이 결정으로 경기중학교에 30명, 서울중학교에 4명, 경복중학교에 3명, 경기여자고등학교에 1명이 추가로 입학했다.

당시 교육위원회는 추가 입학을 반대했지만, 학부모들이 다시 시위를 벌였고 판결이 나온 지 한 달여 뒤인 5월 12일 전입학 형식으로 등교가 가능해졌다. 무즙 파동은 지나칠 정도로 과열된 대한민국의 교육 현상을 적나라하게 드러냈다. 이 파동으로 중학교를 무시험 전형으로 하자는 의견이 대두됐고 1969년 중학교 입시는 없어졌다. 그런데 재미있는 것은 경기중학교에 추가 입학한 학생들 가운데 훗날 큰 인물로 성장한 사람이 있었다. 그는 경기중학교에 낙방하고 후기後期 명문인 경동중학교에 들어가 반장으로까지 활동하고 있다가, 무즙 파동의 수혜자로서 경기중학교의 추가 입학 구제를 받았다. 이후 그는 경기중학교와 경기고등학교를 연달아 졸업하고, 서울대학교 경제학과에 입학했다. 이어 제15회 행정고시에 합격한 뒤 재정경제부 관료로서 승승장구하다가 급기야 경제부총리까지 지냈다. 그가 바로 권오규다. 인생에 행운이란 게 있다면 그의 당시 토정비결이 대단히 좋았던 모양이다.

운명만은 아니다

윤증현 기획재정부 장관의 별명은 '윤따거大묘'다. '큰 형님'이라는 뜻의 중국어 '따거'는 그가 금융감독위원회 위원장 시절 직원들이 붙인 별명이다. 공직생활만 40여 년 한 윤 장관은 경제 관료들의 능력과 자질을 믿고 기획재정부를 이끌었다. 관료로서의 자부심도 대단했다.

취임 때 국회 인사청문회에서 "우리 공직사회는 산업화에 기여했고, 국제사회에서도 우수성을 인정받았다. 우리는 사명감을 갖고 일하는 우수한 관료들이다. 최소한의 자존심과 인격을 건드리면 참기 힘들다"며 경제 관료들의 기를 살려주기도 했다.

윤 장관은 사람 좋아하기로 유명하다. 그래서 주위에 사람이 끊이질 않는다. 1971년 시작한 공직생활의 좌우명은 '선공후사先公後私(공적인 일을 먼저 하고 사사로운 일은 뒤로 미룸)'였다. 그는 "경제 발전 역사에서 관료들은 분명 나름의 역할을 했습니다. 그런데 간혹 '관치官治'란 말이 나오면 상당한 거부감이 듭니다"고 말한다.

공무원은 특정 정권이 아닌 국가의 공무원이며, 따라서 정치적 중립과 신분이 보장돼야 한다는 것이다. 그는 "그래야 정권이 바뀌더라도 흔들리지 않고 곧은길을 갈 수 있다"고 주장한다. 그가 공직생활 중 가장 기억에 남는 일로 꼽는 사안은 두 가지. 2008년 서브프라임 모기지 사태Sub-prime Mortgage Crisis에 따른 글로벌 금융위기를 훌륭히 극복한 것과 2010년 서울 G20 정상회의2010 G-20 Seoul Summit의 성공적인 개최다.

그는 특히 G20 정상회의에서 회의 시작 전 꼭 미리 가서 아는 장관과 한담을 나누고 눈을 맞추는 등 의전에 구애 없이 소탈한 접근방식으로 국제사회에 나섰다. 한번은 G2(미국·중국)의 환율 줄다리기에서 중국의 양보가 나오지 않자 "너 죽고, 나 죽고, 다 죽는다$_{\text{you die, me die, all die}}$"는 웃지 못할 영어를 구사해 심각한 분위기를 일순간 화기애애한 분위기로 휘어잡은 일화는 유명하다. 또 고집이 셌던 중국에 대해 "G20 깰까? 그럼 넌 어디 들어갈래? G7? 세계 2위 국가인데 국제사회에서 걸맞은 책무를 해야 하지 않겠는가"라며 으름장을 놔 합의를 이끌어 냈다. 외국 언론들은 그의 이 같은 행보에 대해 "인상 깊은$_{\text{impressive}}$"이란 평을 했다.

때론 공직자답게, 때론 익살스러운 개그맨답게 행동해 온 그는 사실 감수성이 풍부한 사람이다. 원래 꿈이 영화감독이었을 정도다. 서울고등학교 재학시절에는 영화 관련 내용을 정리한 영화 앨범을 만들어 보다가 선생님에게 걸려 혼난 적도 있다.

2010년 한국·아프리카 장관급 경제협력회의$_{\text{KOAFEC, Korea Africa Economic Cooperation Conference}}$에서 아프리카 대표단과의 만찬 때에는 만찬사로만 네 차례 박수를 받았는데, 유명한 영화배우 로버트 레드포드$_{\text{Robert Redford}}$와 메릴 스트립$_{\text{Meryl Streep}}$이 주연한 영화 〈아웃 오브 아프리카$_{\text{Out of Africa, 1985}}$〉의 주제곡을 부르기도 했다. 그는 한 언론과의 인터뷰에서 "젊은 시절 영화감독을 꿈꿨고, 한국·아프리카 장관급 경제협력회의를 계기로 아프리카를 배경으로 한 〈아프리카를 향하여$_{\text{Into Africa}}$〉란 영화를 만들고 싶었다"고 술회했다.

윤증현 장관은 이처럼 엄청난 영화광이다. 회식 자리에서는 자주 영화 이야기를 꺼낸다. 특히 자신이 좌장이 돼서 가끔 소집하는 정부 세제실 출신 모임에서는 거의 빠짐없이 유명한 영화며 세계적인 명배우 이야기를 내놓는다고 한다. 그가 "존 웨인이 말야~"라면서 말을 시작하면 참석한 관료 후배들은 속으로 '아이고, 이젠 죽었다'라면서 그의 영화 줄거리와 평을 꼼짝없이 다 들어야 한다. 때로는 5분 버전, 때로는 10분 버전도 있지만 주로 한 시간 버전이었단다.

윤 전 장관이 영화에 몰입한 데에는 사연이 있다. 경남 마산중학교를 졸업한 그는 생면부지의 서울고등학교로 유학 와서는 영화로 외로움을 달랬다. 초기 서울생활에서 딱히 친구도 없었고 누구 의지하거나 말 붙일 상대가 적었다. 그래서 지금은 사라진 서울시청 인근 영화관을 수시로 찾았다고 한다.

윤 전 장관이 얼마나 영화를 보러 다녔는지 단속 교사에게 여러 번 걸려 퇴학 위기까지 맞은 적도 있었다. 천만다행으로 서울고 교사들의 심사숙고 끝에 살아남았는데, 이유가 흥미롭다. "서울대학교에 갈 놈 하나 날리면 안 되겠지?"

교사들의 선처 덕에 기사회생으로 고등학교를 졸업한 그는 나중에 서울대학교 법대에 합격한다. 만약에 그가 영화관에 자주 출입했다는 이유만으로 정학이나 퇴학을 당했다면? 상상하기 끔찍하지만 그의 운명은 확 바뀌었을지도 모른다. 서울대 법대 입학은 꿈도 꾸지 못했을 것이다. 기획재정부 장관이 아니라 학자나 사업가가 됐을지도…. 하지만 그의 운명은 우리나라 경제를 책임지는 자리로 이미 정해졌나 보다.

이주열 한국은행 총재의 고향은 강원도 정선. 초등학교 때 아버지 근무지를 따라 원주로 이사를 가 초등학교를 졸업하고는 원주 대성중학교로 진학했다. 고등학교로 진학할 무렵, 자신은 원주고등학교를 가고 싶었으나 학교에서 원서를 써 주지 않았다. 학교에서는 그를 포함해 공부 잘하는 10명을 동계진학으로 원주 대성고에 보낸 것이다. 문제는 대학 입학 때였다, 그의 회고에 따르면, 당시 원주 대성고에서는 전국 예비고사 합격률이 10%에 불과했다고 한다 (지금처럼 수능이 아닌 초기 예비고사 시절에는 합격·불합격 여부만 따졌다).

학교에서는 똑똑한 학생들을 대학에 많이 보내기 위해 본격적인 예비고사 체제로 전환했다. 국어·영어·수학·과학 외에 실업 과목에도 집중했다. 하지만 학생들이 실업 과목에서 죽을 쑤기 일쑤였고, 위치도 농업지역이라 농업 과목으로 전환해야 했다. 예비고사에 집중하느라 제2외국어 과목도 폐지했다. 그러나 이게 웬일인가.

서울대학교 입시에서는 제2외국어를 보는 바람에 이주열 총재는 서울대학교 입학을 바라볼 수가 없게 됐다. 서울대에 가려면 제2외국어를 안 보는 서울대 사범대를 택해야 했다. 하지만 그것도 어렵게 됐다. 대입시험을 보러 원주에서 서울 모래내에 있는 이모부 집에 머물렀을 때, 당시 교사였던 이모부가 사범대 진학을 극구 말린 것이다.

결국 모래내에서 가까운 연세대학교 경영학과에 응시해 합격했다. 원주 대성고 동기생 다섯 명이 서울로 와서 시험을 치렀는데, 자신을 포함해 세 명은 연세대학교 경영학과에 합격했고, 다른 두 명은 서울대 사범대에 입학했다고 한다. 만약 그가 서울대를 고집해 서울대 사범대에 들어갔다면? 여러 가지 직업 선택 시나리오가 있었겠지만 사범대 특성상 교사가 됐을 확률이 크다. 그랬다면 우리나라 통화정책을 주무르는 한국은행 총재 자리에는 오르지 못했을 가능성이 높다.

피에르 오미디야르Pierre Omidyar는 1967년 프랑스에서 태어났지만 아버지가 존스홉킨스대학교Johns Hopkins University로 연수를 가면서 미국 워싱턴 DC로 이사 온다. 그는 보스턴에 있는 터프츠대학교Tufts University에서 컴퓨터공학을 공부했다. 졸업하자마자 일자리를 얻기 위해 찾은 곳은 실리콘밸리Silicon Valley였다. 그는 이곳에서 잉크 디벨로프먼트Ink Development Corporation 같은 컴퓨터 관련 회사에 다녔다. 당시 그에겐 대학시절부터 사귀었던 여자친구가 있었는데, 그녀는 페즈Pez라는 식품회사의 사탕박스를 수집하는 독특한 취미를 가졌다. '어떻게 하면 여자친구에게 잘 보일 수 있을까' 궁리하던 오미디야르의 머릿속에 아이디어 하나가 번뜩 떠올랐다.

'여자친구의 취미처럼 희귀한 물품을 수집하는 사람들을 위해 인터넷 경매점을 열면 어떨까.' 사람들이 판매하거나 구매하고 싶은 물건을 인터넷에 올리면 경매방식으로 물건을 거래하도록 하는 서비스였다. 그 즉시 오미디야르는 1995년 5월 1일 노동절 휴일에 고장 난 레이저포인터를 자신이 만든 경매 사이트에 시험 삼아 올렸다. 그런데 놀랍게도 한 수집가가 14달러 83센트에 구입한 것이 아닌가. 이것이 전 세계 상거래를 혁신적으로 바꾸어 놓은 이베이ebay의 탄생 일화다.

곧바로 오미디야르는 정식 경매 사이트를 오픈했다. 처음에는 무료로 시작했지만 이내 폭발적 인기를 끌면서 거래가 실제 이루어진 사람들에 한해 수수료를 받았다. 의도한 수익모델은 아니었는데, 이게 대박을 쳤다. 훗날 월트디즈니The Walt Disney Company 출신 멕 휘트먼Meg Whitman을 CEO로 영입하면서 성장에 가속도가 붙었고 인터넷 빅3 기업으로 각광을 받았다. 여기서 특히 주목할 점은 이베이의 고용창출 효과다. 사이트 내에 상점을 개설한 창업자 수가 2013년 2,500만 명이나 된다고 한다. 이베이 직원은 40개국 2만 8,000명이지만 자사 사이버망을 통해 엄청난 일자리 창출 효과를 낸 것이다.

중견기업 회장 Q씨. 그는 주변 사람들에겐 '미래를 보는 귀신'으로 통한다. 그는 남들이 하는 것과 정반대로 한다. 몇몇 부자가 매물로 나온 일본 골프장에 눈독을 들일 때 엔화에 투자하는 식이다. 한때 엔화 가치가 올랐을 때 큰 재미를 봤다. Q씨는 은행과 증권사에도 투자해 봤고, 국내 굴지의 기업들 지분을 사들였다가 되판 경험도 있다. Q씨와 잘 알고 지내는 한 CEO는 "Q씨처럼 혜안이 있는 분을 보지 못했다. 그를 신처럼 모신다"고 우스갯소리를 할 정도다. 기가 막히게 딱딱 들어맞는 그의 재테크가 꼭 실력과 혜안 때문만일까. 어쩌면 보이지 않는 우연과 행운이 깃든 건 아닐까.

행운하면 전두환 대통령이 떠오른다. 어느 날, 외출하고 들어온 전두환 대통령은 황급히 경제수석을 찾았다. "임자, 중앙은행이 독립한다고 하는데 뭔 소리야?" 대통령의 다급한 질문에 가슴을 쓸어내린 박영철(나중에 고려대 석좌교수로 옮김) 수석. 이내 안정을 찾으며 차분히 설명한다. "중앙은행은 원래 독립성이 보장돼야 하고…." 묵묵히 듣던 전 대통령, 겸연쩍은 표정으로 고개를 끄덕인다. 하루는 청와대 차관회의에서 전 대통령으로부터 지목된 재무부 차관. "네, 재무차관 ○○○입니다"라고 하자 이어지는 전 대통령의 질문. "금리, 내리는 게 좋은가, 올리는 게 좋은가?" 느닷없는 물음에 머뭇거리자 누군가 도와준답시고 손을 아래로 향하는 제스처를 취한다. "예, 내리는 게 좋습니다." 그러자 전 대통령이 씩 웃으며 의기양양하게 이렇게 말했다. "아니야, 아니야. 시장에 맡기는 게 좋아."

전두환 대통령 시절은 경기가 좋았던 때였다. 3저(저달러·저유가·저금리)로 유례없는 호황을 톡톡히 누렸다. 경제에 관한 한 역대 정부에서 그만큼 운이 좋았던 대통령은 없었을 것이다. 그러나 꼭 운만이었을까. 그는 경제 무식자를 자처하면서 유능한 관료들을 대거 발탁했고, 그들의 조언을 잘 듣는 것으로 유명했다.

민간기업에 다니는 직장인들은 적어도 일생에 세 번가량은 새로운 운을 맞이할 기회를 맞는다. 그중에서도 스카우트 제의가 그렇다. 좋은 직장에서 손짓하면 마음이 흔들린다. 특히 민간기업에 다니고 있는데, '신의 직장'이라 불리는 공기업이나 공공기관에서 제의가 오면 솔깃하게 마련이다. 대기업 A차장. 그는 몇 년 전 봄, 헤드헌터로부터 귀가 번쩍 열리는 제의를 받았다. 공기업 부장으로 오라는 제안이었다. "정년은 보장해 준다"는 말에 굉장히 고민했다. '이번에 옮기면 벌써 세 번째 직장인데….' 가족, 친한 선배들과 며칠산 상의했다. 그러나 결론은 잔류. 이유를 물었다.

"안정적으로 살 수는 있겠죠. 그러나 지금의 직장에서 해야 할 일이 있고, 또 잘할 자신도 있어요." 그러면서 이렇게 덧붙였다. "치열한 경쟁에서 살아남는 쾌감은 오히려 저에게 득이 되지 않겠습니까?"

물론 친구들은 비웃었다고 했다. 좋은 기회를 발로 차버렸다고. 나중에 회사에서 잘리면 후회막급일 거라고. 그래도 그는 꿋꿋하게 "내 장기가 있어 괜찮다"고 응수했다고 했다. 그러고 보니 그에게는 천부적인 파이터 기질이 있다. 모험을 즐길 줄도 안다. A차장은 몇 년 뒤 그 회사 임원 자리에 올랐다. 새로운 운을 마다하고 자신의 파이터 기질을 크게 발휘해 민간기업의 꽃인 임원이 됐다.

그게 그의 운이요, 가는 길이었던 모양이다. 운이든 실력이든 임원이 된 A차장처럼 우리는 해마다 연말연시에 인사 홍역을 치른다. 그야말로 직장인에게는 살얼음판을 걷는 시기다. 그 와중에 승진의 기쁨에 표정 관리하는 사람이 있는가 하면, 그 반대도 많다. 갑작스러운 해고 통보에 짐을 싼 상무, 진급이 안 돼 이직을 심각하게 고려 중인 고참 부장….

사기업에 몸담고 있는 사람이라면 인생 이모작을 하든가, 생존하는 법을 배워야 하는 신세다. 하긴 공기업이라고 대수랴. '철밥통'이라는 공무원 세계도 급변하는 요즘이다. 공기업이 이럴진댄 민간기업 직장인은 더 불안하다. 별 재주가 없으면 답답하기만 하다. 운에 기대야 하는지, 줄이라도 꽉 잡아야 하는지 말이다.

행운은 만들어진다?

잘 아는 직장인 모임이 있다. 도란도란 얘깃거리도 많다. 그런데 월급쟁이는 할 수 없나 보다. 꼭 테이블에 오르는 화제가 있다. 직장 이야기다. 승진할 수 있을까, 얼마나 오래 다닐 수 있을까…. 하긴 먹고사는 문제가 달려 있으니 그럴 수밖에. 늘 그렇듯 언젠가 모임에서도 직장 이야기가 단골메뉴로 올랐다.

이날 서비스업체에서 근무하는 안 과장은 색다른 말을 꺼냈다. "일곱 가지 쌍기역(ㄲ)을 갖추면 출세한다는데…." 우리는 "그거 재미있겠는데"라며 하나하나 풀어보기로 했다. 엔터테인먼트 기업에 다니는 김 팀장이 먼저 '끼'라고 운을 뗐다. 독특한 소질과 재능을 의미한다며. 그러자 출판업계 소속의 김 대표가 이어받는다. "'끈'은 어때?" 인맥이다. 대기업에 다니는 김 부장은 '꿈'을 거론했다. 어떤 비전을 갖고 있느냐다. '깡'도 나왔다. 집념이나 배짱이다. 창의력과 판단력을 뜻하는 '꾀' 역시 빠질 수 없었다. 면접이 강조되다 보니 '꼴'도 필수란다. 외모와 자기관리를 말한다.

우리는 이리저리 머리를 굴려봤지만 나머지 하나를 찾지 못했다. 필자도 마찬가지였다. 필자는 쌍기역 대신 잘 알고 지내던 왕고참 월급쟁이의 훈수 하나를 거론했다. 동원산업과 동원시스템즈 사장 등을 거친 동원그룹 강병원 부회장의 이야기였다. 그의 직장 경력은 40여 년. 직장인의 대선배다.

"강병원 부회장에게서 가끔 듣는 소리가 있어. '나만큼 회사생활 오래 한 사람도 별로 없을 거야. 늘 회사에 감사하지'란 얘기지. 언젠가 그분이 한 대기업의 직장생활 성공요인 앙케트를 나에게 소개한 적이 있어. 1위 인간관계, 2위 업무능력, 3위 성실성으로 나온 조사 결과였지. 그분은 그러나 '그 순서가 정반대여야 생각한다'고 말씀하시는 거야. 성공하려면 성실함이 우선이라는 것이지. 세계 오지도 마다 않는 근면함이 바탕이 돼야 한다는 거야. 성실과 근면, 이거, 어디서 많이 봤던 문구지? 기성세대의 학창시절 교훈이나 급훈으로 자주 쓰이던 단어잖아. 직장 대선배가 이 단어를 강조한 것은 성공하겠답시고 너무 튀기 이전에 기본을 갖추라는 일침 아니겠어?"

그렇게 그날 우리 모임은 끝났고, 한참 뒤 그 직장인 모임의 김 대표에게서 이메일이 왔다.

"나머지 쌍기역을 찾았어요. '꾼(프로정신)'이에요." 우리는 드디어 일곱 가지 쌍기역을 모두 찾는 데 성공했다. 서비스업체 안 과장 말마따나 일곱 가지 쌍기역을 모두 갖추면 정말 출세하는 걸까. 하기야 이를 다 갖추면 좋겠지만 하나라도 제대로 발휘하면 뒤지는 일은 없겠다는 생각이 들었다. 그런데 굳이 이 일곱 가지뿐이랴.

센스 있게 상황을 파악하는 '낌(새)'이 있겠고, 마무리를 잘하자는 의미의 '끝'도 있겠다. 아니면 강 부회장 말마따나 성실과 근면을 기본 삼아 '끌'로 파든지. 일곱 가지 쌍기역이든 열 가지 쌍기역이든 간에 출세하려는 건 직장인의 바람이다. 문제는 그렇게 되려면 기본기도 갖춰야 하고, 행운도 따라야 한다. 출세하는 운명이라면 더욱 좋고 말이다.

세조 13년인 1467년, 이시애李施愛의 난이 일어났다. 함길도에선 사병 해체작업과 고을 수령 부자 승계 폐지에 불만이 쌓여 갔는데, 대표적인 토호 이시애가 거병했다. 이시애 군은 강했다. 관군 선봉장 강순康純도 강하게 맞섰다. 치열한 공방이 오갔지만 관군이 밀리기 시작했다. 병사들은 지쳤고 화살은 떨어졌다.

일촉즉발의 위기. 그런데 웃지 못할 일이 벌어졌다. 승리가 코앞인데 도저히 관군을 무너뜨릴 수 없다고 판단한 이시애가 퇴각이라도 안전하게 하기 위해 휴전을 요구한 것이다. 결정적 오판이었다. 기뻐한 쪽은 관군이었다.

강순은 "만약 이를 어긴다면 모두 도륙하겠다"고 되레 으름장을 놓았다. 이후 반군은 동요했고 탈영병이 속출했다. 이시애는 자신의 실수에 땅을 치고 후회했지만 때는 늦었다. 안이하게 대처한 이시애는 좋은 기회를 놓쳤고, 물러설 곳 없던 강순은 강하게 대처해 승리했다. 그건 그들의 운명이었다.

학역재學易齋란 호를 가진 정인지鄭麟趾. 그는 이조판서와 병조판서, 영의정을 거친 조선시대 정치인이다. 계유정난癸酉靖難 때 수양대군을 도와 좌의정이 되고 공신으로서 하동부원군에 봉해졌다. 『치평요람治平要覽』을 만들고 집현전 학자들과 훈민정음 창제에도 힘썼으며 수양대군의 라이벌 김종서金宗瑞 등과 함께 『고려사절요高麗史節要』를 편찬했다.

젊은 시절 과거시험 때 그를 비롯한 세 명의 장원 후보 명단이 태종 앞에 놓여졌는데, 태종은 "심사위원들이 장원급제 우열을 가리기 어려운 모양"이라며 그중 하나를 그냥 집어 들고는 "이 사람을 장원으로 정하라"고 명했다고 한다. 그 행운의 주인공이 바로 정인지였다.

평생 조선 갑부이자 높은 벼슬을 누렸던 그는 세조와는 약간 맞지 않는 성격이었나 보다. 1458년 세조가 공신들을 위한 잔치를 베풀었을 때, 세조의 불서佛書 간행을 반대한 일로 노여움을 사서 직위해제됐다. 정인지는 술주정도 있었던 모양. 술에 취하면 왕을 함부로 대하기도 했는데, 1459년 취중에 직간한 일이 국왕에게 무례를 범한 죄로 다스려지기도 했다.

그러나 세조는 정인지를 평생 예우했다. 취중실수 같은 것은 그냥 눈감아 줬다. 그래도 자신의 즉위를 도운 공신이자 당대 최고의 유학자였기 때문이었다. 그는 큰 정치력을 발휘하지는 못했지만 대大 유학자로 추앙받았고 세종 때부터 왕의 두터운 신임 속에 영화롭게 살았다.

조선왕조 역사에서 여러 명의 왕 후보가 나선 때가 명종이 후계자를 고를 무렵이다. 명종은 왕비와의 사이에 아들 하나가 있었다. 그러나 열세 살 때 병으로 사망했다. 명종은 다른 왕과 달리 후궁도 한 명밖에 두지 않았는데, 그나마 아들이 없었다. 후사가 없자 과음하는 일이 잦았다. 조그만 일에도 벌컥 화를 내며 내관들을 벌주기 일쑤였다.

결국 위로 거슬러 올라가 왕 후보를 찾아야 했다. 그중 선택된 후보들이 중종의 7남 덕흥군의 세 아들이었다. 어느 날 명종은 이들을 대궐로 불렀다. 왕은 정무를 볼 때 머리에 쓰는 익선관을 벗어 "너희들의 머리가 큰지 작은지 알아보려고 하니 써 보아라"고 권했다. 위의 두 형은 아무 생각 없이 썼다.

그러나 막내 하성군은 "신하된 자가 어찌 이를 쓸 수 있겠습니까"라며 어전에 도로 갖다 놓았다. 얼마 뒤 명종은 위독할 때 하성군을 불러 간병케 하면서 후계구도를 암시했다. 하성군이 바로 조선 14대 왕 선조다. 영리한 그는 순간적인 기지를 발휘해 왕권을 거머쥔 것이다. 행운이기도 하고 운명이기도 한 선조의 등극. 하지만 선조는 당쟁과 왜군 침입을 불러일으킨 무능한 군주로 평가받는 조선 최악의 임금 중 한 명으로 꼽힌다.

아무리 운이 좋아도 주변 여건이 분위기를 만들어 주지 않으면 도루묵이다. 어느 날 장인이 두 사위를 모아 놓고 말했다. "자네들은 나라의 녹을 먹는 공직자들일세. 곁눈질하지 말아야 하네. 절대로 남의 돈을 받아서도 안 되네. 크게 되길 바라지는 않지만 언제나 최선을 다해 주길 바라네."

여기서 두 사위는 김용덕, 김광림 씨다. 지방에서 개인 사업을 하다 은퇴한 장인의 따끔한 훈계 덕이었을까. "크게 되길 바라지 않는다"고 했지만 사위 둘은 장·차관까지 오르며 승승장구했다. 손위 동서인 김용덕 씨는 나중에 금융감독위원장이 됐다. 김광림 씨는 재정경제부 차관을 지내고 세명대학교 총장으로 있다가 국회의원에 당선됐다.

'장인의 지침'을 충실히 따랐는지 김용덕 위원장은 오랜 공직생활 동안 별다른 잡음을 내지 않았다. 손아래 동서인 김광림 의원에게서 손위 동서 김용덕 위원장의 스타일에 대해 들어봤다.

"굉장히 원칙적인 분입니다. 말수도 매우 적죠. 처형조차 '집에서도 내가 먼저 말을 걸어야 할 정도'라고 합니다. 워낙 자기 PR을 안 하다 보니 마당발과 보스 기질과는 거리가 멀어요. 그런데 형님을 데리고 일해 본 윗사람은 나중에라도 꼭 형님을 찾습니다." 그러면서 김 의원은 김 위원장의 성품을 사무사思無邪(마음에 사악함이 전혀 없다), 무자기毋自欺(자기 자신을 속이지 않는다), 신기독慎其獨(혼자 있을 때도 행실을 삼간다)으로 압축했다. 김 위원장의 그동안 행적과 가풍家風을 종합하면 클린 이미지나 도덕성 등 고위 공무원이 지녀야 할 기본적 자세에서는 합격점을 줘도 좋을 것 같다. 공직자로서의 능력은 어떨까.

김 위원장은 '미스터 원'이라 불릴 정도로 국제금융에 해박한 지식을 갖고 있었다. 관세청장 재임 때는 관세행정을 업그레이드시켰다는 평을 들었다. 논란의 소지는 있겠지만 청와대 경제보좌관 시절엔 세제 중심으로만 접근했던 부동산정책에 주택담보대출 규제를 비롯한 금융정책을 접목시킴으로써 어느 정도 부동산시장을 안정시켰다. 그러면 소신은? 그가 금융감독위원장으로 내정됐을 때 금융시장의 반응은 "글쎄…"였다. 당시 노무현 정부의 코드에 지나치게 맞추지 않을까 하는 우려였다. 선이 굵은 보스형이 아니라 참모형 실무 스타일이다 보니 숲을 보기보다는 나무에 연연한다는 지적도 나왔다. 그래도 그는 장관 자리(금융감독위원장, 현재의 금융위원장)에 올랐다.

원래 김 위원장은 소식주의자다. 커피와 담배는 입에도 안 댄다. 채식주의자는 아니지만 육류도 거의 안 먹는다. 모두 몸에 부담이 된다는 이유에서다. 마찬가지로 정부의 중립성이 훼손되고 관치금융이 앞서면 나라에도 기업에도 소비자에게도 부담이 간다는 점을 그도 잘 안다. 비교적 무난하게 위원장 임무를 마치고 은퇴한 그를 보노라면 아마 장인의 음덕陰德이 매우 컸을 것으로 여겨진다. 그게 그의 주변 여건 운이었다.

정부에서 통상교섭본부장을 지낸 김현종 씨는 어렸을 적 수재였다고 한다. 미국에서 명문 컬럼비아대학교Columbia University를 다녔고, 로펌에서 변호사 활동을 한 걸 보면 말이다. 아버지(김병연 전 노르웨이 대사)를 따라 해외에서 학창시절을 보냈고, 초등학교 저학년 시절은 국내에서 지냈다. 이때 '올 수'도 한두 번은 받았으리라 짐작된다.

대개 공부깨나 했던 사람들에게는 어쩌다 한 번 '올 수'를 맞았던 초등학교 기억이 있을지도 모르겠다. 그러면 어머니가 "에구 내 새끼, 올 백이네"라며 기특해 하셨고, 아무리 없는 집이라도 자장면 곱빼기쯤은 배불리 먹었던 추억이 있을 것이다. 그러다 '바른생활' 등 몇 과목 안 되던 저학년을 지나 학년이 높아질수록 과목은 늘어나고, 더불어 '올 수'의 꿈도 멀어져 갔던 그런 시절을 겪었으리라.

김현종 본부장 역시 그런 시절을 보냈을 테고, 장관자리인 통상교섭본부장이 돼 2007년 한국과 미국 간 자유무역협정FTA, Free Trade

Agreement 타결의 주역이 됐다. 합의문이 발표되던 날, 그를 포함한 한국 측 대표단은 "수우미양가로 평가한다면 수를 받고 싶다"고 했다. 그런 김현종 본부장이 가장 좋아하는 말은 "Life is tough. It's tougher, if you are stupid(인생은 고달프다. 멍청하면 인생은 더 고달파진다)"라고 한다. 평탄한 삶을 걸었을 그에게 별로 어울리는 말 같지는 않다. 필자가 한 외교관에게 부연설명을 부탁했더니 그는 이런 답을 줬다. "매사에 모든 걸 철저하게 준비하고 대비해야 인생이 고달프지 않게 된다는 의미로 이 말을 하시곤 했죠."

이 같은 원칙은 그의 업무 성향에서도 잘 나타난다. 그 외교관의 말을 종합하면 이렇다. 김현종 본부장은 철저히 성과를 따진다. 직원들이 그에게 잘 보이려고 '눈도장'을 찍을라치면 "내가 보는 앞에서 열심히 일하는 척하지 말라"고 야단친다고 한다. 그는 보스랍시고 술자리에 간부들을 쭉 불러 모아 무게를 잡지 않는다. 직원들과 업무와 관련해 토론하다가 이해 안 되는 부분이 있으면 그때야 저녁자리까지 이어져 업무 이야기를 나눈다. 이 외교관은 "김 본부장을 미국 스타일로 봐야지, 한국적으로 생각해서는 안 된다"고 말했다.

김현종 통상교섭본부장이 공부를 잘해, 혹은 운이 트여 장관급이 되지는 않았을 것이다. 멍청하면 인생이 더 고달파지기 때문에 멍청해지지 않으려고 부단히 공부하고 또 노력했으리라. 그건 운이 좋아지는 비결을 체득하는 것과 같다. 필자는 삼성그룹 기업구조조정본부 재무팀장을 지낸 김인주 사장으로부터 운이 좋아지는 비결을 들은 적이 있다. 김인주 사장이 "초등학교 때 책에서 읽었다"며 가르쳐 준 비법 세 가지는 이랬다.

① 양말을 신을 때는 반드시 오른쪽부터 신어라.
② 신발을 신을 때도 꼭 오른쪽부터다.
③ 장갑을 낄 때도 마찬가지다.

김인주 사장은 그 책을 읽은 뒤부터 오른쪽 양말부터 신는다고
했다. 식당에서 식사를 마치고 나올 때도 오른쪽 신발부터 찾는 버
릇이 생겼다고 했다. 이 무슨 싱거운 소린가. 그는 "이렇게 행동하면
항상 준비하고 정신 차리게 되지"라고 말하고는 멋쩍게 웃었다. 별
거 아닌 소리로 들릴지 모르겠지만 필자에게는 엄청난 교훈이 됐다.
운은 거저 오는 게 아니라 운이 오도록 피나는 습관을 부지런히 닦
으라는 것! 바로 그 점이었다.

때로 우리는 행운을 갈구하면서 '내 삶에 귀인은 없을까' 하는
생각을 한다. '빽'도 '줄'도 없는 대부분의 우리들이 그렇다. 누군가
백마 탄 귀인이 다가와서 화끈하게 도와주면 좋으련만…. 필자는
한국프랜차이즈협회장을 지낸 김용만 김가네 회장(그의 이야기는
뒤에 다시 나온다)을 취재한 적이 있다. 줄곧 성공담을 듣다가 술이
거나하게 오른 그가 말한다.

"내가 뭐가 있어. 학연이 있나, 혈연이 있나, 그렇다고 지연이 있
나." 그는 자수성가한 사람이다. 김밥 하나로 탄탄한 프랜차이즈 기
업을 일궜다. 단칸방 딸린 비좁은 가게에서 새벽마다 연탄불 갈며
일했더니 번듯한 '김가네'의 주인이 됐다. 주먹 불끈 쥐며 다진 의지

만으로 협회장에까지 당선됐다.

김 회장의 젊은 시절처럼 백그라운드도 줄도 없는 사람이 태반이다. 몸 하나로 버텨 온, 어디에도 기댈 곳 없는 사람이 대부분이다. 한때 '노링노타이No-Link No-Tie족'이 화제가 된 적이 있는데, 혈연·학연·지연 같은 통상적인 인맥관계를 초월한 사람들을 부르는 말이다. 무작위로 인연을 맺고 사업 아이디어를 얻으면, 오히려 아는 사람들을 통하는 것보다 더 좋은 효과를 얻는 경우가 적지 않다.

그렇다면 누구나 인생에 한 번쯤은 굳이 학연·혈연·지연에 의존하지 않고도 귀인을 접할 기회가 있다는 이야기가 된다. 비단 사람만이 귀인은 아닐 것이다. 책이 될 수도 있고, 주변에 다니던 산이 될 수도 있다. 혈연 중에서도 귀인은 있다. 파리바게트와 던킨도너츠 등을 운영하는 SPC그룹의 허영인 회장이 그런 경우다.

그는 어렸을 때 말굽자석을 갖고 놀았다. 어머니가 그렇게 시켰다. 당시엔 나무상자로 빵을 담던 시절이었다. 당연히 많은 못이 필요했다. 허 회장이 허리에 이어진 줄로 자석을 매달고 이리저리 다니면 못이 달라붙었다. 그러면 어머니는 그 못으로 빵 상자를 만들었다.

삼립식품이란 작은 회사가 SPC그룹이라는 대기업으로 커진 데는 어머니라는 '귀인'이 있었기에 가능했다고 해도 과언이 아닐 듯하다. "난 쥐뿔도 없다"는 사람들, 주변을 넓게 돌아보면 사람이든 사물이든 인생의 귀인, 삶의 보물은 의외의 곳에 있을지 모른다.

최치훈 삼성물산 사장은 주일대사를 지낸 최경록 씨의 아들이다. 최경록 주일대사는 이병철 삼성그룹 회장과 친분이 두터웠다.

주일대사 시절, 최경록 대사는 이병철 회장과 일본에서 식사를 한 적 있었다. 그 자리에 최치훈 사장이 불려왔다. 최 사장 입장에서는 얼마나 어려운 자리던가.

식사시간은 무려 3시간 30분이나 이어졌고 최 사장은 꼼짝없이 자리를 지켜야 했다. 무릎을 꿇고 있다가 시간이 한참 흐른 뒤에야 어른들의 권유로 겨우 책상다리를 할 무렵, 이병철 회장이 최 사장에게 물었다.

"이봐 최군! 대학을 졸업하면 뭐할끼고?" 갑작스러운 질문에 당황한 최 사장은 "군대 갑니다"라고 답했고, 이 회장은 다시 "군대 후에는?"이라고 되물었다. 이에 최 사장이 "취업해야죠"라고 답하자, 이 회장은 "그래? 그러면 군대 마치고 삼성으로 오게"라고 말했다.

최 사장에게 귀인은 이병철 회장이었을까. 그렇게 최 사장은 삼성에 입사한다. 때는 1985년이었다. 그는 1, 2, 3지망 모두 삼성물산으로 적어냈다. 그런데 이게 웬일. 삼성전자로 발령난 게 아닌가. 원래 삼성에 오래 근무할 생각이 아니었던 그는 결국 외국회사인 GE로 옮겨 이후 GE 잭 웰치 회장의 비서실에서 근무하게 된다. 그는 "잭 웰치 회장은 나의 멘토였다. 매우 단호한 분이었고, 신상필벌信賞必罰이 확실한 분이었다"고 필자에게 술회했다.

최 사장이 GE에 입사하게 된 데는 우연이랄까, 운명이랄까, 그 중 무언가가 작용했다. 그는 미국에서 고등학교와 대학을 나왔다. 한국에 들어와서는 공군에 입대해 3년간 근무했다. 당시 한국에는 6개월 장교제도라는 게 있었지만 그는 그런 제도가 있었는지도 몰랐다고 했다. 공군 복무기간은 원래 4년인데, 자신이 입대했을 때부터 3년으로 줄어들었다고 했다.

그리고 삼성에 있던 어느 날, GE가 미국에서 공부하고 공군 근무 경력이 있는 사람들을 채용하기 시작했고, 최 사장도 지원해 뽑혔다. 합격한 사람들은 모두 엔지니어였는데 그만 문과 출신이었다. 이후 그는 GE에서 항공기엔진 아시아 사장, 에너지 아시아태평양 총괄사장 등을 지내다가 2007년 이건희 삼성그룹 회장과 인연이 닿아 삼성에 다시 들어간다.

삼성에서는 승승장구를 거듭해 삼성전자 프린팅사업부장(사장), 삼성SDI 대표이사 사장, 삼성카드 대표이사 사장을 거쳐 삼성 입사 때 그토록 본인이 갈망했던 삼성물산의 CEO 자리에 올랐다. "GE에 입사했을 때가 1988년 8월이었고, 살고 있는 집도 8동 8층 8호입니다. 홍콩 출장을 갔더니 8이 대박의 숫자라네요."

필자와의 식사 때 8자의 행운을 이야기하며 껄껄껄 웃었던 최치훈 사장. 그에게는 삼성그룹 창업주 이병철 회장과 계승자인 이건희 회장, 그리고 잭 웰치 GE 회장 모두 귀인이었다. 그러나 그보다 더한 운명은 숫자 8에 있었나 보다.

자, 그러면 우연과 행운은 거저 오는 걸까. 결코 아닐 것이다. 역설적이게도 필자는 그 자체가 운명이요, 숙명이라고 주장하고 싶다. 신한금융지주 한동우 회장은 신한 사태의 소용돌이 속에서 운 좋게 구원투수로 등장한 인물이다. 은행장 경쟁에서 밀려나 계열사 대표로 나갔지만 더 크게 성장해 컴백했다. 그러나 그게 그의 운명이었다. 그 자신도 "난 핀치히터였는데 회장이 된 게 내 운명이었나 보다"라고 말한다. 그런 그에게 이사회가 물었다.

"당신이 회장이 꼭 돼야 할 이유가 무엇이라고 스스로 생각하십니까?" 그러자 한동우 후보가 열변을 토하며 답했다. "제가 회장이 되면 꼭 해야 할 일이 하나 있습니다. 반드시 파벌주의를 없애겠습니다. 신한에는 신한파만 있을 뿐입니다."

그리고 이후 한 회장은 금융그룹 내 파벌 타파에 매진했다. 그가 회장이 된 것은 운명이었고, 파벌 타파는 숙명이었다. 운명과 숙명은 비슷한 말이지만 숙명이 더 강한 느낌이다. 운명運命은 '운전할 운運'자에서 보듯 변하는 것이요, 숙명宿命은 '숙宿'이라는 글자가 표현하듯 오래 지나 변하지 않는 그 무엇이다.

제2장

비관이 생존이다

인생은 후반전

간절함을 가슴에 품었는가

역전승을 즐기는가? 스포츠 경기 관람을 즐기는 사람은 축구나 야구에서 역전승의 스릴을 만끽한다. 자기가 응원하는 프로야구 팀이 경기 내내 지고 있다가 9회 말 투아웃에서 역전 홈런으로 뒤집기 쇼를 만든다면 그 쾌감이란…. 또 인지상정이란 게 있어서 특별히 응원하는 팀이 없다면 약팀을 응원하게 마련이다. 그리고 그 약팀이 어쩌다 승리라도 할라치면 기쁨은 두 배다.

인생도 마찬가지다. 인생의 전반전 내내 사업에 실패하고 승진에서 누락되고 연애를 망쳤더라도 인생 후반전에 역전하면 실제로 체감하는 쾌감은 두 배가 아니라 열 배에 이를 것이다. 반대로 전반의 인생을 아무리 잘 살았다 할지라도 노후가 망가지면 도루묵이다.

1997년 외환위기 때였다. 두산그룹은 그 이전까지만 해도 맥주와 양주 같은 주류, 햄버거와 치킨 위주의 식음료, 미국 유명 브랜드를 들여 와 파는 의류 위주의 기업이었다. 그런 두산이 외환위기 때 존폐의 기로에 섰다. 두산이 어떤 그룹인가. 한국기네스협회가 인정한, 우리나라에서 가장 오래된 기업 아닌가.

당시 두산그룹 오너 집안의 박용만 사장은 세계적인 컨설팅 회사 맥킨지 앤드 컴퍼니McKinsey & Company의 김용성 파트너(훗날 두산인프라코어의 대표이사 사장)를 조용한 카페로 불러냈다. 그 자리에서 박 사장은 김용성 파트너에게 조심스럽게 물었다.

"우리 괜찮을까?" 이에 주저함 없이 나온 김 파트너의 대답은 "이대로라면 두산그룹은 6개월 내에 망합니다"였다. 거침없는 답변에 순간 박 사장의 표정이 일그러졌다. 박 사장은 아무 말 없이 고개만 끄덕거리며 그대로 자리에서 훌훌 털고 일어나 회사로 향했다. 그 이후 두산그룹은 먹고 마시는 업종을 과감히 버리고 중후장대重厚長大형 기업들을 사들이기 시작한다. 한국중공업(현재의 두산중공업)과 대우종합기계(현재의 두산인프라코어) 등을 과감히 사들였다.

마지막 남은 KFC도 1,000억 원에 매각했다. 우리나라에서 현존하는 가장 오랜 기업 두산그룹은 이처럼 절체절명絶體絶命의 위기에서 "곧 망한다"는 비관론 속에서 살아남았다.

예나 지금이나 웬만한 창업자들은 대박을 꿈꾼다. 그러나 그게 말처럼 녹록지 않다. 살아남기조차 어려운 요즘이기에 더욱 그렇다. 어쩌면 이들은 '대박의 꿈'보다 '생존의 꿈'을 실현하기 위해 안간힘을 쓰고 있는지 모른다.

2014년 겨울 강남의 한 호텔 식당에서 '주식 농부'로 불리는 박영옥 스마트인컴 대표와 그의 팬들이 만나는 행사가 열렸다. 행사 이름은 '한국 워런 버핏과의 식사'. 딱 여섯 명만 초대하는 자리였는데, 응모자가 무려 100명을 넘었다. 응모자들의 직업도 대학생부터 직장인, 주부까지 다양했다. '한국 워런 버핏'과의 저녁식사는 끝나는 줄 몰랐다. 당초 두 시간으로 예정했던 식사자리는 세 시간을 넘겨 호텔 식당이 문을 닫을 때까지 이어졌다. 참석자들은 박 대표에게 주식투자에 대한 질문을 쏟아냈다. 투자의 철학과 원칙, 기업을 고르는 기준, 전업투자자가 되기 위해 필요한 준비 등 질문이 이어졌다.

박 대표는 여의도 증권가에서 유명한 '수퍼 개미'다. 공시 등을 통해 알려진 주식투자 규모는 1,500억 원대. 2001년 종자돈 5,000만 원으로 시작해 14년 만에 원금을 약 3,000배로 불린 셈이다. 그가 어떤 종목을 매수했다는 사실이 알려지면 투자자들이 따라 사기도 한다. 필자는 박 대표와 가끔 골프 라운딩과 식사를 하는데 자신의 투자 철학에 대해 "사냥꾼이 아닌 농부처럼 투자한다"고 말한다.

먹이(주가가 오를 기업)를 찾아 돌아다니지 말고, 밭에 씨를 뿌리듯이 좋은 기업을 골라 담은 뒤 수확 때까지 참고 기다리라는 것이다. 박 대표는 또 "주식에 투자하지 말고 기업에 투자하라"고 강조한다. 단기 시세차익을 노리지 말고 좋은 기업을 골라 투자한 뒤 함께 성장하라는 뜻이다. 그래서 자신을 '투자가'로 부르지 말고 '기업인'으로 불러 달라고 한다.

"투자에는 다섯 가지 단계가 있습니다. 제일 낮은 단계는 남들이 모르는 정보만 믿고 투자하는 겁니다. 그 다음이 차트를 보고 기술적 분석을 하는 거죠. 셋째 단계가 주가수익비율PER, Price Earning Ratio 이나 자기자본수익률ROE, Return On Equity 같은 정량적 지표를 보는 겁니다. 넷째는 정량적인 지표를 참고하면서 미래의 트렌드를 예측해서 투자하는 겁니다. 마지막이 중요한데요, 기업가의 마인드로 투자하는 겁니다."

박 대표는 대박을 터뜨리기 전까지 정말이지 산전수전 다 경험했다. 1960년생인 그는 전후세대가 겪었던 가난과 배고픔을 모두 겪었다. 아버지는 일찍 사망했다. 어머니와 네 남매만 남은 집안이 부유할 리 없었다. 그는 중학교를 졸업하자마자 고향인 전라북도 장수를 떠나 서울 성수동 섬유공장에 취직했다. 서울 불광동 시외버스터미널에서는 신문을 팔기도 했다. 어렵게 대학을 졸업한 뒤엔 여의도 증권가에 발을 들였고 성실함을 인정받아 30대 후반에 교보증권 압구정지점장이 됐다. 지금도 그렇지만 당시에도 압구정지점은 가장 잘나가는 지점 중 하나였다. 그러나 성공한 증권맨의 삶을 살던 그가 무너진 건 1997년 외환위기였다.

연초 500포인트대였던 코스피 지수는 200대로 떨어졌다. 월급을 아껴 주식에 투자했던 샐러리맨들은 추락하는 증시에 맥을 못 췄고, 대량 감원이라는 구조조정에 시달렸다. 박 대표 역시 1억 9,000만 원짜리 아파트를 팔고 사글세방으로 집을 옮겼다. 그리고 이듬해 7월, 코스피는 거짓말처럼 1,000포인트를 돌파했다.

박 대표는 그때 배웠다고 했다. 공포와 탐욕에 휩쓸리지 않고 기업의 가치를 보고 투자해야 한다는 걸. 이후 그는 전업 투자자로 변신했다. 그런 그에게 기회가 찾아왔다. 2001년 9·11 테러였나. 미국 뉴욕의 월드트레이드센터가 무너지자 세계 증시는 급락했다.

박 대표는 오히려 보령제약, 고려개발 등 기초가 튼튼한 기업 주식을 사서 기다렸다. 주가는 반년 만에 두세 배씩 올랐다. 그의 자산은 위기 때마다 늘었다. 2008년 글로벌 금융위기, 2011년 남유럽 재정위기 등 남들이 주식을 싸게 팔 때 사서 꾸준히 기다렸다. 그렇게 그는 가난과 실패를 딛고 일어섰다.

커피신화의 주인공 김선권 카페베네 대표는 가난한 어린 시절을 보냈다. 당시 "왜 나만 찢어지게 가난한 건가, 나보다 더 처참한 사람 있으면 나와 보라 그래!"라는 그의 지난 절규를 들어보면 정말 눈물이 난다.

2008년 커피사업 후발주자로 시작해 창업 3년 8개월 만에 점포 720개, 연매출 2,000억 원으로 단숨에 업계 1위에 올라선 카페베네 김선권 대표는 그렇게 생존했다. 그는 필자에게 "나의 비밀병기는 책상 앞에 놓인 작은 액자다. 거기엔 아홉 가지 다짐이 있다. 첫째 다짐이 '미래 1조 원의 회사를 키우는 것보다 생존'"이라고 말했다. 그는 "요즘 20대들이 느끼는 박탈감과 좌절감을 충분히 이해한다"면서도 "오늘날 나를 있게 한 원동력은 '결핍'"이라고 강조했다. 결핍이라…. 다소 의아한 생각에 그에게 "왜 결핍이 성공의 동력인가"라고 물었다. 그의 대답을 들어보자.

"저는 전남 장성군의 한 시골 마을에서 9남매 중 일곱째로 태어났습니다. 일곱 살 때 아버지가 돌아가셨죠. 두 동생은 세 살, 한 살이었습니다. 집에 비가 오면 천장에서 빗물이 샜습니다. 천장에 실을 달아 빗물이 타고 내려오도록 만들어 놓고 살았을 정도로 가난했어요. 40대 중 나처럼 가난하게 산 사람은 보지 못했을 정도였습니다. 어렸을 때부터 가난에서 벗어나 어머니를 잘 모셔야겠다는 꿈이 있었습니다. 현재 500여 명 전 직원들의 부모님 통장에 매월 10만 원을 지급하는 복지제도를 시행하고 있는 건 그런 내 꿈 때문입니다. 결핍이 왜 성공 동력이냐고요? 결핍은 꿈을 더욱 간절하게 만들기 때문입니다."

사실 그 어떤 욕심과 실력, 행운도 간절함을 이기진 못한다. 인생의 막다른 골목에서 그저 살아남기 위한 간절함이 있는 한, 그 어느 것도 막지 못한다. 사람이 죽을 위기에 놓이면 평소 쓰지 않던 힘도 나온다고 하지 않는가. 결핍이 간절함을 낳고, 그 간절함은 생존의 원천으로 뿜어져 결국 성공의 바탕을 이룬다는 점, 김선권 대표가 일깨워 주는 대목이다.

　김 대표는 말을 이었다. "세상엔 두 가지 유형의 사람이 있습니다. 꿈을 꾸는 사람, 그리고 실행하는 사람입니다. 꿈은 말이 아니라 몸으로 꾸는 것입니다. 성공해야겠다는 꿈을 꾸는 사람은 많습니다. 하지만 그걸 실행에 옮기는 사람은 적지요. 아주 작은 일부터 이야기해 볼게요. 나는 20대 초반부터 아르바이트 삼아 물건을 떼다 팔았습니다. 해마다 새해 초가 되면 복조리를 팔았는데, 신정 때 팔고 남은 재고는 구정 때 또 팔 수 있기 때문이었습니다."

　그런 김 대표는 20대 청년 창업시절, 실패와 세상 원망으로 세월을 보냈다. 그가 이런저런 허드렛일을 하다 본격적인 사업을 시작한 것이 28세 때였다. 고향 선배와 작은 호프가게를 열었다. 그러나 6개월 만에 망했다. 투자비를 모두 날렸다. 그는 "첫 사업이라 실망이 매우 컸다"고 술회했다. 어려서부터 온갖 고생을 다해 마련한 가게인데 1년도 못 버틴 게 너무 억울했다. "세상이 원망스러웠다"는 그는 도망치듯 고향으로 돌아갔다. 집에는 홀어머니가 여전히 새벽잠을 쫓으며 농사일을 하고 있었다. 그는 "여기서 포기하면 더 억울하겠지. 깊이 생각해 보니 나에게 문제가 있었다"고 재기를 다짐했다.

　이후 게임기, 한식, 커피 등 손대는 사업마다 성공을 거뒀다. 1997년 외환위기로 모든 서비스업이 직격탄을 맞았을 때 그는 전자오락실을 운영했다. 사람들이 동전을 갖고 와서 잠깐씩 놀고 가던 오락실은 외환위기의 예외 지대였다. 기기 매입 같은 개점 준비를 도와주는 가맹사업도 반응이 좋았다. 하지만 정작 개점 후엔 수익이 없어 한식으로 방향을 돌렸다.

그는 '추풍령감자탕' 브랜드로 묵은지를 히트시키며 2년 사이에 매장을 300개까지 늘렸다. 그런데 음식장사라는 게 베끼기 쉬웠다. 묵은지가 인기면 순식간에 묵은지 파는 식당이 우후죽순처럼 생긴다. 그래서 생각한 게 커피였다.

사실 그가 커피사업에 손을 대기 전에 필자와 의논한 적이 있다. 그는 "이젠 먹는 사업을 접고 커피사업을 하려는데 괜찮겠습니까?"라고 물었다. 필자는 잠시 답변을 주저하다가 "스타벅스도 있고 커피빈도 있는데, 그런 막강한 업체들이 즐비한 상황에서 힘들지 않겠냐?"고 반문했다. 김 대표는 고개를 끄덕였다. 필자는 그가 커피사업을 하지 않으리라 생각했다. 굳이 레드오션_{Red Ocean}에 뛰어들지 않을 줄 알았다. 하지만 그는 강행했다. 심지어 뉴욕에까지 카페베네 브랜드를 차렸다.

"다들 말렸지요. 고민했던 게 사실입니다. 그러나 한편으로는 자신이 있었습니다. 알다시피 베이비부머들이 은퇴를 시작하고 있습니다. 자금을 가진 이들이 노후를 위해 사업을 하고 싶어 하는데 기존 커피전문점은 대기업이 직영으로 운영하고 있었습니다. 그들을 타깃으로 한 시장이 필요하다고 생각한 거죠."

그런데 카페베네 매장을 가보면 커피 한 잔을 시켜 놓고 노트북으로 사무를 보는 일명 '코피스족'이 유독 많다. 이래서야 돈이 벌리겠나. 그러나 그는 "그게 우리의 경쟁력이다. 모든 매장에 PC를 설치하고, 전체 90% 매장에서 노트북을 빌려준다. 카페베네는 공부하는 사람에겐 도서관이요, 연인들에겐 사랑의 공간이다. 가격만으로 논하기엔 다소 무리가 있는데, 그래도 손해는 안 본다. 커피 여러 잔 시켜 30분 미팅하고 일어나는 비즈니스족도 많다"고 답한다.

원두 품질만큼은 세계 최고 수준이라고 자부하는 김 대표의 고민은 매장이 급속도로 늘다 보니 바리스타 숙련도가 충분치 못하다는 점이었다. 김 대표는 당장 카페베네 본사 전문 인력 수십 명을 각 매장에 파견해 교육시켰다. 그가 현상을 유지하든 실패를 하든, 아니면 더욱 성공을 하든지 간에 우리에게 던지는 메시지는 확실하다. 인생의 전반전에 결핍과 가난을 겪으면서도 간절함을 품었다면 인생 후반전에는 생존하면서도 성공까지 할 수 있다는 점, 바로 그것이다.

역경을 딛고 역전을 노려라

카페베네의 김선권 대표처럼 프랜차이즈로 성공한 사람 가운데엔 젊은 시절 지독히 고생하거나 심지어 노숙자 생활을 경험한 사람이 많다. 자살까지 생각한 이들도 있다. 피부 관리와 외식업으로 시작해 '오니기리와 이규동'이란 프랜차이즈를 성공시킨 이명훈 회장은 고려대학교 경영학과를 졸업한 뒤 사업에 뛰어들었다. 그러나 번번이 쓴 맛을 봤다.

쫄딱 망한 그는 노숙자 생활을 전전해야 했다. 끝없는 절망감 속에 그가 마지막으로 선택한 것은 죽음. 그는 무려 세 번이나 청계산에서 자살을 시도했다. "나는 더 이상 이 세상을 살아갈 자격도 희망도 없다"고 자책하며 몸을 던지려 했다. 순간, 청계산의 속삭임이 생존욕구 불러일으켰다고 그는 술회했다.

"아, 정말 그때는 절박했지. 되는 일도 없고. 자살만이 유일한 탈출구였어. 그런데 산이 나에게 속삭이는 거야. '아직 삶이 남아 있는데, 할 일이 더 남아 있는데, 이게 뭐하는 짓거리'냐고.'"

그리고는 바로 산을 내려온 뒤 다시 뛰었다. '이지은 레드클럽'이라는 피부관리 프랜차이즈 사업에 뛰어들었고 '오니기리와 이규동'이라는 외식업을 시작했다. 이 회장은 오니기리와 이규동을 론칭하면서 많은 고민을 했다. 우리가 생각하는 일식을 바탕으로 일본 속의 일식, 그리고 우리가 좋아하는 일식은 무엇일까.

일본 역시 우리나라처럼 일상 속에서는 국과 밥, 반찬을 먹는다. 하지만 우리나라보다 좀 더 간소화한 점이 특징이다. 즉 반찬이 거의 없고 반찬 대신 샐러드 위주거나, 아니면 일품요리 형태를 갖추고 있다. 그래서 이 회장은 일식 생활문화에서 한국 식문화의 새 방향을 찾았다고 했다.

특히 오니기리와 이규동의 브랜드 핵심을 단순성과 편리성, 변화가능성으로 삼았다. 말하자면, "조리는 단순하게, 식재료 관리와 매장의 운영은 편리하게, 메뉴 개발과 변화는 무한 변신이 가능하게"다. 삼각김밥과 덮밥은 안에 넣는 재료와 위에 덮은 재료에 따라 무궁무진하게 바뀔 수 있다. 하지만 이 회장이 생각하는 삼각김밥과 덮밥의 궁극적인 형태는 바로 밥으로 만드는 디저트나 브런치 스타일이다. 밥을 식사로만 생각하지 않고, 가볍게, 예쁘게 즐기는 먹을거리로 변화시키고 싶은 것이 그의 바람이었다. 처절한 인생 전반을 살아온 그는 사업을 할 때 카페베네 김선권 대표와는 달리, 흔히 유행하는 블루오션 전략Blue Ocean Strategy을 사용했다.

기업이 성공하기 위해서는 경쟁이 없는 새로운 시장을 창출해야 한다는 경영전략이다. 많은 경쟁자들이 비슷한 전략과 상품으로 경쟁하는 시장을 레드오션으로 규정하고, 그보다는 경쟁자 없는 새 시장 블루오션을 창출해야 한다는 것이다. 그러면서 프랜차이즈 사업에서는 늘 이 블루오션 전략을 염두에 두고 일을 진행시켰다고 했다.

브랜드를 설계하고, 마케팅을 하고, 점포를 운영하고, 심지어는 사소한 일까지 블루오션 전략을 적용시킨다. 생각의 경계, 업종의 경계, 시장의 경계 등 모든 경계를 허물고 구상한다. 이렇게 함으로써 기존의 경쟁구도를 바꾸고, 지금까지 존재하던 분야의 경계를 바뀌게 할 수 있다는 게 이 회장의 경영철학이다.

그가 만든 이지은 레드클럽 역시 기존의 유통 경계와 가격 경계, 고객층 경계를 허물었다. 오니기리와 이규동도 기존 분식점의 영역을 허물고 편의점에만 국한됐던 삼각김밥의 판매 영역을 허물었다. 그리고 '원팩 조리 시스템'을 갖춤으로써 분식점 점포 규모의 경계도 허물었다.

이명훈 회장처럼 노숙자 출신의 프랜차이즈 스타가 한 명 더 있다. 호프집 '치어스'의 정한 사장이다. 넉넉한 집안에서 태어난 그는 체육고등학교를 졸업하고 체육대학에 진학했다. 체육학을 전공했지만 군 전역 후 그가 걸어간 길은 인테리어 사업이었다. 아내와 함께 1991년 미국 유학길에 올라 인테리어를 배운 뒤 국내에서 인테리어 사업을 시작했다. 이때가 1994년. 처음 해보는 사업이었지만 나름대로 번창했다.

하지만 몇 년 뒤 불어 닥친 외환위기로 타격을 받았다. 미수금을 회수하지 못해 결국 회사는 부도를 맞았다. 불황에 절망까지 겹치게 한 것은 가족마저 자신을 등진 일이다. 돈도 가족도 모두 잃어버린 것이다. 결국 거리를 전전하는 노숙자가 됐다. 폐허의 삶이 1년 남짓 이어지던 어느 날, 나이 지긋한 환경미화원이 그를 "젊은 놈이 한심하구먼"이라고 꾸짖었다. 이 회장은 그 말에 정신이 번쩍 들었다. '아, 내가 아직 31살밖에 안 됐구나. 다시 해 보자!' 그리고는 멀어졌던 부모를 찾아가 1년 안에 원금을 갚겠다고 약속하고는 5,000만 원을 빌렸다.

그리고 도전한 사업이 치킨 장사였다. 26.4m²(8평)짜리 치킨 매장을 낸 뒤 목숨 걸고 뛰었다. 그런데 도무지 매출이 오르지 않았다. 하루 10만 원도 못 채우기 일쑤였다. 마음을 다시 잡고 영업이 끝난 뒤에도 닭을 튀기며 맛을 연구했다. 하루 세 시간 이상 자질 않았다. 손님에게 가게를 맡기고 배달도 다녔다. 그 결과 하루 매출이 150

만 원으로 올랐다. 작은 치킨집으로 성공을 예감한 그는 외식사업에 도전했다. 고심 끝에 선택한 업종은 호프레스토랑. 유학시절 봤던 편안한 분위기의 호프레스토랑이면 성공할 것이라 생각했다. 외식사업 첫 점포로 경기도 분당을 택했고, 메뉴도 전문요리사가 조리한 요리로 고급화했다. 술을 못 마시는 사람도 메뉴와 분위기만으로 만족할 수 있도록 점포를 예쁘게 꾸몄다. 찾아오는 손님들은 이곳에서 외식을 즐기고 생일파티를 열며 동창회를 했다. 문을 연 지 1년 만에 월 1억 원의 매출을 올리는 대박 점포가 됐다. 단골손님들은 가맹점을 내달라고 했다. 2003년 본격적으로 가맹사업을 펼치고 이듬해엔 제조공장과 물류센터도 지었다.

"단기간에 이룰 수 있는 일은 적습니다. 길게 보고 목숨 걸고 뛰면 인생을 송두리째 바꿀 수 있습니다." 그가 비장한 어투로 필자에게 해 준 말이다. 그에게 희망은 오히려 사치였다. 그저 목숨까지 건다는 비장함이 생존방식이었다.

노숙자 출신 CEO로 유명한 사람은 영국의 존 버드John Bird다. 그는 좀도둑에서 사업가로 변신한 인생역전의 주인공이다. 서울 시내의 대학가나 번화가의 지하철역 입구에서 빨간 조끼와 모자를 착용한 잡지 판매원들과 마주친 기억이 있을 것이다. 노숙자들의 자립과 자활을 위해 창간된 대중문화잡지 ≪빅 이슈The Big Issue≫ 판매원들이다.

≪빅 이슈≫는 1991년 존 버드가 영국에서 창간했다. 런던 노팅힐Notting Hill의 슬럼가에서 태어난 존 버드는 부모가 집세를 내지 못하자 거리로 내쫓기며 노숙자 생활을 시작했다. 겨우 다섯 살 때였다.

결국 일곱 살부터 3년 동안은 고아원에서 생활하다 좀도둑질을 하는 바람에 열세 살 때 감옥에 가고 말았다. 공부는 20대에 이르러서야 시작할 수밖에 없었다.

출판업에 손을 대 어느 정도 자리를 잡은 때가 서른 남짓이고, 40대 중반에 이르렀을 무렵 그는 특별한 제안을 받는다. 세계적 화장품 브랜드 더바디샵The Body Shop의 공동 창업자인 고든 로딕Gorden Rodick이 "뉴욕에서 판매되는 노숙자 잡지 ≪스트리트 뉴스Street News≫ 같은 것을 영국에서도 만들어 보면 어떻겠느냐"는 제안을 한 것이다. 그러나 로딕의 투자를 받아 시작한 사업은 쉽지 않았다.

노숙자들은 "우리를 착취하려 한다"고 반발했다. 하지만 버드는 "공짜는 없다"고 선언한 뒤 오히려 각종 행동수칙을 지켜야만 판매원으로 활동할 수 있게 했다. 판매 중 술을 마셔서는 안 되고, 당당하며 친절하게 행동해야 한다는 규칙이었다. 이에 동의한 노숙자들에게는 잡지 10권을 공짜로 줬다. 이를 팔아 생긴 수익으로 다시 잡지 10권을 정가의 절반 값에 살 수 있도록 했다.

판매 수익의 절반을 노숙자가 가져갈 수 있게 한 것이다. 버드는 노숙자가 잡지 판매를 통해 소비자와 동등한 '시민'임을 인식하고 사회적 소속감을 갖는 것을 중시했다. 사회적 이슈와 비즈니스를 결합한 독특한 사업은 그렇게 번창해 나갔고 버락 오바마Barack Obama 미국 대통령, 『해리 포터Harry Potter』 시리즈의 작가 조앤 K. 롤링 Joanne K. Rowling, 마돈나Madonna, 데이비드 베컴David Beckham 같은 세계적 명사들이 표지 모델을 자청했다.

겉모습만 봐서는 꾀죄죄한 마윈馬云. 그러나 그가 만든 '알리바바닷컴alibaba.com'의 위력은 대단하다. 중국 이커머스e-commerce 시장에서 알라바바가 차지하는 비중은 80%를 넘는다. 중국 소포 배달의 70%는 알리바바 거래분이다. 마윈은 이 알리바바닷컴을 시작으로 세계 최대 온라인 오픈 마켓 '타오바오淘寶', 중국 1위 온라인 소매 쇼핑몰 '티엔마오天猫', 아시아 최대 결제시스템 '알리페이Alipay', '야후차이나Yahoo China' 등이 속한 알리바바그룹阿里巴巴集团의 회장이다.

몇 년 전 세계 최고의 경제신문 영국 ≪파이낸셜타임스FT, Financial Times≫가 선정한 '올해의 인물'이기도 한 마윈은 중국 항저우杭州의 서민 가정에서 태어났다. 학교에 다닐 때 그의 성적은 바닥이었다. 그가 오로지 매달린 건 영어. 항저우의 유명 관광지나 호텔 부근을 서성이다 외국인을 만나면 재빨리 다가가 말을 건넸다. 영어는 꽤 늘었지만 다른 과목이 형편없어 3수 끝에야 대학에 갔다.

1984년 항저우사범학원 외국어과에 입학했는데, 그것도 정원 미달 덕분이었다. 그는 신문팔이, 운전기사, 막노동꾼으로 일하며 취업을 준비했다. 비록 1미터 53센티미터의 단신에 깡마른 체구였던 비호감 외모를 이유로 호텔 취업 면접에서 떨어졌지만, 다행히 항저우전자공업대의 영어강사가 됐다.

그러던 중 사업 아이디어를 떠올렸다. '하이보海博'라는 통·번역 회사를 설립한 것. 사업이 지지부진하던 1995년 미국 출장길에 그가 처음 접한 인터넷은 신기했다. '맥주Beer'와 '중국China'이란 단어를 넣어 검색해 봤으나 아무것도 창에 뜨지 않았다. 인터넷 세계에서 중국은 아직 동 떨어진 나라였다. 바로 그 점이 마윈의 머리를 강타했다. 그는 고향으로 돌아와서 웹페이지 제작 회사를 차렸고, 중국에도 서서히 인터넷 붐이 일기 시작했다. 골드만삭스Goldman Sachs로부터 500만 달러를 투자받는 데 성공했고, 일생의 은인이자 멘토였던 손정의孫正義 일본 소프트뱅크Soft Bank Corporation 회장의 도움도 받았다. 글로벌 IT기업 이베이와의 한판 승부도 마다하지 않았다. 2003년 이베이는 중국 대표 포털사이트인 소후搜狐·바이두百度와 독점 광고게재 계약을 맺고 대대적인 대륙 공략에 나섰다.

마윈은 포털에 광고조차 할 수 없게 됐다. 그러자 그는 "우리는 양쯔강揚子江 악어이고 이베이는 바다 상어다. 바다는 몰라도 강에서라면 우리가 이긴다"는 자신감을 갖고 포털 대신 개인 사이트를 집중 공략했다. 그 결과 이베이가 쓴 비용의 1/10만으로도 엄청난 마케팅 효과를 거뒀다. 유료 회원제를 무료로 전환하기도 했다. 마침내 이베이는 2005년 중국 시장에서 사실상 철수하고 말았다. 마윈은 한국을 방문했을 때 서울대학교를 찾아 강연을 했다. 그때 그가 남긴 말이 이 세상의 불행한 젊은이들을 자극한다. "내가 성공한 것은 돈도, 기술도, 계획도 없었기 때문이다."

김성진 아이카이스트 대표는 "'개천에서 용 난다는 말'에 제가 산증인이라고 해도 될까요"라고 말한다. 김 대표의 어린 시절 가정 형편은 매우 어려웠다. 1994년 열 살 때 고향인 충북 음성에 있는 삼성초등학교를 다니던 김 대표는 친구 집에 놀러갔다가 삼성 데스크톱 컴퓨터를 보고 반했다.

이내 마음을 빼앗겨 매일 부모를 졸랐다. "컴퓨터만 사주면 공부도 열심히 하고 커서 성공하겠다"는 '계획서'까지 작성했다고 한다. 김 대표의 부모는 계속되는 김 대표의 청에 결국 빚을 내서 컴퓨터를 들여놨다. 너무 기쁜 김 대표는 매일 컴퓨터와 놀았다. 학교에서는 교과서 내용을 바탕으로 퀴즈 게임을 만들어 컴퓨터 수업시간에 선보였고, 퀴즈에 실제 친구들의 이름으로 넣기도 했다.

친구들의 반응은 폭발적이었다. 중학교 3학년 때는 선생님들을 위한 교육용 발표 제작 프로그램을 만들어 전국 학교에 무상으로 배포했다. 졸업 무렵 서울의 한 일반고에서 기숙사 비용을 대줄 테니 입학하라는 제안을 해왔고, 그는 뛰어난 컴퓨터 실력으로 카이스트에 진학했다. 카이스트에서 산업디자인으로 눈을 돌린 건 사고로 장애를 갖게 된 아버지와 그로 인해 어려웠던 어린 시절을 떠올렸기 때문이었다.

카이스트에 다니게 된 김 대표는 친구 4명과 함께 장애를 가진 사람들도 얼마든지 운전을 할 수 있도록 '생각으로 가는 자동차'를 개발했다. 운전자가 직진·우회전·좌회전을 하려고 생각할 때마다 미세하게 달라지는 혈류량과 속도를 이용한 기술이다. 그는 "모두가 장애인 관련 기술은 돈이 안 되고 어렵다고 했다. 하지만 나는 장애인들이 쓸 수 있으면 일반인들은 더 쉽게 쓸 수 있고, 공부도 가장 못하는 사람이 할 수 있으면 잘하는 사람은 더 잘할 수 있다고 생각한다"고 말했다.

김 대표의 회사 아이카이스트는 정전용량(손가락 정전기를 감지하는 방식) 대형 터치패널을 만드는 벤처기업이다. 세계 최초로 유리 대신 플라스틱을 이용해서 휘는(플렉서블flexible) 터치패널도 개발해 냈다. 국내외 특허만 50여 개가 넘는다. 터치패널을 만드는 곳은 많지만 20~100인치의 대형 터치패널을 월 10만 대 이상 대량생산하는 건 세계에서도 아이카이스트가 유일하다.

회사는 이 터치패널을 '스마트 스쿨Smart School'이라는 교육 분야에 적극 활용 중이다. 스마트 스쿨은 세종시를 비롯해 전국 초·중·고 수백여 개 학교에서 운영되고 있다. 중국·일본·몽골에도 진출했으며, 박근혜 대통령 등 잇단 'VIP 방문'으로 화제가 되기도 했다. 당시 박 대통령은 시설을 체험하고 나서 "이렇게 창조교육을 하면 아이들이 졸지도 않고 재미있게 공부를 하겠네요"라며 스마트 스쿨을 '창조교육'이라고 불렀다.

김 대표의 인생은 아직 전반전이다. 하지만 어려운 가정형편, 장애를 가진 아버지 밑에서 자란 그는 이미 인생 전반전의 고초를 겪고도 남았다. 그는 말한다. "시골 동네에서 나고 자란 뒤 200억 원 자산도 모아보고, 창업도 해보고, 글로벌 CEO도 됐으니까 개천에서 용 난 거네요."

비장함, 자살, 노숙자…. 이런 걸 이야기할 때 절대 빼놓을 수 없는 사람이 있다. "남자한테 참 좋은데"라는 광고 카피로 유명한 천호식품 김영식 회장이다. 하도 "남자에게~"를 외쳐 이후 "아내에게 좋아~ 여자에게 좋아~"도 외친 김 회장. 2010년 천호식품의 산수유 제품 광고에 직접 출연해 "남자에게 참 좋은데~"란 유행어로 일약 유명인사로 떠오른 김 회장은 몇 년 뒤 다시 광고에 등장, 여성용 건강식품 '황후백수오'를 선전했다.

이 광고에서 김 회장은 앞치마를 허리에 두른 채 요리를 하며 노래를 부르더니 "아내에게 좋다"며 엄지손가락을 치켜든다. 노래 중 "마누라~ 마누라~ 열 내지 마~"란 가사는 직접 붙였다. 김 회장은 "세상에서 가장 어려운 일이 남의 주머니에 있는 돈을 꺼내는 일인데, 내가 미쳐야 상대방을 미치게 만들 수 있다"며 '파격 광고'를 찍은 이유를 필자에게 설명하기도 했다.

황후백수오 역시 산수유 때처럼 광고팀과 기획회의를 하다 즉석에서 출연이 결정된 경우다. "회장님이 가장 재미있고 임팩트 있게 제품 광고를 할 수 있는 모델이 아니겠느냐"는 광고팀의 제안을 김 회장이 그 자리에서 수락했다. "회사가 탄탄히 자리 잡히기 전까지는 회장이라도 계속 발로 뛰어야 한다"는 게 그의 생각이었다. 출장길 공항에서 비행기를 기다리는 동안 컴퓨터 인터넷 브라우저 초기화면을 모두 천호식품 홈페이지로 설정해 놓을 정도였다. 그렇게 일군 회사는 연매출 수백억 원에 이르게 됐는데, 김 회장은 "매출 3,000억 원이 될 때까진 계속 광고에 출연할 것"이라고 말한다.

천호식품은 김 회장이 1984년 부산에 설립했다. 1986년 교통사고를 당해 뼈가 부러졌던 김 회장이 달팽이 진액을 먹고 한 달 만에 뼈가 붙은 경험이 계기로 작용해 달팽이 제품을 판매하며 성장했다. 그러나 사업이 어디 순탄한가. 외환위기 직후인 1998년에는 회사가 문을 닫을 지경에 이르렀다. 그래서 아내가 선물한 반지를 팔아 마련한 자본금 130만 원으로 다시 시작했다.

그는 강남역에서 광고 전단을 직접 돌리고, 허름한 여관방에서 잠을 해결했다. 식사라고 해봐야 하루 한 끼 600원짜리 소시지 하나와 400원짜리 소주 한 병이 고작이었다. 그는 고객 한 명, 한 명에게 전화를 돌려 판매망을 확장했고, 그게 나중에 '천호식품 콜센터'와 '온라인 판매센터'의 밑거름이 됐다. 지금도 방문판매 사원을 쓰지 않고 콜센터와 온라인 판매 위주로 운영을 하는 건 "그래야 합리적인 가격에 제품을 공급할 수 있기 때문"이란다.

천호식품은 중국에도 진출했다. 무기는 바로 국내에서 통했던 콜센터·온라인 판매다. 상하이上海·난징南京·청두成都·다롄大連에 판매 대리업체 수십 곳을 뒀는데, 이들 업체는 콜센터·온라인 판매망을 갖춘 회사로 천호식품의 제품들을 주문받아 판매한다. 그는 회사 규모는 키워도 식품 외 분야에 진출할 계획은 없다고 말한다. "기업이 전문 분야에서 벗어나면 무조건 망한다"는 경험에서 나온 판단이다. 천호식품이 한창 잘나가던 1993년에 건설업과 찜질방 프랜차이즈, 서바이벌 게임장 사업에 동시에 뛰어들었다가 쓴맛을 본 경험 때문이다. 김 회장은 "성공하는 데는 10년이 걸리지만 망하는 건 하루아침이더라"며 "기업은 전문 분야에서 탄탄히 성장할 수 있도록 지속적인 투자를 해야 한다"고 말했다. 그가 살아남은 비법은 넘어졌을 때를 승부처로 본 점이다.

"사업이 쫄딱 망했을 때 사무실 창문을 바라보며 든 생각이 자살이었습니다. 어찌 보면 현재의 파국을 헤쳐 나갈 수 있는 가장 간단한 해결책이었죠. 그러나 그게 정답일까요. '넘어진 그 자리에서 다시 일어서라.' 바로 그때 떠오른 해결 방안이었습니다."

인생 후반전을 멋지게 장식하고 있는 인간 오뚝이 김영식 회장이 살아남는 순간이었다. 한때 부산에서 현금 보유 기준 100등 안에 들었지만 한순간에 추락한 뒤 사업 자금 130만 원으로 재기에 도전, 2년 만에 20억 원이 넘는 빚을 다 갚고, 5년 만에 사옥을 지으며, 사입을 완전히 정상 궤도에 올려놓았다.

그는 말한다. 100미터를 뛰는 사람에게 200미터를 더 뛰라고 하면 누구라도 포기하겠지만, 10미터만 더 뛰라고 하면 그건 얼마든지 뛸 수 있다. 바로 '어제 뛰던 대로 100미터만 뛰는 것과 10미터를 더 뛰는 것'의 차이. 바로 이것이 인생의 성패를 가른다는 것이다. 그냥 10미터를 더 뛴 것이 아니라, 목표를 확실하게 세우고 10미터를 더 뛴 것이라면, 그렇게 조금씩 더 뛰다 보니 어느 시점부턴가 성장하기 시작했다는 사실을 숱한 경험을 통해서 배웠다고 말이다.

살다 보면 반드시 장애물이 나타나게 마련이고, 반드시 자빠지는 상황이 벌어지기도 한다. 바로 그곳이 승부처라고 김 회장은 주장한다. 그의 신조처럼 삶이 비록 후반전에 들어섰다 할지라도, 돌에 걸려 넘어졌다 할지라도 그곳을, 그 시점을 인생의 승부처로 삼는다면 꼭 재기할 수 있다. 김 회장이 던지는 인생 역전 메시지다.

마치 씨름 선수 같은 큰 체구를 가진 '김가네'의 김용만 회장은 로또만이 인생 역전 도구가 아님을 보여준 기업인이다. 그가 아내와 함께 33m²(10평) 가게 바닥에서 쪽잠을 자며 김밥 한 줄, 한 줄을 정성껏 말아 내놓은 지 10년. 김 회장은 번듯한 4층 건물을 가진 사업주가 됐다. 정부 주관 행사에서 중소기업 부문 명예 신지식인으로 선정되기도 했고, 한국프랜차이즈협회장으로까지 활약한 그가 종로 동숭동 대학로에 김밥집을 차린 건 1992년이다.

강원도 춘천에서 하던 직장생활을 접고 뛰어든 생계형 창업이었다. 그저 먹고살려고 대충 하다간 망하기 십상이라고 처음부터 각오했다. 그는 아내와 전국을 돌며 맛있다고 소문난 김밥집은 거의 다 가봤다. 그러던 중 아내가 불쑥 아이디어를 냈다.

"여보, 직접 김밥 만드는 모습을 행인들이 보도록 하면 어떨까." 당시로선 상상하기 힘든 쇼윈도형 주방이었다. '김밥 안에 내용물 싸는 김을 한 장 더 넣자', '김밥 만드는 주방 판 밑을 시원하게 해 재료가 되는 채소를 신선하게 유지하자'는 아이디어가 백출百出했다. 김밥집은 금세 동네 명물이 됐다. 그리고 2년 뒤. 비디오 대여점을 운영하던 이웃 고객이 "김밥 맛에 반했다"며 찾아왔다. 그는 "아내에게도 이런 김밥집을 차려주고 싶다"고 문의했다.

김가네 가맹점 1호가 탄생하는 순간이었다. 이때부터 김 회장의 김밥은 입소문을 타기 시작했다. 1997년 외환위기는 오히려 도약의 기회였다. 외식비를 줄이는 대신 김밥을 찾는 사람이 늘었다. 실직자들의 가맹점 가입 문의도 쇄도했다. 김 회장은 이를 계기로 본격적인 프랜차이즈 사업에 뛰어들었다. 프랜차이즈이지만 흔한 지입차량 한 대 없이 물류차량을 손수 운영했다. 일정 매출이 나오지 않을 것 같은 지역에는 문의가 와도 가맹점을 내지 않았다. "사전에 상권 입지를 철저히 파악했어요. 한 달에 가맹점 여덟 개 이상은 오픈하지도 않았고요." 이처럼 김가네를 장수 브랜드로 만든 건 그의 쇠고집이 있었기에 가능했다. 이런 원칙은 3~4년이면 브랜드가 무너지기 일쑤인 프랜차이즈 업계에서 김가네를 장수 브랜드로 키워내는 원동력이 됐다. 김가네의 김밥 한 줄 가격은 다른 김밥 프랜차이즈의 값보다 훨씬 비싸다. 한때 1,000원짜리 김밥집이 많이 생기면서 위기를 겪기도 했다. 일부 직원은 "우리도 1,000원짜리를 만들면 되지 않느냐"는 의견을 내놨다. 하지만 여기서도 쇠고집은 여전했다. 좋은 품질과 그에 걸맞은 가격을 고수했다. 그는 말한다. "누구든 기막힌 아이디어를 사업화할 수는 있지만 관리력이 없으면 쓰러지고 만다. 느리지만 내실을 다지는 게 가장 빨리 성공하는 길이다. 월급쟁이 일을 때려치우고 지독히도 좁은 단칸방에서 아내와 함께 뒤늦게 시작한 작은 사업이었지만 길게 보고 천천히 내공을 다졌습니다."

위기는 또 다른 기회다

옛날 존 F. 케네디John F. Kennedy 전 미국 대통령은 "동양에서는 'Crisis'를 '위기危機'라고 쓴다"고 말한 적이 있다. 그러면서 케네디는 "위危는 위험을, 기機는 기회를 뜻한다. 위기상황이 오면 위험을 예측하는 동시에 기회를 살펴야 한다는 얘기다"라고 부연했다.

미국인이 어떻게 그런 동양적 사고방식을 알게 됐는지는 모르겠지만 서양인으로서는 꽤 흥미로운 이야기를 했다. 케네디는 동양인의 사고방식이 서양인보다 유연하다고 본 모양이겠지만 사실 위기와 기회는 동서양 구분이 없다. 더욱이 박봉과 가정 지키기, 업무 스트레스에 시달리는 샐러리맨들에겐 위기와 기회가 주위에서 난무한다. 이런 샐러리맨들에게 창업은 큰 두려움이다.

대개 주저하기 마련이다. 인생의 전반을 월급쟁이로 안주하며 살아왔기에 후반전의 모험이 무섭다. 하지만 영원히 샐러리맨으로 사는 것은 쉽지 않은 일이다. 자의든 타의든 작은 일이나마 사업의 세계로 내몰리는 일이 다반사다. 여기 월급쟁이에서 사업을 일군 이들을 살펴보자. 우선 '원할머니보쌈'으로 유명한 원앤원㈜의 박천희 사장의 경우다.

박천희 사장의 경영 스타일은 섬세하면서도 차분하다. 무릇 사업에 성공하려면 도전적일 필요도 있지만, 그는 오히려 유연하게 위기를 극복해 가며 사업을 꾸려 왔다. 이 같은 방식은 골목길 작은 보쌈집을 국내 최고 보쌈 기업으로 일궈냈다. 대기업 사원이었던 그가 외식업과 처음 인연을 맺게 된 것은 1984년이다. 장모가 하고 있던 서울 황학동 골목의 작은 보쌈집을 눈여겨보고는 무언가 되겠다 싶어 직장을 그만두고 보쌈집 일에 몰두했다. 하지만 활발한 성격이 아닌데다, 평범한 월급쟁이에서 장사치로 갑자기 변신하다 보니 모든 게 간단치 않았다.

"아내와 함께 매일 밤 2시까지 장사했습니다. 처음 3년간 단 하루도 안 쉬고 일했죠. 그러다 보니 몸에 이상이 왔어요." 허리에 문제가 생겨 제대로 펴지도 못할 지경이었다. 무려 1년을 넘게 침을 맞아가며 장사를 계속해야 했다. 정작 큰 어려움은 김치 문제였다. 보쌈김치는 막 무친 겉절이여야 제 맛인데, 가맹점에 김치를 보내는 동안 숙성돼 버리는 것이었다. 손님들은 실망하기 시작했다. "제 맛이 안 난다"는 가맹점의 항의도 빗발쳤다. 주위에선 "속 썩이는 사업, 이제 그만 접고 편한 월급쟁이로 돌아가라"고 권유했다. 그는 이때도 당황하지 않았다. 우선 가맹점까지 냉장상태로 김치를 옮기기 위해 기존 배송차량을 첨단 온도장치가 달린 냉장차로 교체했다. 맛을 지키기 위해 서울에서 먼 지방에는 아예 가맹점을 개설하지 않았다.

그 탓에 가맹사업 개시 3년간 가맹점 수는 겨우 열 개 안팎에 불과했고 적자도 많이 났다. 여기에 그치지 않았다. 일본에 빙온기술(영하에서 얼지 않고 음식을 보관하는 기술)이 있다는 소문을 듣고 일본으로 건너갔다. 그러나 로열티가 너무 비쌌다. 결국 국내에서 각계 전문가들을 찾아다니며 김치 유통기한을 일주일로 연장하는 기술을 개발했다.

'콜드 체인'이라 불리는 이 기술로 국내 특허까지 받았다. 이 덕에 2004년부터는 수도권 외에 충청권 이남으로도 가맹점 개설을 확대했다. 가맹점 개설에 속도가 붙으면서 회사는 국내 최고의 보쌈 프랜차이즈 기업으로 성장했다. 그는 "앞으로 더욱 유연하면서도 치밀하게 기업을 운영, 외식 프랜차이즈업계의 삼성으로 발전하겠다"

고 말한다.

"자식들 몰래 사과를 깎아 부모님께 드렸습니다. 행여 아이들이 볼까봐 학교 수업 중에, 혹은 아이들이 잠들었을 때를 기다려 귤이 담긴 접시를 부모님 방에 넣었죠." 자동차 외형관리 서비스업으로 성공한 ㈜지알테크 김일환 대표의 말이다. 그에겐 과일 살 돈조차 넉넉지 않았던 시절이 있었다. '샤니빵'과 '파리바게트'로 유명한 SPC그룹 기획실 출신인 그가 자신만의 사업을 시작한 건 1993년. 상업용 접착제 유통사업에 처음 뛰어들었다. 당시만 해도 이 업종은 블루오션이었다. 그는 성공을 장담하며 퇴직 바로 다음 날부터 도시락을 들고 다니며 실전 경험을 쌓았다. 기존 납품업체 차량에 올라타고, 난생 처음 보는 사람과 낯선 장소에 가는 것도 마다하지 않았다. 그의 예상대로 기업체의 납품 문의가 줄을 이었다.

그러나 개인 PC 보급 확대와 온라인 상거래 문화가 유통마진 축소를 불러왔다. 제조업체와 구입업체의 직거래도 늘어나 사업은 현상 유지에 급급했다. 통장엔 밥 먹듯이 잔고 기록이 '0원'을 그리는 경우가 많았다. 그래서 업종 전환을 생각했다. 환경 관련 사업을 하겠다며 아주대 산업대학원에서 환경공학을 배우러 다녔다.

이때 만난 사람이 이규용 전 환경부 장관이었다. 당시 그는 환경부 고위공무원으로 아주대에 출강하고 있었다. 김 대표가 이규영 전 장관에게 "환경사업을 하려 하는데 어떻겠는가"라고 묻자, 이 전 장관은 "가진 돈이 충분하냐"고 되물었다. "빈털터리"라고 대답하자 "환경사업은 투자비가 많이 들어간다. 10년 이상 보고 가야 한다. 그래서 대기업이 뛰어드는 사업이라고 생각한다"고 조언했다.

결국 김 대표는 그 꿈을 접었다. 그러다가 1998년 지인의 소개로 자동차용품 사업을 하면서, 미국의 유명 자동차용품 업체인 '맥과이어스Meguiar's' 제품을 팔기 시작했다. 노력과 열정으로 대기업을 비롯한 30여 개 경쟁사를 제치고 맥과이어스 국내 판권을 따낸 쾌거였다. 내친김에 맥과이어스 제품을 활용한 서비스업에도 손을 댔다. 광택과 실내 클리닝을 기본으로 선팅, 덴트, 유리막 코팅, 유리 코팅, 전조등·범퍼 복원 등 토털케어 서비스를 실시한 것이다. 로열티와 가맹비를 안 받았더니 금방 150여 개의 가맹점이 생겼다. 그는 "서비스업은 외식업과 달리 기술만으로 충분히 점포 운영이 가능하기 때문에 가맹비를 받지 않는다"고 말한다.

대신 김 대표는 꾸준한 교육을 통한 기술 업그레이드로 가맹점과 장기적인 협력관계를 유지한다. 그는 여전히 토털케어 서비스 기술을 한층 높이고, 자동차 관련 학교를 세워 숙련공을 배출하는 일에 열심이다. "10년 전만 해도 자동차 외장 관리는 상위 10% 내외의 소수 고객에 한정된 귀족 서비스였지만, 자가용 1,500만 대 시대를 맞으면서 자동차 내·외장 관리 서비스업도 해마다 30% 이상 빠른 성장률을 보이고 있다"고 그는 말한다.

창업 3수만에 떡피에 싸먹는 삼겹살로 성공신화를 일군 이는 평범한 샐러리맨 출신 이호경 에프알푸드시스템 대표다. 이 대표가 만든 '떡쌈시대'는 삼겹살을 싸먹는 떡피를 개발해 히트한 브랜드다. 그는 1999년까지 자동차 디자인회사에 다녔다. 그러나 외환위기 직후의 어수선하던 직장 분위기가 싫어 창업을 결심했다. 아내는 "직장생활을 계속했으면 좋겠다"고 말했지만, 4,000만 원짜리 전셋돈을 빼서 1,500만 원짜리 다락방으로 옮기고 나머지 돈으로 신촌에 조그마한 삼겹살집을 냈다. 당시엔 와인숙성 삼겹살이 인기를 얻을 때였다. 그는 이와는 차별화해야 한다고 생각하고 매실숙성 삼겹살, 금가루 삼겹살을 개발했다. 톡톡 튀는 메뉴가 고객들의 인기를 모으자 자신감이 생겼다.

신촌 점포를 정리하고 종로 뒷골목에 좀 더 큰 매장을 열었다. 그러나 여기서 큰 실패를 봤다. 삼겹살집이 경쟁력을 잃으면서 하루 평균 250만 원의 매출이 70만 원대로 곤두박질쳤다. 결국 직장생활을 다시 시작했지만 일이 손에 잡히지 않았다. 직장에서도 온통 삼겹살 생각뿐이었다. 그래서 다시 도전해 보기로 결심했다.

이미 삼겹살 숙성에 다양한 변화를 경험했던 터인지라 이번에는 삼겹살 싸먹는 방법을 차별화하기로 했다. 일단 외국 음식을 살펴봤다. 멕시코의 토르티야, 베트남의 라이스페이퍼, 중국의 밀전병…. 하지만 그는 한국식이어야 한다는 판단을 내렸다. 결론은 떡피였다. 100여 곳의 떡집을 방문한 끝에 한 군데로부터 떡피 생산을 약속받고 떡삼겹살에 어울릴 만한 소스를 개발했다. 이어 야채와 숙성김치를 추가하고 가격도 차별화했다. 당시 기존 삼겹살집보다 훨씬 비싼 8,000원(1인분 기준)으로 책정했다. 떡쌈시대 종로본점을 냈더니 오후 6시만 되면 가게 앞에 손님이 줄을 서서 기다렸다. 이어 가맹점 문의가 쇄도하면서, 가맹점 수는 계속 늘어갔다.

연예인을 모델로 쓰기도 하고, 드라마 제작을 지원하기도 하면서 다양한 마케팅 아이디어를 구상하고 실행했다. 일명 '떡쌈시대 서포터즈'를 모집, 전국 가맹점을 모니터링하기도 했다. 그는 "고객의 단 소리와 쓴소리를 직접 접하기 위해서 서포터스 아이디어를 냈다"고 밝혔다. 가맹점과의 커뮤니케이션 활성화를 위해 격월간 소식지를 만들기도 하고, 자체 연구소를 설립해 기존 메뉴를 지속적으로 개선하는 작업도 펼치고 있다. 그는 "성공하는 사람은 무언가 비법이 있다고 생각했다. 그런데 꼭 그런 것만은 아니더라. 중요한 점은 자신이 세운 원칙을 꾸준히 실천하는 것"이라고 말한다.

정말이지, 인생의 전반전은 아무것도 아니다. 전반전에 크게 성공하면 자만할 수 있고, 실패하면 분기탱천憤氣撑天의 각오가 생기는 법. 어차피 삶이 고르지 않다면, 이왕이면 후반전을 잘 치러야 성공한 인생 아닐까. 전반전에 실패하고 후반전에 물러설 곳이 없다고 좌절할 필요도 없다.

몽골의 영웅 테무친Temuchin에게는 막역한 친구이자 일생일대의 라이벌이 있었다. 바로 자무카Jamuqa였다. 테무친은 자무카와 열한 살 때 의형제를 맺었다. 각자 노략한 물건을 힘께 나누고, 밤에는 한 담요에서 잠을 자며 우애를 쌓았다. 테무친의 부인 보르테Borte가 메르키트족에게 납치당했을 때 자무카가 그녀의 구출을 도와줄 정도였다.

이처럼 실제로는 테무친이 자무카에 의존했다. 그러던 어느 날, 테무친은 자립하기 위해 자무카과 결별하고 독자 세력을 확장시켰다. 자무카는 부족 간 전통적 경계를 두는 정책과 능력보다 서열 위주의 정책을 펼쳤다. 이게 패착이었다. 부하들의 배신이 줄을 이은 것이다. 각자 세력을 키우던 테무친과 자무카는 결국 달란 발주트 Dalan Balzhut 지역에서 맞붙게 된다.

여전히 자무카의 힘은 테무친의 힘을 훨씬 능가할 때였다. 병사의 숫자와 사기 모두 자무카가 테무친을 압도했다. 그러나 양측 군대가 일촉즉발의 분위기에서 맞설 무렵, 모두가 아찔할 정도의 번개가 번뜩였다. 자무카의 병사들은 번개를 무서워해 속절없이 테무친 부대에 당하고 말았다. 마지막 전투에서 패한 자무카가 테무친에게 물었다. "모든 몽골인들은 번개를 무서워하는데 자넨 왜 번개를 무서워하지 않는가?" 그러자 테무친은 이렇게 대답했다. "난 더 이상 숨을 곳이 없다네. 그에 맞서자고 하니 두려울 것이 없더군."

마지막 전투에서 패하고 근거지 없이 유랑하던 자무카는 수하의 배신으로 테무친에게 잡혀 오지만, 테무친은 자무카를 끌고 온 자들을 눈앞에서 처형했다. 주군을 배신했다는 게 이유였다. 그리고 자무카는 본인 요청에 따라 피를 흘리지 않도록 가죽자루에 넣어져 목을 조르는 방식으로 처형됐다. 그렇게 테무친은 몽골을 통일하고 전 세계를 누빈 칭기즈칸Chingiz Khan으로 성장했다.

조선시대 정명수鄭命壽라는 사내가 있었다. 평안도 은산에서 태어난 그는 평생 관노로 살아야 했다. 그러다가 1618년(광해군 10년) 명나라가 요동을 침범한 후금을 토벌할 때 조선에 원병을 요청하자, 조선에서는 강홍립姜弘立을 오도五道 도원수都元帥로 삼고 김경서金景瑞를 부원수로 삼아 1만 3,000명의 군사를 거느리고 출정하게 했는데, 이때 정명수도 강홍립을 따라 출정했다.

강홍립의 부대는 명나라 제독 유정의 휘하에 들어갔으나 후금과의 전투에서 패배, 강홍립 장군 이하 조선 병사들은 후금의 포로가 됐다. 이듬해 조선군 포로들은 석방됐지만 정명수는 청나라에 남는다. 매우 똑똑했던 정명수는 그곳에서 청나라 말을 배우고 청나라에 조선의 사정을 자세히 밀고해 청나라 관리들의 귀여움을 독차지했다. 그는 급기야 청 태종의 신임까지 받고 청나라 사신 일행의 단골 통역까지 맡는다. 병자호란 때는 용골대와 마부대 등 청나라 장수의 역관으로 일하기도 했다. 조선에 남아 있던 자신의 친척들에게 벼슬과 재산이 내려지도록 했으며 본인은 영중추부사 벼슬도 얻는다. 그의 힘이 얼마나 셌던지, 한번은 청나라 사신으로 온 그가 조선 조정으로부터 기생 수발 대접을 받았을 때 그 기생이 소란을 피웠다는 죄로 병조좌랑이 크게 나무란 적이 있었는데, 화가 난 정명수는 병조좌랑을 불러 "일개 좌랑밖에 안 되는 주제에 까분다"며 되레 병조좌랑을 구타하기도 했다. 비록 효종 때 암살당하기는 했지만 평생을 노비로 살다가 청나라에 빌붙어 대성공을 거둔 정명수의 후대 평가는 청나라 앞잡이, 매국노였다. 허나 가끔은 조선을 위해 일하기도 했던 꾀돌이였고, 완전 계급사회 속에서 험난하고도 풍운아적인 삶을 산 그는 지극히 개인적인 관점에서 분명 후반전에 대박을 친 경우임에는 틀림없다.

인생 후반전, 이래서 중요하다

SK에너지 신헌철 전 사장은 3수 끝에 부산대 경영학과에 입학했다. 그때 신 전 사장은 "불행은 성공을 위한 보약이며 선생님의 회초리이며, 3수, 그것은 내 인생 최대의 비료"라고 마음먹었다. 또한 세계 화장품업계의 숨은 강자 이경수 코스맥스 회장은 서울대학교 약대를 졸업했지만 약사고시에서는 떨어져 일반 기업에 취직했다. 그러나 동아제약, 오리콤, 대웅제약에서 고속 승진을 했고 국내외 굴지의 화장품 브랜드에 납품하는 ODM(제조자 개발생산) 방식으로 전 세계를 호령하고 있다. 얼굴 없는 생산자지만 전 세계인의 화장품을 만든다는 게 그의 큰 자부심이다.

커넬 샌더스Colonel Sanders는 65세에 이르러서야 KFC 첫 체인점을 열었다. 커넬 샌더스의 본명은 하랜드 데이비드 샌더스Harland David Sanders로 미국 인디애나주 헨리빌Henryville에서 태어났다. 다섯 살 때 아버지를 여의고, 일곱 살 때 어머니가 재혼했으며, 의붓아버지의 폭력을 참다못해 가출했다. 학교는 7학년(우리나라로 치면 중학교 1학년) 때 중퇴했다. 이후 농부, 보험사 외판원, 증기선 조종사 등 닥치는 대로 일했다. 열여섯 살 때 군대에 들어가 쿠바에서 복무했고, 마흔 살이 되어서는 미국 켄터키주에 있는 주유소 안 자신의 방에서 닭요리를 팔았다. 점차 그의 요리 솜씨가 조금씩 알려지면서 대형 레스토랑 요리사로 발탁됐고 곧 자신의 점포를 가질 수 있었다.

그때 그는 자신만의 닭튀김 조리법을 개발했는데, 당시 일반적으로 사용되던 팬 형식의 튀김이 아니라, 그보다 조리시간이 빠른 압력튀김 방식을 도입한 것이다. 그러나 기쁨도 잠시. 그가 운영하던 식당은 적자에서 헤어나지 못하고 파산했다. 그가 65세 때의 일이었다. 그의 손에 남은 것은 사회보장비 명목으로 주 정부로부터 받은 100달러가 고작이었다. 비록 고령이었지만, 사업이 망했을 때 그는 결코 물러서지 않았다. 후원자 모집에 나선 것이다. 문전박대당하길 수천 번이었다. 웬디즈 올드 패션드 버거즈Wendy's Old Fashioned Burgers의 창립자 데이브 토마스Dave Thomas의 도움으로 가까스로 식당이 유지됐고 샌더스는 프라이드치킨과 샐러드만 파는 메뉴 간소화 방법으로 패스트푸드업계에 혁신을 몰고 왔다.

사망 후 미국 비즈니스 명예의 전당에까지 오른 샌더스. 그는 남들이 은퇴할 무렵에 새로 시작해 성공을 거둔 위대한 사업가였다. 어디 샌더스뿐이랴. 유명한 흑인 영화배우 모건 프리먼Morgan Freeman은 30년간의 무명시절을 딛고 58세에 오스카Oscar상을 거머쥐었으며, 권투선수 조지 포먼George Foreman은 45세 때 다시 헤비급 챔피언에 올랐다. 레이 크록Ray Kroc이 프랜차이즈 맥도날드McDonald's Corporation를 창업한 건 53세 때였다. 레이 크록은 밀크셰이크 믹서기 외판원으로 일하던 중 미국 샌 버나디노San Bernardino에 있는 맥도날드 형제를 방문했다가 이들의 프랜차이즈 대행사로 나섰다. 일리노이주 드 플레인De Plains에 첫 매장을 설립한 그는 맥도날드 형제로부터 아예 모든 권리를 사들였고 매장 수를 계속 불려갔다. 이후 그는 미국 대학생들로부터 가장 되고 싶어 하는 사업가로 뽑혔다. 그가 세운 햄버거대학교McDonald's Hamburger University의 18개 과목이 미국 내 대학에서 정식 학점으로 승인되기도 했다.

　벤처업계 고수 고영하 고벤처포럼 회장은 원래 의사 지망생이었다. 하지만 1974년 유신헌법 반대 학생운동이 인생을 뒤바꿔 놓았다. 연세대학교 의대 재학시절 경찰에 연행돼 1년 남짓 복역하는 바람에 복학도 제대로 하지 못한 채 사업에 뛰어들었다. 포장마차도 해보고 오퍼상도 해봤다. 유인태, 김부겸 의원과 함께 정치에도 입문해 1992년과 1996년 총선에 출마해 고배도 마셨다. 그런 그가 벤처에 눈을 뜬 건 2000년대 들어서였다. "앞으론 인터넷이 세상을 바꾼다"며 하나TV를 창업했다. 곧이어 회사를 SK텔레콤에 판 뒤 또다시 새롭게 연 인생은 벤처 후학 양성과 엔젤투자였다. 처음엔 젊은이 일곱 명을 모아놓고 "한 달에 한 번 밥 사줄 테니 모이자"고 했다. 그게 지금은 300명 규모로 늘었다.

　인생의 후반전을 보고 딸을 결혼시켰거나, 자신이 남편감을 골랐는데 훗날 대통령과 대기업 총수가 된 사연이 있다면 믿을 수 있을까. 이 동화 같은 이야기는 사실이다. 가난한 사윗감을 놓고 고민하던 최성연 여사가 딸을 앞에 두고 결단을 내리는 순간은 이랬다. "내가 딸이 둘이면 하나는 부잣집에, 하나는 집안 인격을 보고 보내야겠는데, 달랑 하나밖에 없으니 인격을 보아야겠다." 지금의 사윗감은 가진 게 없지만 장래를 기대해 보자는 얘기였다. 훗날 큰 부자가 된 김수근 대성그룹 창업주와 대구 명망가 여귀옥 씨의 혼인은 이렇게 이뤄진 것이다.

최 여사의 사윗감 선택에서 보듯, 옛날부터 우리나라에서 결혼의 칼자루는 신부 쪽이 쥐고 있었던 모양이다. 결혼의 '혼婚'에 '어두울 혼昏'자가 들어 있는데, 고구려 때는 혼인식을 저녁에 열었던 관습이 있었다. 저녁 무렵에 신랑은 신부 집 문 밖에 꿇어 앉아 큰절을 하며 신부와 동침을 허락해 달라고 애걸한다. 그러면 고자세의 장인과 장모는 못이기는 척 밤 늦게서야 미리 마련한 방에 사위를 들인다. '장가 든다'는 말은 이 같은 풍습에서 유래했다고 한다.

자신이 직접 고른 남편이 대통령이 된 경우는 이명박·김윤옥 대통령 부부 이야기다. 부유했던 김 여사의 부모는 가난한 월급쟁이였던 이 대통령보다 먼저 딸과 맞선을 본 검사를 사위로 삼고 싶어 했다. 그때 김 여사는 같은 동네에서 '도사'로 통하는 할아버지로부터 이런 말을 들었다. "부모님 말씀대로 그 검사에게 시집가면 쌀 50가마만 들어오지만, 나중에 맞선을 본 그 월급쟁이에게 시집가면 쌀이 수백 섬이야." 결국 그 도사 할아버지의 말을 따랐던, 김윤옥 여사의 선택은 탁월했나 보다. 나중에 그 월급쟁이가 대기업 사장과 회장이 되더니, 서울시장도 역임했으니 말이다. 그뿐인가. 그 가난했던 월급쟁이는 대한민국 최고 지도자 자리에도 오르지 않았나. 김 여사의 선택은 탁월을 초월한 그 무엇이었나 보다.

이처럼 훗날 누가 어떻게 될지는 아무도 오른다. 일부러 가난한 사윗감을 고른 최성연 여사나 '쌀 50가마의 사윗감'을 물리치고 가난뱅이 월급쟁이를 선택한 김윤옥 여사 모두 사람의 훗날을 본 것이다. 이들은 인생의 최대 도박을 전반전이 아닌 후반전에 건 것이다.

실패의 역설

긍정이 던지는 덫

참 잘 컸구나. 벌써 70주년 가까이 되고. 2012년 3월 창립기념식에서 우리 손자 구본무 회장께선 이렇게 말씀하셨다지. "백 년 넘게 영속하는 기업이 되겠다"고. '락희樂喜(럭키)'란 이름으로 시작한 게 1947년. 지금 매출은 47만 배, 종업원 수는 1만 배로 늘어났으니 정말 대견스럽다. 백 년이 아니라 천년만년 가야지.

　그런데 말이다. 요즘 위기라고 들었다. 한때 시중에 나돈 'LG를 망친 세 마리 쥐'는 그저 웃자고 만든 거라고 치자. 기자들이 가장 많이 듣는 질문이

"LG, 잘될 것 같아"라며? 다행히 실적이 그런대로 나와 한시름은 놓을 만하다. 일본 경쟁자들은 엄청난 적자를 냈으니 참 잘 선방했구나.

하지만 선두업체들에 크게 뒤지고, 중국 기업들이 치고 올라오는 형국을 보면서 앞으로 설 자리가 있을지 걱정스러운 것 또한 사실이다. 우리가 어떤 기업이더냐. 한국 최초로 진공관 라디오를 만들었고, 선풍기·냉장고·흑백TV·에어컨을 잇달아 내놓은 자랑스러운 그룹이 아니더냐.

사람들은 우리의 요즘 부진을 이렇게 얘기하더라. "스마트폰 물결에 제대로 대응하지 못했고 신기술 투자에 주저한 탓이다." 그럴 수도 있겠지. 그러나 그게 패착의 본질일까. 혹여 지나친 낙관과 안이함이 불러온 과오가 아닌지. 몇 년 전부터 '독한 LG'를 주창하고 있는 거 잘 안다. 독하고 강한 거 좋지. 그렇지만 어설프게 독하다간 오히려 독이 되어 돌아오면 어쩔 것이냐. 이럴 땐 말이다. 우리의 본질, 창업 때의 정신을 다시 한 번 곱씹어보고 가야지 싶다. 기본기부터 제대로 갖췄는지 검증하고 나서 독함을 강조하고 미래전략을 세우자는 얘기다.

한창 사업에 재미를 붙일 무렵의 일이다. 빚보증을 서준 장사꾼이 있었지. 그는 고무공장을 운영하던 일본인에게 돈을 빌리고자 했는데, 일본인이 나의 보증을 받아오면 돈을 빌려주겠다고 했다지. 그런데 그만 그 장사꾼이 망하고 말았어. 급기야 일본인은 나를 저녁자리에 불러놓고는 "구 사장이 보증을 섰으니 안됐지만 변상을 하셔야 되겠습니다"라고 요구한 거야. 얼마나 난감했던지. 잠시 생각하다가 난 이렇게 대답했단다. "어쩔 수 없지요. 갚아 드리겠습니다. 책임지겠습니다." 그러자 일본인은 놀란 표정을 지으며 한동안 나를 물끄러미 바라보는 게 아니겠니. 진지한 나의 표정을 보던 그는 너털웃음을 지으며 말했지. "내 그럴 줄 알았소. 구 선생은 신용이 밑천 아니겠소. 대신 갚아주겠다는 말 한마디로 나는 만족하오." 바로 신용이야말로 기업의 기본이란 점을 강조하고 싶구나. 소비자의 신뢰를 잃지만 않는다면 현재의 위기쯤이야.

우리의 강점 인화人和에 대해서도 한마디 안 할 수 없다. 인화를 너무 강조하다 보니 LG가 유약해졌다는 비난에 나는 동의하지 않는다. 창업 초기를 보렴. 내 동생 태회와 평회, 그리고 외부에서 영입한 박승찬과 함께 똘똘 뭉쳐 그룹을 키우지 않았니. 이들의 고굉지로股肱之勞(다리와 팔뚝에 비길 만큼 믿을 만한 사람들의 노력)를 내 어찌 잊을 수 있으랴.

아래 직원은 어땠고. 치약을 군대에 납품하려 했을 때다. 입찰에 사원 한 명을 보냈지. 최저가를 100원으로 잡으라는 지시와 함께. 그런데 이 친구가 현장에 가보니 100원 이하로 낙찰될 것 같은 예감이 든다며 88원을 써넣은 게 아니겠니. 경쟁사는 90원을 써냈고. 허허, 내 지시를 어기긴 했지만 군납 길이 트이면서 우리는 치약업계의 선두에 올랐지. 지금 같으면 큰일 날 일이지만 그만큼 믿으면 맡기라는 거다.

지나친 인화에 유약해졌다는 소리는 순혈주의가 만연하고 신상필벌이 무뎌졌다는 뜻일 게다. 경영진이고 중간층이고 고굉지로 인재를 널리 수혈한 뒤 제대로 상주고 벌주는 인화라면 어찌 좋지 않으랴. 지금 어렵다고 당황하지 말고 침착해야 한다. 내 아버지는 말씀하셨지. "세상을 얕보지 말고, 신용을 얻는 사람이 될 것이며, 일이 잘 안 된다고 주저앉지 말라"고. 결코 호락호락하지 않은 세상, 거창한 구호가 아닌 자기반성에서부터 돌파구를 찾아보라. "아! LG" 라는 탄식이 "오! LG"라는 감탄으로 바뀌도록. 힘드냐. 그러면 내 이름 석 자를 다시 불러보렴. 구·인·회.

· · · · · · · · · · · · · · · · ·

위 이야기는 필자가 ≪중앙일보≫에 썼던 칼럼을 아주 약간 수정한 글이다. LG의 창업주 구인회 전 회장을 1인칭 삼아 LG의 과거를 짚어보고 현재를 진단한 뒤 미래를 예상한 내용이다. 구인회 창업주는 강조한다. 과거의 교훈에서 돌아보자고. 이는 기업경영을 하는 데, 생을 살아가는 데 너무 중요한 이야기다. 여기 우리가 잘 아는 '샐러리맨 신화'의 대표적인 주인공이 세 사람 있다.

박병엽 부회장과 윤석금, 강덕수 회장이다. 애석하게도 이들은 지금 위기에 몰렸거나 재기 중이다. 웅진그룹의 윤 회장은 '긍정'을 주제로 한 책까지 펴냈는데도 말이다. STX그룹의 강 회장은 긍정은 둘째치고 "나는 비주류"라고 자신을 한껏 낮췄음에도 말이다. 늘 자신만만했던 팬택의 박 부회장은 본인의 말마따나 '목숨을 걸고' 동분서주하고 있음에도 말이다. 그들의 착오일까, 아니면 세상이 아직은 새로운 재벌의 탄생을 막고 있어서일까. 이유야 어떻든 간에 '긍정의 역설'을 간과한 게 아닐까 하는 생각이 든다.

박병엽 부회장은 더 이상 설명이 필요 없는 대표적인 샐러리맨 신화의 주인공이다. 그는 사업 수완, 배짱, 친화력이 대단한 사람이다. 배포도 큰 그에게는 별로 거리낄 게 없었다. 늘 자신감이 충만했다. 그런데 바로 그 자신감이 화를 불렀을까. 아니면 주변의 여건이 그를 그저 팬택 신화의 주인공으로만 남게 했을까. 혹여 긍정의 덫에 걸린 건 아닐까 생각도 해 본다.

그가 만든 팬택이 어떤 회사인가. 팬택은 1991년 박 부회장이 자본금 4,000만 원으로 세운 무선호출기(삐삐) 제조업체다. 맥슨전자의 영업사원이었던 박 부회장은 무선호출기 사업을 시작하기 위해 경기도 부천에 있는 아파트를 팔아 자본금을 마련했다. 삐삐 보급이 확대되면서 팬택은 1992년 28억 원의 매출을 올렸고, 1994년 국내 최초의 문자 호출기를 출시했다. 이듬해인 1995년 음성호출기와 광역호출기를 잇따라 선보였다.

삐삐 붐이 절정이던 1997년에는 매출이 762억 원으로 불어났다. 1997년 박 부회장은 대 변신을 시도한다. 휴대전화 단말기 제조 분야에 뛰어든 것이다. LG전자의 전신인 LG정보통신으로부터 주문자

상표부착방식(OEM)으로 계약을 따내 그해 5월부터 휴대전화 생산에 들어갔다.

그해 증권시장에 상장된 팬택은 1998년 미국 모토로라사와 전략적 제휴를 맺었고 2005년 'SKY'라는 브랜드로 휴대전화 단말기를 제조하던 SK그룹 계열사 SK텔레텍을 합병하기에 이른다. 그랬던 팬택이 기업 재무구조 개선작업(워크아웃)에 들어가면서 박 부회장의 내리막길이 시작됐다.

그러나 박 부회장이 쉽게 자빠질 사람인가. 워크아웃 결정이 된지 한 달이 채 지나지 않아서 필자와 만난 자리에서 그는 개인 골프회원권을 모두 팔았다고 했다. 골프도 딱 끊었다고 했다. 하지만 술과 담배는 끊질 못했단다. 필자와 나눈 말 한마디에 술 한 모금, 술한 잔에 담배 두 개비다. "비즈니스의 세계란, 참…".

그의 말은 중간에 자꾸 끊겼다. 그는 예전에 이런 말을 즐겨 했다. "나는 현직에서 잘나가는 사람보다 끈 떨어진 외로운 사람을 챙긴다." 이제 스스로 끈 떨어진 신세가 된 그를 챙겨 주는 사람은 얼마나 될까. '어려울 때의 친구가 진짜 친구'라는 속담이 뼈저리게 와닿았을 법하다.

박 부회장은 산동네 전셋집에서 힘들었던 어린 시절을 보냈다. 사회생활은 삐삐 영업사원으로 시작했다. 그리곤 10평짜리 아파트를 판 돈 4,000만 원으로 연매출 3조 원의 팬택 계열을 일궈냈다. 실패에도 불구하고 박 부회장, 배짱 하나는 두둑했다. "비즈니스는 비즈니스"라며 훌훌 털어버렸다고 했다. "이제는 죽을 각오로 회사 살리기에 올인하겠다"고 되뇌었다. "어차피 바닥에서 시작한 인생인데, 더 이상 잃을 게 뭐냐"면서.

어찌 보면 박 부회장의 좌절은 애플 CEO 스티브 잡스Steve Jobs 의 그것에 비할 바가 못 될지도 모른다. 자기가 끌어들인 사람으로부터 배신당하고 회사에서 쫓겨난 잡스의 기구한 운명 말이다. 잡스는 미혼모의 손을 떠나 양부모 밑에서 자랐다. 20대에 애플사를 설립, 최초의 개인용 컴퓨터PC, Personal Computer가 히트하면서 큰 부자가 됐다.

그러나 오만의 결과일까. 잡스는 컴퓨터의 대명사 IBMInternational Business Machines Corporation이 PC를 출시했을 때도 "IBM을 환영합니다"라는 광고를 낼 정도로 기고만장하더니 이후 내리막길을 걸었다. 그는 자신의 독선 때문에 오히려 회사에서 축출당했다. 그렇지만 이후 잡스는 멋지게 재기했다. 픽사PIXAR Animation Studio의 장편 애니메이션 〈토이스토리Toy Story, 1995〉, 〈벅스라이프A Bug's Life, 1998〉, 〈몬스터주식회사Monsters, Inc., 2001〉가 대박을 낳았다. 그리고는 쫓겨난 지 13년 만에 애플 CEO로 화려하게 복귀했다.

이후 그가 출시한 MP3 플레이어 '아이팟iPod'은 판매 1위를 치달았고, 그는 곧 첨단 휴대전화 아이폰iPhone을 선보인다. 아마 고립무원孤立無援의 신세는 박 부회장보다 잡스가 더했을 것이다. 그러기에 박 부회장의 좌절은 견딜 만한 것이다. 특히 그는 모든 샐러리맨들의 우상 아닌가. 팍팍한 일상의 모든 샐러리맨에게 "그래도 살 만한 세상"이라는 꿈과 희망을 불어넣어 주지 않았을까 싶다. 박 부회장을 볼라치면 잡스의 2005년 스탠퍼드대학교Stanford University 졸업식 축사가 떠오른다. "때로 인생이 당신의 뒤통수를 때리더라도 결코 신념을 잃지 마십시오(Sometimes life hits you in the head with a brick. Don't lose faith)".

'박병엽 신화'는 일단 막을 내렸지만 아직 현재진행형이다. 그를 선망해 온 샐러리맨들이 계속 줄을 잇기 때문이다. 샐러리맨들은 밥 먹듯이 벌어졌던 선배들의 실패 교훈을 되새김질할 수 있어서다. 바닥의 끝이 있기에, 비관의 연속으로 치달았기에, 되레 상승의 곡선을 탈 수 있는 기회가 샐러리맨들에게 있지 않을까. 박 부회장이 말하지 않았나. 어차피 바닥에서 시작한 인생, 더 잃을게 무어냐고. 샐러리맨들의 진짜 성공신화는 어쩌면 지금이 시작인지 모른다.

실패에서 일어서기

1945년생 윤석금 회장은 중학교 2학년이 돼서야 치약이란 걸로 이를 닦았고, 어릴 적 단 하나의 꿈은 '쌀밥을 실컷 먹는 것'이었다. 내기바둑이나 두면서 빈둥대다가 한국브리태니커 백과사전을 파는 세일즈맨으로 취직하면서 승승장구하기 시작한다. 윤석금 회장은 백과사전 세일즈맨으로 성공을 거두고 1980년 직원 7명으로 출판사를 설립했다.

책 방문판매에서 얻은 노하우를 바탕으로 1988년 웅진식품, 이 듬해 웅진코웨이를 세웠다. 이후 건설·금융·태양광 등으로 사업을 확장해 연매출 수조 원대의 웅진그룹으로 키웠다. 그는 "사업하는 사람은 신나고 행복할 수 있을까? 골치 아픈 일도 많이 생기고, 사업 규모가 커질수록 문제는 더 많아진다"고 자신에 묻곤 했다. 그럴 때면 그는 "'왜 나만 어렵나', 이런 생각이 들게 마련인데, 하지만 나는 생각을 바꾸는 연습을 많이 했다"고 한다. 그러면서 CEO의 성공 비법으로 몇 가지를 제시했다.

우선 CEO로서 보는 눈을 가져야 한다. 자신은 백과사전을 팔았지, 만든 적은 없다고 했다. 그런데 책을 만들게 됐다고 했다. 편집부를 모집했는데 그중에도 책을 만들어본 사람은 사장을 포함해 한 명도 없어서 해마다 열 번씩 전 세계를 돌아다니면서 어린이책을 보기 시작했단다. 하지만 너무 많이 보면 어떤 게 좋은 건지 알 수가 없어서, 핵심을 볼 수 없다는 점을 깨달았다고 했다. 그래서 서점 점원에게 "가장 잘나가는 책이 어떤 거죠?", "가장 잘 만든 책은 뭐죠?"고 물으면서 각각 다섯 가지씩만 보여 달라고 했고, 그렇게 여러 서점을 돌아다녔더니 결정을 해줄 수 있는 수준이 됐다고 한다. 제품을 보든 남의 것을 벤치마킹하든 간에 CEO가 '보는 눈'을 갖는 것이 중요하다는 역설이었다.

또 있다. 아랫사람을 움직일 줄 알아야 한다. 훌륭한 CEO라면 고구마가 줄기를 따라 올라오듯, 아랫사람이 그를 따라야 한다고 강조한다. CEO라면 직원이 유능하든 무능하든 움직일 수 있어야 한다는 거다. 그러려면 CEO 자신이 직원을 먼저 좋아해야 하고, 정 좋아할 수 없으면 내보내라고 했다. 끼고 있으면서 미워하면 화합이 안 되니까. 직원과 함께하고 감싸줘야 충성심도 생기며, 마음이 움직이지 않으면 행동도 없다고 했다.

지속적으로 열정을 가지는 자세도 중요하다. 또 힘들 때 어두운 표정을 짓지 말라고 했다. 자기가 죽겠다고 하는 건 직원들을 불안하게 만들 뿐. 그래서 힘들 때마다 매일 목욕하고 표정을 관리한 다음에 출근했다고 한다. 기업과 CEO는 의욕·도전·열정을 갖고 있어야 한다는 것이다.

문제 해결에만 매달리지 말고 가능성을 봐야 한다 어떤 CEO는 매일 골치 아픈 문제를 끌어안고 미래를 생각할 여유가 없는데, 이는 금물이라고 했다. CEO는 미래를 어떻게 할 것인가, 다른 회사는 뭘 하고 있나, 더 좋은 회사를 만들려면 어떻게 할까를 생각해야 한다는 것이다. 365일 골치 아픈 일은 늘 있게 마련이다. 문제 해결도 좋지만, 여기에만 매달려서는 도전할 기회를 잃을 수 있다는 게 그의 신조 중 하나였다.

윤석금 회장은 대표적인 긍정론자였다. 그는 『긍정이 걸작을 만든다』(리더스북, 2009)라는 책도 낼 정도로 긍정예찬론자였다. 그는 "꿈은 진화하는 것"이라고 말한다. 그러면서 변신에 변신을 거듭한다. 무일푼으로 시작해 내기업을 일구기까지 성공을 향해 달려온 70년 가까운 평생. 그러나 그는 끝까지 성공한 모습을 보여주지 못했다.

대한민국 샐러리맨들은 실망감에 빠졌다. 왜? 혹시 그는 긍정만을 너무 강조한 게 아닐까. 그는 고스톱을 칠 때 일단 광이 두 장 들어오면 나머지 한 장도 자기에게 온다는 믿음을 가졌다. 신기하게도 70% 이상은 정말 광이 들어왔다. 골프에서 퍼팅도 남들보다 잘 하는 편이라고 한다. 퍼팅 전에 '이것은 들어간다'는 자기 최면을 건다. 그러면 백발백중이었다고 한다.

항상 낙천적이요 낙관적이어서 바둑(아마 5단)도 잘 두고 당구(300점)도 잘 친다. 하지만 여기에 오류가 있는 것은 아닐까 하는 생각을 지울 수 없다. 물론 성공 전까지 긍정의 생각은 상당한 효과를 내기도 한다. 그런데 성공 이후에는 비관과 부정이 정말 중요하다는 걸 잠시 잃어버린 듯하다. 최악의 경우에 대비하는 것 말이다. 그래도 그에겐 꿈이 있다. 비관 속에서도 잘 버틸 수 있는 꿈. 그는 "꿈 없는 사람은 살아있어도 죽은 사람이요, 꿈을 잃지 않는 사람은 망해도 산 사람"이라고 했다.

그가 자신이 쓴 책에서 "실패하는 사람은 하나같이 실패의 원인이 내가 아닌 남에게 있다고 불만을 토로한다. 그러나 성공하는 사람은 실패를 '내 탓'으로 받아들이고 자신의 잘못을 하나씩 고쳐간다. (중략) 실패하는 사람은 자신에게 1억 원만 있으면 무슨 일이라도 할 수 있다고 생각한다. 그리고 그 돈이 없어 아무것도 하지 못한다고 한탄한다. 그러나 성공하는 사람은 그 1억 원을 마련하기 위해 부지런히 땀 흘려 일한다. (중략) 실패하는 사람은 자신보다 지위가 높은 다른 사람을 보면 그를 질투하고 동시에 자신의 신세를 비관한다. 그러나 성공하는 사람은 자신보다 나은 사람을 보면 존경의 마음을 가지고, 더 높은 목표를 향해 미래의 꿈을 키운다. (중략) 실패하는 사람은 작은 일을 소홀히 여긴다. 그와는 달리 성공하는 사람은 일의 크고 작음에 연연하지 않고 어떤 일이라도 소중히 여기고 성실히 실행한다"고 강조했다.

지금 긍정론자 윤석금 회장은 잠시 실패 상태에 있다. 그러나 그는 위 내용처럼 '실패'에 관해 엄청난 전문가다. '실패를 허(許)하고 공유하라'는 말이 있지 않은가. 또 실패를 자산으로 삼으라는 교훈이 있지 않은가. 그래서 윤석금 회장이 생존하는 것은 별로 어렵지 않을 것으로 보인다.

STX라는 대기업을 일궜던 강덕수 회장은 일류고 일류대 출신도 아닌, 스스로를 비주류로 칭하는 사람이다. 돈도 없고 학벌도 좋지 않고 회사가 처음부터 튼튼한 것도 아니고, 단지 약점을 약점이라 생각하지 않으면서 끊임없이 도전해 온 사람이다. 필자가 강 회장의 시점에서 그의 삶을 따라가 보기로 했다.

나는 비주류다. 언젠가 KBS에 출연해 그렇게 말한 적도 있다. 나는 사회가 통념으로 정해 놓은 일류고, 일류대 출신이 아니다. 재계 13위 그룹을 일궜지만 과거에도 현재도 비주류다. 재산이 많아서, 학벌이 좋아서, 회사가 처음부터 튼튼해서 성장한 게 아니다. 단지 약점을 약점이라고 생각하지 않고 도전했을 뿐이다. "대기업 오너가 됐는데 무슨 비주류냐"는 비아냥은 마시라. 맨주먹으로 그룹을 키웠으나 늘 겸손한 자세로 임한다는 스스로의 채찍질로 봐주면 좋겠다. 비록 유럽 위기 한 방으로 곤경에 처했지만.

나는 1950년 경북 선산에서 태어났다. 한국전쟁 통에 아버지를 여읜 나는 중학교를 마치고 상경해 서울 동대문 상고를 졸업했다. 군 복무를 마친 뒤에는 쌍용에 입사했다. 명지대학교 경영학과는 회사를 다니면서 마쳤다. 쌍용에서는 주로 총무 일을 봤다. 상고를 나온 덕에 동료들이 계산기로 계산하는 것보다 내가 암산하는 게 더 빨랐다. 당시에 낸들 주류사회에 들어가고 싶은 욕망이 없었을까. 내세울 학벌도 없고 부잣집 아들도 아닌 내가 남들보다 더 하면 더 했지, 적지는 않았다. 그리고 그 첫 기회가 찾아왔다.

초급간부 시절, 회사 내 목재사업 정리가 큰 문제였다. 적자가 수백억 원이나 되고, 재고 파악도 안 되는 골칫덩이였다. 경영진은 정리방침을 정했다. 하지만 누구 하나 빛나지 않는 정리업무 맡기를 꺼렸다. 이때 그 일을 내가 맡게 됐다. 남들의 눈엔 귀찮은 문으로 비쳤지만, 내 눈엔 성공으로 가는 계단으로 보였다. 이 업무는 깔끔하게 처리됐고, 훗날 내가 역경을 헤쳐 나가는 데 소중한 재산이 됐다.

나는 퇴근도 없이 일했다. 그러다 보니 업무시간에 짬짬이 목욕도 하고 식사도 했다. 그런데 이를 고깝게 본 상사가 있었다. 급기야 불성실한 직원으로 낙인 찍혔다. 나는 반발했다. "회사를 위해 몸 사리지 않고 일하며 잠시 휴식을 취할 뿐인데 웬 불성실이냐"고 따지고는 개의치 않고 일했다.

업무능력을 인정받아 재무와 기획 업무까지 맡았다. 임원 승진도 했다. 하루는 하청업체로부터 접대 제안을 받았다. 그때 이렇게 말하며 거부했다. "우리 직원이 100만 원의 뇌물을 받으면 회사는 1억 원 이상 손해를 본다. 회사가 차라리 직원 월급을 120만 원 더 올려주는 게 이익이다."

나는 회장이 된 뒤에도 '일벌레'면서 매끈하게 일 처리하는 직원을 좋아했다. 회사 충성도가 강하면서도 떳떳이 자기의 주장을 펴는 사람을 아꼈다. 임직원들의 접대 유혹? 내가 유혹을 받았을 때 말했던 것처럼 사원들의 처우를 개선했다. 나중에 최고재무책임자CFO, Chief Financial Officer도 됐지만 나는 여전히 비주류였다. 대반전은 50세가 되던 2000년에 왔다. 외환위기 후 쌍용이 존폐의 기로에 선 것이다.

나는 모은 돈을 탈탈 털어 다니던 회사를 사 버렸다. 집은 전세로 옮겼다. 정동진에서 아침식사를 하면서 아이들에게 이렇게 말했다. "내가 다니던 회사를 경영하게 될 것 같다. 재산은 모두 쏟아 부을 것이다. 만에 하나 실패하면 너희들 학비를 대지 못할 수도 있다." 특히 큰딸에겐 "아버지가 더 이상 가족을 부양할 수 없는 상황이 되면 막냇동생의 공부를 부탁한다"고까지 했다. 드디어 2001년 CEO 자리에 올랐다. 이후 대동조선·산단에너지·아커야즈(세계 최대 크루즈 건조회사)를 잇따라 인수, 4만 명이 넘는 직원과 21개 계열사를 거느린 대기업을 탄생시켰다.

그러면 나는 주류가 됐는가. 샐러리맨 신화의 주인공이라고 주류라 할 수 있나. 게다가 지금 나는 사면초가다. 주류가 늘 세상을 이끄는 것 같지만 내막을 들여다보면 그렇지 않다. 좋은 대학을 나오고, 부잣집에서 태어난 사람이 주류를 계속 이어가는 것은 아니다. 주류는 시대에 따라 바뀐다. 그러기에 이 땅의 주류들, 항상 경각심을 가졌으면 좋겠다. 장래가 촉망돼 향후 주류가 될 비주류들, 겸허함을 잃지 않기 바란다. 나처럼 위기의 칼끝 위에 서 있는 기업인들, 다난흥방多難興邦이라 했다. 어려움을 겪고서야 다시 일어서는 법이다. 항상 비주류의 초심만 견지한다면 말이다. 때문에 나 STX의 강덕수, 끝까지 비주류로 남겠다.

· · · · · · · · · · · · · · · · ·

21세기 '선박왕'을 꿈꿨던 강덕수 회장. 해운업계의 기린아로 혜성처럼 등장해 샐러리맨들의 우상이었던 강 회장. 그는 '신화'에 도전하고 있었다. 그는 "꿈은 해외에서 이룬다"는 기치를 들고 업무에 몰두했다. 그의 집무실에는 '21세기 선진해양국가 구상'이라는 세계지도가 거꾸로 걸려 있었다. 마치 한동안 직장인들 사이에서 선풍적인 인기를 끌었던 tvN 드라마 〈미생未生〉의 주인공 장그래가 그랬던 것처럼.

그리고는 STX조선, STX팬오션, STX엔진을 그룹 내 주력회사로 키웠다. 이 기업들은 실제로 30~40년 이상 업계를 이끌어온 역사와 전통을 갖춘 회사였다. STX그룹의 탄생은 이런 사업 연륜이 기반이 됐다. 그러나 뭐니 뭐니 해도 가장 큰 원동력은 성공적인 기업 인수를 통해 기업 가치를 크게 높인 덕이었다.

STX의 태동은 1997년 외환위기로 거슬러 올라간다. 당시 쌍용 그룹은 크게 휘청거렸다. 무리한 자동차 사업 투자로 어려움을 겪던 이 그룹은 발전용 엔진과 선박용 엔진을 만들던 계열사 쌍용중공업의 지분 34.45%를 2000년 11월 한누리 컨소시엄에 163억 원에 매각한다. 새 주인을 맞은 쌍용중공업이 바로 STX그룹의 모체다. 한누리 컨소시엄과 채권단은 쌍용중공업 정상화에 착수하고, 구원투수로 쌍용중공업의 CFO 전무였던 강덕수 회장을 투입한다. 이때 강덕수 회장은 어떤 마음으로 정상화 작업을 진두지휘했을까. 놀랍게도 강덕수 회장은 조선산업에서 밝은 미래를 읽고 있었던 것이다.

강 회장은 이듬해인 2001년 5월, 아예 오너 경영자로 변신한다. 회사 이름도 STX로 바꿨다. 이제 그가 포부를 실현하는 순간, 마침 2001년 대동조선소를 인수한 뒤 이듬해부터 조선업계가 초호황을 누렸다. 물론 강 회장 주변에서는 "무리한 투자다", "왜 사서 고생하느냐"는 등의 우려가 있었다. 그러나 주변 여건은 좋아지고 있었다. 우선 대규모 투자에도 불구하고 업종 호황으로 자금 회수율이 높았다. 또 시장에서의 기업 가치도 급격히 올라 싱가포르 등 국내외 증권거래소에 상장도 했다. 이어 강덕수 회장은 STX 출범 이후 이어진 조선업 호황에 대비해 엔진사업에 3,000억 원 규모의 설비투자를 우선적으로 했다. STX의 근간인 선박용 엔진 제조를 통한 안정적 엔진 공급이 조선 성장의 원동력으로 작용한다고 본 것이다.

그뿐만이 아니다. 꾸준한 기술개발을 통해 시장 경쟁력을 키워 갔다. 특히 회사를 한국의 대표적 글로벌 기업으로 만들기 위해 글로벌 사업 확대를 꾀했다. 중국 다롄으로의 진출은 그 일환이었다. 부지 넓이가 550만㎡(약 170만 평)에 이르는 STX의 다롄 조선해양기지는 세계 최대인 현대중공업 울산조선소(660만㎡)에 못지않은 초대형 조선소다. 공사비만 15억 달러나 들었다. 우리나라 돈으로 2조 원 가까운 돈이다. 그해 STX그룹의 재계 순위는 20위였다. 2007년부터 STX그룹은 조선업과 해운업의 활황에 힘입어 성장하기 시작했다. 2007년에 그룹 매출액 12조 원을 돌파한 데 이어, 2008년에는 28조 1,592억 원까지 늘었다. 재계 순위도 계속 올라 12위에 포진했다.

강덕수 회장은 한 언론과의 인터뷰에서 "'신화'라고 말하는 것은 너무 거창한 것 같고 '꿈과 도전'이라는 단어의 의미가 희석돼 가고 있는 요즘, 많은 직장인들에게 희망을 줄 수 있는 단초가 된다면 큰 보람"이라고 말했다. 그는 이어 "'인생은 영원한 도전'이라고 생각하며, 보다 나은 미래와 성공을 위해 도전을 두려워하지 말고 용기와 소신으로 실천하는 자세가 필요하다"고 덧붙였다.

강 회장이 한 말 가운데 "일에서는 스트레스가 없는 편이다. 다만 나만의 스트레스 해소법이 있다면 일 자체를 즐긴다는 것"이라는 표현이 눈에 띈다. 비록 그는 잠시 좌초한 상태다. 당분간 선박

왕의 꿈도 접었다. 그러나 그에게 우리가 배울 점은 널려 있다. 그것은 샐러리맨 성공 신화 스토리만은 아니다. 그의 불같은 의지와 도전 정신만도 아니다.

그럼 무엇인가. 그는 자신을 한껏 낮췄다. 항상 비주류임을 자처했다. 그럼에도 끝까지 생존하는 데 실패했다. 겸손과 겸양, 늘 조심조심하며 기업을 꾸려왔음에도. 그 무언가가 뒤에 있는 것은 아닐까. 장기적이며, 나아가 보다 항구적일 수도 있는 생존의 비법은 바로 그 점을 파악하는 데 있다.

기회를 잡는 이, 몰락을 부르는 사람

적의 몰락은 곧잘 기회로 작용한다. 세계적인 명품 도자기 회사들이 잇달아 무너지자 국내 도자기 업체가 반사이익을 본 경우가 대표적이다. 2000년대 말 여름, 롯데호텔 지하 1층. 노인 한 분이 손님맞이에 분주하다. 손에는 구스타프 클림트Gustav Klimt의 명화가 담긴 도자기 식기가 들려 있었다.

이 노인은 바로 김동수 한국도자기 회장이다. 그날은 이 회사가 롯데호텔에 매장을 내던 날. 공교롭게도 사흘 전엔 영국의 워터포드 웨지우드Waterford Wedgwood가 청산 절차에 들어갔다. 세계 1위의 명품 도

자기 브랜드다. 그뿐인가. 두 달 전엔 미국의 레녹스Lenox가 파산보호를 신청했다. 일본의 노리다케Noritake 역시 일본 내 일부 공장에서 생산량을 크게 줄였다. 금융위기로 세계 굴지의 도자기 기업들이 빛을 잃고 있을 때 한국도자기는 또 다른 명품 매장을 냈다.

"우린 착실히 내실을 다진 가업家業이라…." 필자와의 인터뷰에서 김동수 회장이 한 말이었다. 웨지우드의 실패 원인에 대해 그는 '자만심'이라고 해석했다. 세계 최고란 기치 아래 불어난 엄청난 빚(약 8,000억 원), 전통만을 고집하며 벌인 지나친 고가정책이 화를 불렀다는 것이다. 그렇게 말하고는 "우린 고급화와 대중화를 적절히 구사한다. 불경기에도 살아남을 자신이 있다"고 덧붙였다.

한국도자기는 3대째 가업을 잇고 있다. 창립자는 김 회장의 부친인 고故 김종호 씨다. 김 회장의 장남 영신 씨는 현재 사장으로 재직 중이다. 둘째아들 영목 씨와 딸 영은 씨도 계열사 대표로 있다. 그러다 보니 가족회의가 곧 경영전략회의다. 가족기업 전문가 윌리엄 오하라William T. O'hara 전 브라이언트대학교Bryant University 학장은 가족기업의 강점을 이렇게 분석했다.

① 의사결정이 빠르고
② 오너가 사업에 남다른 정열을 갖고 있으며
③ 가족 간에 서로 믿고 미래의 자손까지 생각한다.

이러한 이유로 오하라는 "가족기업이 장수할 가능성이 크다"고 말한다. 기업 지배구조가 어떻든 간에 신뢰와 비전이 기업 장수의 필수조건이라는 얘기다.

한국도자기도 무수한 세월의 무게를 버텨내며 어느덧 창립 60주년을 훌쩍 넘겼다. 박정희 정부 시절인 1973년, 육영수 여사가 김동수 회장을 청와대로 불러 "국빈에게 자신 있게 내놓을 수 있는 한국산 본차이나를 만들어 달라"고 부탁한 것은 유명한 일화다. 이후 한국도자기 그릇은 '청와대 식기'의 대명사가 됐다.

한국도자기의 특징은 '무차입·무해고·무노조'의 3무無다. 김 회장이 빚을 싫어하는 이유는 뼈아픈 경험 때문이다. 김 회장이 1959년 입사했을 당시 회사는 빚이 많아 매출액의 40%가 이자로 나갈 정도였다. 그래서 1997년 외환위기 때 사재를 털어 빚을 청산하고 무차입 경영을 해왔다. 사람 안 자르기는 더 유명한데, 그는 "모든 직원, 정년까지 보장해 줘야지"라고 말하면서, "도자기 사업은 기계보다 정확한 손기술이 필요한 업종이야. 숙달된 장수 근로자를 해고할 수는 없지. 월급을 동결할지언정 말이야"라고 말했다. 그리고는 "그래도 효도비(명절 때마다 35만 원+수안보파크호텔 숙박권)는 줘야 하지 않겠나"라고 여운을 남겼다. 김 회장은 "세계적인 기업들이 새로운 흐름에 발 빠르게 움직이지 못하고 있다. 우린 유연하게 간다. 소비자가 원하는 게 무엇인지 파악해 충족시킨다"고 강조했다.

김 회장은 롯데호텔 매장을 내기 전 한 달 동안 직접 점검을 하며 두 가지 결정을 내렸다. 첫째, 매장 문을 크게 넓힌다. 둘째, 조명을 매우 밝게 한다. "대부분의 명품 도자기 매장 입구는 좁고 매장 분위기도 그다지 밝지 않지. 고객이 마음 편히 들어와서 즐길 수 있도록 한 조치"라고 했다. 그는 사정이 급한 단골 고객에겐 자신의 차로 상품을 배달한다. 그는 "아마 벤츠 S600으로 도자기 배달하는 오너는 나밖에 없을 걸"이라며 웃었다.

기업의 몰락에 대해 논하자면 노키아Nokia, 리서치 인 모션RIM, Research In Motion Limited, 산요三洋電機를 빼놓을 수 없다. 원래 노키아는 불황기에 성공한 대표 기업이다. 1990년대 침체기에 제지사업을 매각하고 영국 테크노 폰Tecno Phone을 인수한 뒤 휴대폰 시장에 뛰어들어 대성공을 거뒀다. 10년도 안 된 2000년에는 점유율이 40%대까지 올라섰고 2007년까지는 누구도 넘볼 수 없는 세계 1위였다. 한때 시가총액 120조 원이었던 노키아는 핀란드를 먹여 살릴 정도였다. 그랬던 노키아에 결정타를 날린 IT의 도도한 흐름이 있었으니 바로 스마트폰이었다. 때는 2007년. 풍운아 스티브 잡스의 애플이 아이폰을 선보였다. 이때 노키아 CEO는 "그래도 오직 노키아가 표준"이라고 의기양양했다. 자만과 상황판단 미스가 결정적인 패착이었다. 버티지 못한 노키아는 휴대폰 시장에서 탈락하고 2013년 MS에 매각되었다.

블랙베리BlackBerry를 내놓았던 RIM도 그랬다. 창업주들은 아이폰이 등장했을 때 그 파괴력을 예상하지 못했다. 나중에서야 정신을 차리고 뭔가 바꿔 보려고 안간힘을 썼지만 때는 늦었다. 그런데 또 다른 몰락의 이유가 있었다고 캐나다 최대 일간지인 ≪더 글로브 앤 메일The Globe and Mail≫이 보도한 적이 있다.

이 신문은 '블랙베리 몰락의 내막: 스마트폰의 발명자가 어떻게 변화에 대한 적응에 실패했나(Inside the fall of BlackBerry: How the smartphone inventor failed to adapt)'라는 심층기획에서 RIM의 창업주들이 꼭 오만을 떨면서 아이폰을 무시한 것은 아니라고 밝혔다. 창업주들은 나름 대처하려고 했지만 이미 블랙베리의 성공에 도취된 사내 문화와 경영의사 구조가 오히려 방해가 됐다고 적었다. 조금만 더 자세히 살펴보자.

창업주 마이크 라자리디스Mike Lazaridis는 2007년 초 러닝머신에서 운동하면서 TV를 보다가 처음으로 애플의 아이폰 소식을 접했다. 그해 여름, 아이폰을 분해해서 내부를 들여다본 그는 충격을 받았다. "마치 애플이 맥 컴퓨터를 휴대폰 안에 구겨 넣은 것 같잖아!(It was like Apple had stuffed a Mac computer into a cellphone!)" 이후 공개적으로 아이폰의 부족한 배터리 수명, 취약한 보안성, 부족한 이메일 기능을 조롱했다. 하지만 아이폰의 가능성은 간파했지만 블랙베리를 쉽게 변신시킬 수는 없었다. 자바Java 기반의 레거시OS 소프트웨어에 익숙한 기업고객들에게 데 특화된 블랙베리와 그에 맞게 형성된 조직문화를 쉽게 바꿀 수는 없었다.

그럼에도 블랙베리에겐 아직 기회가 있었다. 또 한 명의 창업주 짐 바실리Jim Balsillie는 블랙베리의 강점 중 하나인 인스턴트 메시징 소프트웨어 'BBMBackBerry Messenger'을 다른 기기에까지 개방하는 것을 구상한다. BBM은 카카오톡이나 라인 같은 모바일 메신저앱의 원조격이다. 사용하기 편하고 안정성과 보안성도 높아서 블랙베리의 킬러앱으로 불릴 만했다. 게다가 유료였다. BBM에서 올리고 있었던 마진은 90%나 됐다.

바실리는 이 분야의 성장 가능성을 내다봤다. 유료였던 BBM을 이동통신사와 제휴해서 무료로 풀고 수익을 이동통신사와 나누는, 구글Google이나 페이스북Facebook 같은 회사를 만들 수 있을 거라 생각했다. 그러나 사내 조직문화가 그의 발목을 잡았다. 엄청난 수익을 이동통신사와 나누는 데 많은 임원들이 반대한 것이다. 결국 화가 난 바실리는 보유 주식을 모두 팔아치우고 RIM을 떠났다.

바실리가 떠난 RIM은 새로운 미래를 포기하고 터치스크린폰 '블랙베리 Z10' 개발에 몰두했다. 그러나 결과는 최악이었다. 블랙베리의 기존 사용자들은 여전히 키보드가 있는 신제품을 원했고, 터치스크린을 선호하는 사람들은 이미 아이폰에 만족하고 있었다. 결국 RIM은 Z10 때문에 어마어마한 손실을 봤다. 창업주들의 판단은 옳았을지 몰라도 세상은 너무 빨리 변해 있었다.

일본의 대표적인 전자업체 산요는 2000년대 초반 연간 매출이 2조 5,000억 엔에 달했다. 하지만 이 거대기업은 니가타 반도체공장 지진으로 경영위기에 몰리면서 2006년 골드만삭스를 비롯한 세계적인 금융사로부터 도움을 받았고, 그 후에도 경영상황은 나빠지기 시작해 휴대폰, 디지털카메라, 신용 판매사업을 잇달아 접었다.

종국에는 파나소닉パナソニック電工株式會社에 회사가 팔리고, 2011년 3월에는 상장폐지까지 됐다. ≪니혼게이자이신문日本經濟新聞≫은 산요의 몰락 이유에 대해 경영진의 판단 착오를 거론했다. 이스트먼 코닥 Eastman Kodak Company도 마찬가지다. 디지털카메라가 등장하기 전까지는 사람들에겐 '필름=코닥'이라는 인식이 자리 잡고 있었다. 탁월한

품질을 바탕으로 100년 넘게 장수한 기업이었다. 디지털카메라를 가장 먼저 개발한 기업도 코닥이었다.

그런데 어쩐 일인지 코닥은 필름카메라 사업을 축소하지 않고 오히려 새로운 필름카메라를 개발하는 데 수백억 원을 쏟아 부었다. 반면 캐논Canon, Inc., 니콘Nikon Corporation 같은 경쟁자들의 생각은 달랐다. '디지털카메라가 새 패러다임일 것'이라고 판단했다. 단 한 번의 실수로 코닥은 2012년 파산했다.

2013년 미국 경제전문지 ≪패스트 컴퍼니Fast Company≫가 발표한 최고의 혁신 기업에 나이키NIKE가 선정됐다. 이는 예상을 완전히 뒤엎는 결과였다. 애플, 구글, 페이스북을 제치고 1위에 오른 것이다. 당시 나이키는 사양산업 취급을 받는 처지였다. 이유가 뭘까. 비결은 스펀지처럼 새 아이디어를 흡수하는 나이키의 기업문화 속에 있었다. 늘 잘나갔던 나이키는 1990년대 후반 성장 한계에 직면했다. 나이키 마케팅의 상징인 농구선수 마이클 조던Michael Jordan이 은퇴하며 위기감은 더 커졌다. 하지만 나이키는 혁신으로 다시 살아났다. '스펀지가 되어라(Be a Sponge)'는 사내 행동규범을 확산시켜 유연성을 키웠다.

고정관념에서 벗어나 운동화에 부착해 신체활동을 측정할 수 있는 '플러스 센서+Sensor', 손목에 착용해 신체활동을 측정하는 '퓨얼밴드Fuelband' 등 IT 신제품을 잇달아 발표했다. 그랬더니 1997년 이후 6년 동안 100억 달러 미만에서 머뭇거렸던 매출액이 2013년 253억 달러로 치솟았다.

간절함과 진지함

맨손과 열정으로 엔씨소프트를 창업해 14년 만에 약 2조 원에 가까운 주식부자가 된 김택진 엔씨소프트 대표는 1985년 서울대학교 전자공학과에 입학해 이찬진 현 드림위즈 사장과 '아래아한글'을 공동 개발하며 벤처업계에 발을 들였다. 1989년엔 한메소프트를 창업했고, 1991~1996년엔 병역특례로 현대전자에서 인터넷 서비스 개발을 맡았다. 이후 1997년 엔씨소프트를 창업하고 이듬해 내놓은 온라인게임 '리니지'가 대성공하면서 한국의 대표 벤처기업인이 됐다. 2000년 코스닥에 진출한 엔씨소프트는 '리니지2', '길드워', '아이온' 같은 후속 히트작을 잇달아 내놓으며 입지를 굳혔다. 그는 경남 창원을 연고로 한 프로야구단 'NC 다이노스'까지 창단한 구단주이기도 하다.

　김 대표는 벤처 1세대로서 많은 벤처기업의 흥망성쇠를 지켜봤다. 그것이 그에겐 행운이었다. 그보다 앞서 회사를 일으켰던 벤처기업의 대부분이 사라졌다. 그는 한때 성공했던 벤처기업들이 망해버린 이유로 "진지함의 결여"를 꼽았다. 진지함이 기업의 명운을 가르는 핵심 키워드라는 것이다. 김 대표는 필자와의 인터뷰에서 벤처기업의 성공과 실패, 대책 없이 흠만 잡는 한국 사회의 병폐 등을 직설적으로 토로한 적이 있다.

　그가 '진지함'을 성공 자질로 보는 데는 이유가 있다. "피터 드러커가 경영자의 중요한 자질로 말한 '인테그러티integrity'를 번역한 것

이 '진지함'입니다. 피터 드러커Peter Drucker의 저서 『피터 드러커 매니지
먼트』(청림출판, 2007)에는 '성실함'으로 돼 있는데, 이를 바탕으로
이와사키 나쓰미岩崎夏海가 재구성한 『만약 고교야구 여자매니저가 피
터 드러커를 읽는다면』(동아일보사, 2011)에는 '진지함'으로 돼 있어
요. '성실함'은 감동 없는 번역입니다. 성실한 사람이 어디 한둘입니
까. 자신의 일에 대한 진지함이 중요합니다. 도덕과 예술을 동시에
추구하는, 남들에게 예술이라는 말을 들을 만큼 혼신의 힘을 다하
는 것이죠. 우리나라에서 망한 벤처기업들은 그 진지함이 결여돼 있
어서 망했다고 생각했습니다." 여기서 잠깐, 김택진 대표가 언급한
『만약 고교야구 여자매니저가 피터 드러커를 읽는다면』의 줄거리를
살펴보자.

도쿄 호도쿠보고등학교에 다니는 가와시마 미나미는 야구부의
매니저 일을 맡는다. 그런데 호도쿠보고등학교 야구부는 20년 동안
이렇다 할 성적을 내본 적 없는 만년 하위팀이다. 훈련도 안 하고 분
위기도 엉망이다. 미나미 역시 야구부 매니저 일에 문외한이다. 그저
몸이 아픈 원래 매니저의 대타였을 뿐이지만, 이왕 맡은 거 잘 해보
기로 한다. 그리고는 서점으로 향해 관련 책부터 찾아본다 서점 직
원이 추천한 『피터 드러커 매니지먼트』를 고른다.

미나미는 제목에 붙은 '매니지먼트'라는 단어를 보고 야구 매니
저 일에 맞는 책이라고 착각한다. 어쨌든 이 책은 현대 경영학의 아
버지라 일컬어지는 피터 드러커의 3대 명저 중 하나로 손꼽히는 책
으로, 기업을 비롯한 모든 조직의 기본적인 경영원리와 훌륭한 매니

지먼트를 수행하기 위한 리더의 자질이 담겨 있다. 또 급변하는 사회 흐름을 미리 예측하고 성과를 높이기 위한 핵심 요소들이 다양한 기업들의 사례와 함께 구체적으로 소개돼 있다.

미나미는 책을 숙독하고 책 속의 경영지침을 야구부에 적용해 보기로 한다. '재능보다 중요한 것은 진지함이다', '변화를 원할 때는 기본으로 돌아가라', '관중을 움직이는 것은 감동이다', '사람의 장점을 살려 조직을 움직여라'…. 그런데, '기업의 목적과 사명을 정의할 때 출발점은 단 하나뿐이다. 바로 고객이다. 사업은 고객에 의해 정의된다'는 대목에서 고민한다. 과연 '야구부의 고객은 누구인가? 관중이라 할 수 있나?'라는 고민이 생긴 것이다.

어느덧 야구부 여름 합숙훈련이 끝나가고 훈련 마지막 날, 미나미는 기업가를 꿈꾸는 후보선수 마사요시와의 대화를 통해 야구부 고객이 누구인지 깨닫는다. 바로 '야구부 부원'이었다. 그들이 없으면 야구부가 존재할 수도, 대회를 치르지도 못한다는 사실을 알게 된 것이다.

이 책은 무라카미 하루키村上春樹의 소설 『1Q84』 3권을 제치고 일본 내 베스트셀러 1위에 오르기도 했다. 84만 7,000부가 팔린 『1Q84』 3권보다 30만 부 가까이 더 팔렸다고 한다. 이후 10부작 애니메이션으로 만들어지기도 했고 일본 NHK에서 방송되기도 했다.

김택진 대표는 『만약 고교야구 여자매니저가 피터 드러커를 읽는다면』에 나오는 '진지함'과 관련해 실제 사례도 들었다. A사는 회사 규모가 커지자 관리 인력을 대기업에서 데려왔는데, 그 뒤부터 회사에서 술판이 벌어졌다. 개발자들은 자신들이 땀 흘려가며 개발해도 다른 인력들이 흥청망청 돈 쓰는 데 급급하다며 불만을 품었고, 결국 내분이 생겼다. 급기야 술을 먹기 위해서 온갖 새로운 비즈니스를 벌이는 지경에까지 이르면서 회사는 망했다.

또 다른 벤처 신화를 세웠던 B사는 희한한 기록이 많았다. 어느 날 강남에서 제일 잘나가는 룸살롱의 모든 방이 B사 사람들로 꽉 찼지만, 자기 회사 직원들이 다른 방에 있는지 서로 몰랐다. 모두 비즈니스를 한다고 했지만, 어떤 방에는 B사 사람들만 있었다. 기술이나 열정 이전에 진지함이 결여됐기 때문에 망한 경우다.

김 대표는 "모럴moral이 흩어지면 정신이 썩고 마인드mind가 없어진다"고 힘주어 말했다. 결국 김 대표가 주장하는 성공 요인은 간절함이다. "항상 만족하지 마라, 나는 아직 배가 고프다"고 말한 전 한국 축구 국가대표팀 감독 거스 히딩크Guus Hiddink처럼 자신이 좋아하는 것에 항상 굶주려야 한다는 것이다.

"성공은 남이 해주는 게 아니다. 배고파하고 도전하면 성공한다. 단순히 돈 벌려고 들어온 사람치고 성공한 사람 못 봤다"고 김 대표는 말했다. 또 그가 들려주는 벤처기업 흥망사는 국내 대기업들이 벤처기업의 싹을 밟고 있다는 주장들과 상당한 차이가 있었다. "애플이나 스티브 잡스가 나올 수 없는 우리 경제 시스템에 근본적인 문제가 있는 것이 아니냐"는 필자의 질문에 의외의 대답이 돌아왔다.

"그렇게 말하는 사람들, 엄청 미워요. 입만 살았어요. 왜 우리가 스티브 잡스나 빌 게이츠Bill Gates를 꿈꿉니까. 우리 나름의 스토리텔링을 하는 게 더 멋진 거 아닌가요? 대부분 잡스, 애플 이야기를 하며 삼성을 까는데, 거기엔 여러 감정이 뭉쳐져 있는 것 같습니다. 인정할 것은 인정해야죠. 삼성, 얼마나 훌륭합니까. 다들 애플 앞에서 쓰러져 갈 때 그나마 고개 들고 버티고 있는 게 삼성밖에 더 있나요? 세계 1위 휴대전화 업체였던 노키아가 어떻게 사라져 가고 있는지 모르나요? 삼성이나 LG, 얼마나 멋진 기업입니까. 이 삭막한 경쟁 사회에서 살아남아 있는 우리나라 기업을 왜 욕하나요? 이게 솔직한 심정입니다."

결국 실패는 성공을 위한 디딤돌이다. 혼다자동차本田技研工業株式会社 창업주 혼다 소이치로本田宗一郎는 이런 말을 남겼다. "나에게 성공이란 99%의 실패에서 나온 1%의 성취다." 혼다는 매년 가장 큰 실패를 한 연구원에게 100만 엔의 상금을 주는 '실패왕' 제도를 운영하고 있다. 창업주 혼다 소이치로의 철학을 계승한 제도다.

이런 도전정신이 혼다가 작은 오토바이 회사로 출발해 굴지의 자동차회사를 넘어서 세계 최초의 달리는 로봇 '아시모ASIMO'와 제트기를 만드는 회사로 발전하는 밑거름이 됐다는 점을 부인할 수가 없다. 하지만 사람은 손해를 보는 것을 기피한다. 어쩌면 그게 사람의 기본 심리일 것이다. 예를 들어 사람은 무엇인가를 얻을 때와 잃을 때 느끼는 체감이 다르다. 그중에서도 잃을 때 느끼는 감정의 정도가 얻을 때보다 훨씬 크다. 이른바 행동경제학에서 말하는 손실회피Loss Aversion 심리다. 예를 들어 이런 거다.

A에게 100달러를 먼저 주고 목표를 달성하지 못하면 토해내라고 하고, B에게는 목표를 달성하면 100달러를 주겠다고 해보자. 누가 더 성과를 낼까. 답은 A다. 이미 100달러가 손에 들어왔기 때문에 손실을 보지 않기 위해 앞으로 100달러를 받을 때보다 더 나은 실적을 낸다는 것이다. 머그잔 실험도 있다. 우선 사람들에게 머그잔을 보여주며 만약 이 머그잔을 산다면 얼마 정도에 살 것인지 가격을 매겨 보라고 하고, 다시 머그잔을 공짜로 나눠 준 뒤 만약 머그잔을 판다면 얼마에 팔 의향이 있는지를 묻는다. 그러면 머그잔을 갖고 있지 않을 때보다 머그잔을 갖고 있을 때 사람들은 머그잔의 가치를 더 높게 평가한다고 한다. 기업들은 이 손실회피 논리를 마케팅에 활용하기도 한다. '이번 기회를 이용해서 싸게 구입하십시오'라기보다는 '이번 기회를 놓치면 더 이상 물건을 싸게 살 수 없습니다'라고 말하는 게 판매율을 높이는 데 효과가 있다는 것이다. 마치 손해가 날 것처럼 소비자들을 자극하는 기법이다.

동전게임도 예로 들어보자. 만약 앞면이 나오면 100만 원을 받고 뒷면이 나오면 50만 원을 내야 한다는 게임을 한다고 하자. 사람들은 십중팔구 이 게임을 포기하기 마련이다. 확률이 반인 상태에서 내야 할 돈보다 받게 되는 돈이 훨씬 많은데도 말이다. 모험을 걸었을 때 '만약 실패한다면?'이라는 두려움이 앞서게 되는 것이다.

실패를 연구하자

그러면 왜 실패가 중요한가. 이미 여러 나라에서는 실패학 연구가 한 창이다. 실패학을 연구해야만 혁신을 이룰 수 있다는 판단에서다. 큰 흐름은 두 가지다. 첫째는 왜 실패했는지를 분석해 재발을 막는 데 초점이 맞춰진 사후 분석이고, 둘째는 비약적 발전을 위해 예상되는 실패를 미리 예측하는 데 초점을 맞춘 혁신 차원의 실패 연구다.

과거 실패를 분석하는 경우는 노키아와 코닥의 사례가 대표적이다. 이들 기업은 현재의 성과에 안주해 기술 변화의 흐름을 놓쳤다. 이런 경우는 활용 측면에서는 가치가 떨어지지만 반면교사反面教師의 의미는 크다. 창의적 실패에 도전해 기업 경쟁력을 높인 사례는 독일 자동차회사 BMWBayerische Motoren Werke가 대표적이다.

이 회사는 1983년 독일 남부 바이에른 지방의 레겐스부르크Regensburg 공장 건설을 계기로 획기적인 조직문화 개혁작업에 나섰다. 허허벌판에 새로 공장을 짓는 만큼 하드웨어(생산시설 건설)부터 소프트웨어(일하는 방식)까지 모두 바꿔 조직의 경쟁력을 높여 보자는 취지에서였다.

이 업무는 레겐스부르크 공장의 인적자원관리HRM, Human Resource Management를 총괄하는 게르하르트 빌Gerhard Bihl이 주도했다. 처음에는 직원들이 움직이지 않았는데, 자신이 낸 혁신 아이디어가 실패하면 "왜 공연한 짓을 했느냐"는 조롱과 실타를 두려워해서다. 실패에 내한 부정적 이미지는 동양과 서양이 다르지 않은데 기계적인 정밀성을 앞세운 무결점zero-error 문화가 지배적인 독일도 예외가 아니었다. 이런 조직문화가 혁신을 가로막는다고 판단한 게르하르트는 두 가지 원칙의 행동규범을 만들었다. '누구나 실수해도 좋다. 다만 회사에 터무니없는 손상을 입히지는 말자'와 '미리 계산된 리스크(위험)는 허용하자'였다. 창의적인 실패를 두려워하지 말자는 얘기였다.

이를 실천하기 위해 레겐스부르크 공장은 1990년대 초반 '이달의 창의적 실수상flop of the month'을 도입했다. 창의적인 도전에 나섰다가 실패한 사원의 영웅적인 경험담을 전 직원에게 공유시킴으로써 '실패의 지식화'에 나선 것이다. 실패한 이유가 손실이 아니라 혁신과정에서 불가피한 자산으로 공유되자 혁신은 꼬리에 꼬리를 물었다. 실패가 두려워 시도조차 하지 않았던 일들에 도전하면서 경쟁력이 급속도로 강화됐기 때문이다.

삼성전자가 왜 스마트폰 시장의 강자가 됐는가. 바로 실패했기 때문이다. 2009년 경쟁사 애플이 아이폰을 개발해 치고 나가자 삼성전자는 독자적인 기술로 스마트폰 시장에 뛰어들었다. 그러나 애플과의 기술 격차는 현격하게 컸다. 그래도 첫 작품으로 '옴니아'를 탄생시켰다. 결과는 참패. 버그가 자주 발생해 이용자들 사이에 실패작이라는 혹평을 피할 수 없었다. 그러다가 '갤럭시' 시리즈를 내놨다. 삼성전자는 이에 만족하지 않고 대형화면의 '노트' 시리즈를 내놓으면서 시장의 주도자로 변신했다.

1996년 하버드대학교Harvard University 경영대학원 에이미 에드먼슨Amy Edmondson 교수는 한 대학병원 8개 병동의 진료성과에 대해 관찰연구를 한 적이 있다. 그는 병동의 성과와 리더십, 팀워크에 대해 조사하면서 놀라운 사실을 발견했다. 치료성과와 리더십, 팀워크가 좋은 병동일수록 투약 실수가 빈번했다는 사실이었다. 이는 보통 상식을 뒤집는 결과였다. 성과가 좋은 병동이 실수가 적으리라 봤지만, 결과는 정반대로 나왔기 때문이다. 에드먼슨 교수는 그 이유를 파악해 봤다. 성과가 좋은 병동은 실제 투약 실수가 적은 게 아니라 징계를 받을 게 두려워 투약 실수 보고를 기피한 것이다. 실수를 감췄다는 얘기다.

반면 투약 실수를 밝히고 조치를 제대로 취한 병동이 결과적으로 우수병동이라는 연구였다. 에드먼슨 교수는 "실패를 처벌하는 문화는 창조경영의 적"이라고 단정했다. 대형사고는 작은 실패를 감추는 데서 터진다. 영국의 심리학자 제임스 리즌James Reason의 '스위스 치즈 이론The Swiss Cheese Model'이란 게 있다.

대형 항공사고는 어느 한 단계만의 실수로 발생한 것이 아니라, 심각하지 않은 여러 사건들의 연속적인 결과라는 주장이다. 스위스 치즈는 발효균으로 인해 구멍이 자연스럽게 뚫린다. 이런 구멍들은 웬만해서는 서로 겹치게 뚫리지 않는다. 하지만 치즈를 수확하기 위해 치즈 여러 개를 겹치는 순간 놀랍게도 한 구멍으로 긴 막대를 충분히 통과시킬 수 있을 만큼 구멍의 통로가 이어져 있는 경우가 발생한다. 이렇듯 대형사고는 사고가 일어날 수 있는 모든 조건들이 우연하게 한 날, 한 시에 겹치면서 일어나게 된다.

미국 실리콘밸리는 '실패 밸리'라고 할 만큼 헤아릴 수 없이 많은 실패를 낳는 곳이다. 미국에서 벤처기업이 자금을 확보할 확률은 1%이며 자금을 받은 기업이 제품화에 성공할 확률 역시 1%에 불과하다. 이들 가운데서 미국 나스닥에 상장할 확률도 1%밖에 안 된다. 결국 수많은 실패 끝에 성공이 나오는 것이며, 실패 경험은 헛되이 버려지지 않고 모두 자산화한다. 실리콘밸리는 2008년부터 '페일콘FailCon'으로 불리는 '실패 콘퍼런스'를 해마다 연다. 창업자들이 모여 자신의 실패담을 공유하고 "이렇게는 하지 말라"는 이야기를 나눈다. 페일콘은 첫 회의를 실리콘밸리에서 치른 뒤 일본·이란·스페인 등으로 확산됐다.

회의의 모토는 "실패를 껴안고 성공을 만들자"다. CNN은 페일콘을 "실패자들의 커밍아웃 파티"라고 진단했고, 미 공영 라디오 NPR은 "실리콘밸리가 사랑하는 단어인 '실패'에 초점을 맞췄다"고 소개했다. 연사들은 실패담을 자랑스럽게 내놓는다. 미국판 싸이월드로 통했던 마이스페이스MySpace 공동 창업자인 크리스 드월프Chris DeWolfe는 "다이어트를 종용하는 해괴망측한 광고를 보며 내 회사에 대한 제어력을 상실했음을 깨달았다"고 털어놨다. 숙박 공유 주선 업체인 에어비앤비Airbnb 창업자 조 게비아Joe Gebbia는 "남들이 '너 미친 거 아니냐'고 하면 제대로 하고 있다는 증거"라고 말해 환호를 받기도 했다.

이 콘퍼런스를 기획한 카스 필립스Cass Phillipps는 미국 《안트러프러너Entrepreneur》와의 인터뷰에서 "페일콘 참석자에게 실패한 경험이 있느냐고 물으면 절반 이상이 당당하게 손을 든다"며 "연사도 자신의 실패를 공유할 수 있는 기회를 줘서 감사하다고 말한다"고 밝혔다. 이 같은 '능청스러움'은 실패를 수치가 아닌 훈장처럼 여기는 미국 특유의 문화 덕이다.

세계적인 언론사 ≪뉴욕타임스The New York Times≫는 '실패는 우리의 뮤즈(영감을 주는 존재)'라는 제목의 기사에서 실패 예찬론까지 폈다. ≪뉴욕타임스≫는 '실패의 아이콘'으로 통하는 문학계 인사들을 소개하기도 했는데, 『모비딕Moby Dick』(1851)의 저자 허먼 멜빌Herman Melville도 그 가운데 한 명이라고 했다. 뉴욕 세관 공무원으로 19년간 일했던 멜빌은 출판사를 찾지 못해 자비 출판을 했다. 그나마도 돈에 쪼들려 한 번에 25권을 찍어내면 많은 정도였다고 한다. 『모비딕』의 생전 판매는 3,715부에 그쳤으며, 유작 『빌리 버드Billy Budd』(1824)는 그의 생전에 빛을 보지 못하고 사후 책상 서랍에서 원고지 묶음으로 발견됐다. ≪뉴욕타임스≫는 "멜빌의 작품 질이 높아질수록 독자 수는 줄었다"며 "위대한 작가로 꼽히는 멜빌 본인은 자신의 인생을 실패작이라 생각하며 숨졌다"고 보도했다. 그러면서 "수많은 꽃이 얼굴을 붉히지만 그 모습을 보이지 않은 채 그 달콤한 숨결은 대기 중에 버려 버리네"라는 토머스 그레이Thomas Gray의 시詩 「시골 교회 묘지에서의 애가哀歌」를 인용했다. 이어 사무엘 베케트Samuel Beckett의 부조리극 『고도를 기다리며En Attendant Godot』(1925)의 대사 "더 잘 실패해라(Fail better)"까지 인용하면서, "우아하게 더 잘 실패하라는 (베케트의) 대사는 인생에서 성공이라는 것은 존재하지 않는다는 뜻"이라는 해석을 달았다.

미국에는 실패한 신제품만 모아놓은 박물관도 있다. 미국 미시간주 앤아버Ann Arbor의 '신제품 전시관New Product Works'은 별칭인 '실패한 상품 박물관'으로 더 잘 알려져 있다. 펩시코PepsiCo, Inc.가 야심차게 내놓았지만 소비자들에게 외면당한 '투명 콜라' 등이 인기 전시물이다. 실패학의 권위자인 로버트 맥매스Robert McMath가 "신제품의 90%가 실패하는 이유는 뭘까"라는 의문으로 1990년 설립해 약 13만 점이 전시 중이다.

실패에 주목하는 건 미국만의 현상이 아니다. 2차 대전 직후 수십 년 잘나가다가 다시 20년 넘게 장기 불황에 허덕이는 일본. 이 나라에서에서도 실패학은 갈수록 주목받고 있다. 버블경제 붕괴 이후 마땅한 돌파구를 찾지 못한 채 산업 전반에 걸쳐 문제점이 속출하자 왜 이렇게 많은 실패가 일어나는지 연구하기 시작한 것이다.

아예 실패 지식을 자산화하는 작업도 크게 앞서 가고 있다. 정부 차원에서도 실패학 탐구가 한창이다. 문부과학성은 2005년 '실패지식활용연구회'를 발족시키고 산하 과학기술진흥기구JST, Japan Science&Technology Agency를 통해 '실패지식 데이터 정비사업'에 착수하면서, 실패 사례 100개를 뽑았다.

여기에는 자동차, 철도, 원자력, 로켓 발사, 건설을 비롯한 일본의 대표 산업이 겪어온 실패의 역사가 고스란히 담겨 있다. 일본의 실패학 권위자인 하타무라 요타로畑村洋太郎 도쿄대학교東京大學 명예교수는 "인생의 80%는 실패의 연속이며, 실패를 묻어두면 계속 실패하고 실패에서 배우면 성공한다"고 지적했다.

일본 문부과학성은 그를 '실패지식활용연구회' 실행위원회 총괄로 임명하기도 했다. 일본 실패학회장을 이끌고 있는 그의 실패학 관련 저서는 38권에 이른다. 그가 회장으로 있는 실패학회에는 36개 기업이 회원으로 활동 중이다. 히타치株式會社日立製作所, 도시바株式會社東芝, 미쓰비시三菱, NEC日本電機株式會社 같은 굴지의 전기전자·중공업 회사들이 참여하고 있다. 그가 개인적으로 운영하는 하타무라숙畑村塾에도 많은 기업들이 실패학 연구에 참여하고 있다. 실패학에 몰두하는 이유에 대해 그는 이렇게 말한다.

"같은 실수를 피하기 위해서 입니다. 더 중요한 것은 실패에서 배우면 창조적인 방식으로 기술을 획득할 수 있기 때문이지요. 실수를 거친 지식으로 무장된 중요한 순간에 더 좋은 선택을 할 수 있습니다. 제품 서비스 운영과 관련해 이 같은 실패 경험으로 지식체계를 만들도록 해야 합니다. 그러는 과정에서 실수로부터 많은 것을 배우고 지식화할 수 있는 겁니다. 시장 변화는 그 어느 때보다 빨라지고 있어요. 흐름을 따라가고 경쟁자보다 앞서기 위해 끊임없이 혁신하고 새로운 사업을 만들어 내야 합니다. 그런 과정에서 실수가 없다면, 새로운 진전도 없을 것입니다. 이런 상황에서 진짜 실패는 잘 하려다 발생한 작은 실패를 감추는 것이고, 결과적으로 경쟁력을 잃어버리는 게 되는 거죠."

장수의 조건

장수도 노력이다

윤용로 IBK기업은행장·외환은행장에겐 독특한 식사 습관이 있다. '거꾸로 식사법'이다. 한번은 그와 서울 시내 중식당에서 가벼운 코스 요리로 점심식사를 할 때였다. 그는 이렇게 주문했다. "과일 디저트부터 주세요." 필자가 신기한 듯 쳐다보자 그가 씩 웃으며 하는 말. "나의 건강 필살기지." 과일부터 먹으면 포만감이 생겨 소식할 수 있다는 게 그의 설명이다.

황희黃喜 정승은 노년 때 늘 한쪽 눈을 감고 다녔다. 길을 걸을 때나 책을 볼 때나 외눈으로 지냈다. 다른 정승과 판서들이 의아해하자 황희 정승은 "몸이 늙어 두 눈 모두 시력을 잃을까봐서일세. 다른 쪽은 보호해야지. 나만의 건강법일세. 허허허"라며 웃었다. 24년간 정승으로 있었고, 그중 19년을 영의정에 있었던 그가 90세까지 장수한 비결이다.

조선사에서 수양대군은 무인 기질을 늘 자랑하고 다녔다. 소맷자락을 남보다 크게 해 펄럭였다. 겨울이면 소매를 걷어 굵은 팔뚝을 뽐냈다. 일부러 둔한 말을 골라 타고는, 말이 휘청거리면 말에서 사뿐히 뛰어내리는 모습을 과시했다. 병약한 세자(문종)보다 자기가 낫다는 점을 아버지 세종에게 보여주려고 했던 것이다. 소갈증(당뇨)으로 고생한 세종도 타구를 즐겼다. 긴 몽둥이로 조그마한 공을 쳐서 구멍에 넣는, 골프와 비슷한 경기다. 몽둥이는 숟가락 모양의 물소가죽 주걱에다가 대나무 자루를 이어 만들었고, 나무 공의 크기는 달걀만 했다.

도쿠가와 이에야스德川家康가 오다 노부나가織田信長의 견제 속에 살얼음판을 걸을 무렵. 또 다른 겨울이 막 시작되기 직전인 11월이었다. 오다는 도쿠가와에게 때 아닌 복숭아를 한 바구니 선물했다. 그러자 도쿠가와의 고향인 미카와三川 출신 중신들이 입을 쩍 벌리며 즐거워했다. 그러나 도쿠가와는 선물 받은 복숭아들을 신하들에게 나눠 주지도 않았고 자신도 먹지 않았다.

그 소식을 멀리서 들은 또 한 명의 영웅 다케다 신겐武田信玄은 "도쿠가와라는 사내, 대망이 있는 것 같군"이라고 말했다. 그랬다. 도쿠가와에게는 야심이 있었다. 자칫 제철과일이 아닌 것을 먹다가 아파서 죽게 되면 큰 뜻을 놓친다는 걸 알고 있었다. 그 정도로 도쿠가와는 보건위생에 철저했다. 당시엔 매독이 널리 유행해 평생 기녀들을 멀리하고 접촉하지 않았다고 한다. 그는 또 의학을 좋아했다. 훗날 대권을 잡았을 때 그의 시의侍醫조차 벌벌 떨 정도로 해박한 의학 지식이 있었다고 전해진다.

금융위원회 고위관리를 지낸 이두형 씨가 한국증권금융 사장으로 있을 때 필자에게 골굴사骨窟寺에 대해 들려준 이야기가 있다. 골굴사는 경주에서 동해안으로 약 20km 떨어진 곳에 있는 사찰로, 오래된 불교 유적지 중 한 곳이다. 응회암 절벽을 깎아 만든 곳으로서 한국의 둔황석굴敦煌石窟이라 불린다. 법당 굴은 벽을 바르고 기와를 얹은 까닭에 앞에서 보면 집처럼 보이지만 안으로 들어서면 천장도 벽도 모두 돌로 된 석굴이다. 특히 이곳은 템플스테이를 통해 우리나라 전통무예인 선무도를 배울 수 있는 곳이라고 한다. 이 사장은 골굴사 예찬론자다. 자신도 직접 선무도를 배웠다고 한다. 그에 따르면, 참선에 몰두하면서 무예를 배우면 앉은 자리에서 붕 뜨게 된다는 둥 하여간 듣기에도 신기한 말들을 해줬다. 그중에서 세 가지가 내 귀에 확 들어왔다.

"늙어서 지켜야 할 세 가지가 있는데 말이야, 바로 지구력과 유연성, 그리고 균형이지." 오래 살기 위해서는 우선 지구력을 길러야 하고, 몸이 부드러워야 하며, 특히 균형을 잘 잡아야 한다는 얘기다. 장수의 기본 조건인 셈이다. 그러면서 그는 밥 먹다 말고 내게 선무도 시범을 보인 기억이 난다.

사람은 건강해야 한다. 그래야 장수한다. 요즘 80세를 훌쩍 넘어 100세 가까이까지 사는 사람도 많거니와 장수하는 비결이 하도 많이 나와 뭐가 뭔지 헷갈릴 정도다. 대표적인 게 금연이다. 하나금융그룹 김정태 회장은 '금연 예찬론자' 수준 정도가 아니라 '끽연 축출주의자'에 가깝다. 하나금융그룹에서 여전히 담배를 피우는 임직원들을 상대로 이렇게 '협박'했다.

"담배를 끊지 않으면 거시기를 자르겠다." 김 회장은 유명한 부산 '어깨' 출신이다. 기골이 장대하고 손이 크고 굵어 학창시절 힘깨나 썼다. "한창 때는 부산에서 힘 좀 썼지. 나중에 마음을 잡고 공부했지만…"이라고 시작하는 그의 인생 경험담을 듣고 있으면 조폭영화가 생각나곤 한다.

정몽근 현대백화점그룹 회장도 힘 좀 썼다. 특히 한 말의 술도 마다하지 않는 두주불사斗酒不辭였다. 그 정도로 힘과 건강은 자신 있었다. 그러나 그 역시 세월의 흐름을 거역할 수는 없었던가 보다. "술을 끊지 않으면 죽는다"는 의사의 말에 술을 딱 끊고 아내와 함께 탁구로 건강을 유지한다.

기업은 어떨까. 필자가 몇 년 전 대한상공회의소와 함께 장수기업에 대해 심층조사한 적이 있다. 일단 한국은행에 따르면 전 세계에서 200년 이상 된 기업은 41개국에 걸쳐 5,586개다. 흥미로운 사실은

이 중 대부분은 아시아와 유럽에 집중돼 있다는 점이다.

아시아가 3,214개(57.5%), 유럽이 2,345개(42%)다. 국가별로는 일본이 3,146개(56.3%)로 으뜸이다. 이어 독일(837개, 15%), 네덜란드(222개, 4%), 프랑스(196개, 3.5%) 순이다. 특히 일본의 경우 1000년 이상 된 기업이 7개에 이른다. 100년 이상은 5만여 개다.

그러나 우리나라에서 천년 기업, 혹은 수백 년 기업은 어림도 없다. 우리 선조들이 장사를 경시해서다. 수명을 50년으로 확 낮춰 보자. 대한상공회의소에 따르면 50년 이상 된 우리나라 기업은 780개다. 그렇다고 백년 기업이 없는 것은 아니다. 두산(1896년 탄생)과 동화약품공업(1897년 탄생)이 그 주인공들이다.

두산은 '박승직상점'이 모태다. 박승직 창업주는 1896년 8월 서울의 배오개시장(지금의 종로4가)에 포목상을 차렸다. 이 상점은 1925년 주식회사 형태로 바뀌었고, 1945년 폐쇄됐다가 이듬해 '두산상회'라는 이름으로 다시 개업했다. 1953년 6월엔 두산산업㈜으로 상호를 변경했다.

한국기네스협회는 1995년 두산그룹을 국내에서 가장 오래된 기업으로 선정했다. 두산은 창립 100주년을 맞은 1996년부터 일대 변신을 꾀한 결과 주력이던 식음료사업 일변도에서 벗어나 굵직한 기업을 거느린 중공업 그룹으로 탈바꿈한다.

그런데 상당수 기업 분석 전문가들은 동화약품공업을 국내 최초 기업으로 꼽기도 한다. 두산과 달리 설립 당시의 업종을 지금까지 유지하고 있기 때문이다. 이 회사는 국내 최초의 제조업체이자 제약회사이며 최초의 등록상표(부채표), 최초의 등록상품(활명수)을 보유하고 있는 기업이다.

같은 상호와 같은 제품을 내걸고 같은 자리(서울 중구 순화동 5번지)에 있는 유일무이한 기업이기도 하다.

설립자인 민강 선생은 1897년 당시 궁중에서 사용하던 생약 비방에 양약의 장점을 취해 만든, 우리나라 최초의 신약 활명수의 개발자 민병호 선생의 아들이다. 특히 이 회사는 CF 스타 양성소이기도 하다. 서수남, 하청일, 박원숙, 김수미, 한진희, 전원주, 설운도, 임현식, 이순재 등이 광고모델을 거쳤다.

오래 살아남은 기업들

백년 기업을 이야기할 때 두산과 동화약품에 대해서는 기업 분석 전문가들 사이엔 이견이 없다. 그러나 2006년 조흥은행을 흡수 합병한 신한은행과 공적자금이 투입된 우리은행, 부도가 나서 다른 회사에 인수된 단성사에 대한 논란은 많다. 그럼에도 이들 기업들은 역사적 가치가 있다.

1897년 우리나라에 은행이 처음으로 세워졌는데, 바로 한성은행이다. 고종 시절 이조참판·도승지·예조판서를 지낸 김종한이 설립했다. 그는 관직에 있으면서 대금업 등 경제활동도 펼쳐 한성은행 발기인으로 참여했다. 이 은행은 1943년엔 동일은행을 합병해 조흥은행으로 이름을 바꿨다. 1980~1990년대 조흥리스·조흥투자자문·조흥백년재단을 세웠고 충북은행과 강원은행을 합병하면서 덩치를 키웠다.

당시만 해도 은행 서열은 조흥·상업·제일·한일·서울 순이었다. 그러나 외환위기로 어려움을 겪으면서 2006년 신한은행에 합병됐다. 1899년 설립된 민족자본은행 대한천일은행은 구한말 선각자들이 '화폐융통貨幣融通은 상무흥왕商務興旺의 본本, 즉 금융발전이 곧 경제발전의 기초'라는 창립 이념을 바탕으로 세웠다.

고종의 윤허와 황실 내탕금을 자본금으로 지원받았다. 나중에 이름이 상업은행으로 됐다. 1932년 한일은행 전신 조선신탁회사가 출범했는데, 1999년 금융 구조조정 과정에서 상업은행과 한일은행이 합쳐져 한빛은행이 됐다. 이후 2002년 우리은행으로 사명을 변경했다.

국내 최초 영화관 단성사는 1907년 창립 당시 2층 목조건물로 세워졌다. 주로 전통잔치를 여는 공연장으로 사용되다가 1910년 상설 영화관으로 개축됐다. 1919년 10월 최초로 한국인에 의해 만들어진 연쇄활동 사진극 〈의리적 구토〉를 상영해 한국영화 사상 획기적인 전기를 마련했다. 나운규의 〈아리랑〉(1926)이 개봉된 곳이 바로 여기다. 〈역도산〉(1965), 〈겨울여자〉(1977), 〈장군의 아들〉(1990) 같은 흥행작을 상영하기도 했다. 그러나 경영 악화로 인한 부도는 막지 못했다.

우리나라에서 가장 오래된 근대식 호텔은 조선철도국이 1914년에 만든 조선호텔이다. 북유럽 양식의 4층 건물에 루이 16세식 응접실을 갖췄으며, 1915년엔 허버트 후버Herbert Hoover 미국 대통령, 1920년엔 히로히토裕仁 일본 왕세자가 투숙한 적이 있다. 1981년 미국 웨스틴 그룹Westin Hotel & Resots과 파트너십을 맺고 '웨스틴 조선호텔'로 이름이 바뀌었다. 이후 1995년 신세계가 웨스틴 조선호텔 지분을 100% 소유하게 됐다.

섬유 분야에서는 경방이 최초다. 1919년 경제 독립과 민족자존이란 창업 이념으로 출범했다. 1945년엔 해방 기념 특별상여금이 직원들에게 지급됐는데, 월급의 100배였다고 한다. 경방의 김각중 회장은 2000년부터 전국경제인연합회 회장을 두 번이나 맡기도 했다.

건설업계에선 대림산업이 뿌리가 깊다. 1939년 목재업으로 출발해 건설사업으로 분야를 넓혀 지금에 이르고 있다. 아파트 브랜드 'e편한세상'으로도 유명한 이 회사는 시공능력평가제도가 생긴 이래 수십 년 연속 10대 건설사 자리를 지키고 있다. 그런데 대한상의 업종 분류로 보면 대림산업보다 먼저 건설업에 뛰어든 기업이 있다. 효자원이다. 1925년 북한산 자락에서 탄생한 기업이다. 주로 조경과 관상수 판매, 상하수도 설비공사를 맡았다. 관급공사 위주로 운영했기 때문에 일반인에겐 생소하다. 지금은 종합건설회사로 탈바꿈한 효자건설(효자원 계열사)로 이어지고 있다.

목재업의 효시 성창기업은 1916년 경북 영주에서 성창상점으로 출발했다. 이후 본사를 대구와 부산으로 옮기면서 1958년 국내 최초로 합판을 미국에 수출한다. 외환위기 때 워크아웃(기업구조개선) 대상에 포함됐으나 조기 졸업하고 2015년 지주회사 체제로 개편됐다.

마산청과시장은 우리나라 최초의 도매시장이다. 1922년 마산청과조합으로 시작해, 1938년엔 마산청과시장㈜으로 변경됐으며 1951년 중앙도매시장법 공포로 중앙도매시장 업무 대행기관으로 지정됐다. 운수업은 1920년 세워진 전북고속이 처음이다.

가족기업사 전문가 윌리엄 오하라의 저서 『세계 장수기업, 세기를 뛰어넘은 성공』(예지, 2007)이 서두에서 소개하고 있는 기업이 있다. 세계에서 가장 오래된 기업인 일본 건설회사 곤고구미金剛組다. 578년에 창업해 1400년 넘게 버텨 온 이 기업은 백제의 사찰 건축 기술자 유중광柳重光이 창립 초기에 몸담았다. 일본의 쇼토쿠聖德 태자가 시텐노지四天王寺라는 사찰을 지을 때 그에게 건축 책임을 맡겼다.

세계에서 가장 오래된 여관으론 호시료칸法師旅館이 꼽힌다. 718년에 세워져 46대손까지 이어지고 있다. 몇 차례 화재를 겪기도 했는데, 창업주 후손들은 그래서 "불을 주의하라. 물에서 교훈을 얻어라. 자연과 친화하라"는 원칙을 갖고 있다.

이탈리아에는 포도주의 명가와 총銃의 명가가 있다. 피렌체Firenze에서 태동한 마르케스 안티노리Tenute Marchese ANTINOR(1385)와 알프스 산기슭 트롬피아 계곡Valle Trompia에서 탄생한 베레타Beretta(1526)다. 특히 총기 제조기업 베레타는 "전쟁 있는 곳에 베레타가 있다"는 말을 정도의 명성을 듣고 있다.

미국에서는 가장 오래된 장례서비스 회사 백맨 장의사Beckman-Williamson Funeral Homes and Crematory의 좌우명은 "1769년부터 우리 가족은 당신의 가족을 돌보고 있다"이다.

'허쉬초콜릿'으로 국내에 잘 알려진 미국의 허쉬The Hershey Company 는 초콜릿 생산으로만 매년 60억 달러(약 6조 원)의 매출을 내는 미국의 대표적인 명문 장수기업이다. 독일의 소도시 하이거Haiger에 있는 용접로봇 생산회사 클루스Carl Cloos Schweisstechnik GmbH는 1919년에 설립돼 3대째 내려오는 가족기업으로 하이거 시민의 10%를 부양하는 명문 장수기업이다.

삼성의 오래 살아남기

아직 장수기업이라고는 말할 수 없지만 우리나라 기업을 이야기할 때 삼성그룹은 절대 빼놓을 수 없다. 이미 한국 기업이 아니라 글로벌 기업의 타이틀을 쥔 지 오래지만, 그래도 우리나라 회사라는 건 변함없다. 삼성은 1938년 3월 대구에서 이병철 회장이 세운 삼성상회가 모태다.

삼성상회는 당시 자본금 2만 원에 세워져 대구 특산품인 능금과 동해의 건어물을 취급하면서 중국·일본·동남아시아 등지로 수출했다. 국내적으로는 농산물을 가공, 판매했다. 1948년에는 서울에서 삼성상회를 바탕으로 한 삼성물산공사가 세워졌고, 한국전쟁 와중인 1952년 부산에서 '삼성물산주식회사'로 개칭했다.

그 뒤 1953년 제일제당공업주식회사, 1954년 제일모직주식회사가 나오면서 그룹의 모양새가 갖춰졌다. 삼성은 기업경영 면에서 삼성물산공사 설립 당시 국내 최초로 사원지주제 형태인 사원공동출자방식을 채택했으며, 1957년부터는 국내 최초로 사원 공개채용제도를 실시하는 등 초기부터 다른 기업과는 확연히 차이가 나는 경영방식을 도입했다.

그런 삼성이 자기 스스로를 바라보는 거울이 있다. 수요사장단 회의다. 매주 수요일 오전 8시 서울 서초구 서초동 삼성전자 사옥에서 어김없이 열린다. 그래서 그날 오전 6시만 되면 40여 명의 그룹 내 모든 사장들이 뜨는 '별들의 행렬'이 서초동에서 벌어진다.

회의시간은 약 1시간 30분. 주요 현안과 협업전략이 논의되기 때문에 삼성의 '싱크탱크', '파워미팅', '프리미엄 정모(정기모임)' 등으로 불린다. 회의는 1년 내내 여름 한 차례 휴가철을 제외하고 모두 열리며, 취소되거나 연기되는 법이 없다. 심지어 2014년 5월 10일 이건희 삼성 회장이 쓰러져 입원했을 때에도 나흘 뒤인 14일(수요일) 회의가 열렸다.

그만큼 삼성그룹 경영에서 중추를 이루고 있다. 특히 2014년에는 이건희 회장의 갑작스러운 입원과 스마트폰 사업의 실적 악화, 삼성테크윈 등 4개 계열사 매각 등 그룹 차원에서 굵직굵직한 이슈들이 끊이지 않았다. 그때마다 정치·경제·사회 각계의 이목은 '수요일 아침' 서초동에 집중됐다.

수요사장단회의의 모체는 창업주인 이병철 선대회장 시절부터 시작된 '수요회'다. 초창기 수요회는 실질적인 의사결정기구였지만 그룹 규모가 커지고 참석자가 늘면서 말 그대로 사장들의 '정기모임' 정도로 느슨해지고 협의 기능도 거의 없어졌다. 그러다 2008년 '삼성 특검'을 계기로 '사장단협의회'라는 상설기구로 탈바꿈한다.

당시 이건희 회장이 물러나면서 사장단협의회는 약 2년 동안 그룹 경영을 이끄는 컨트롤 타워 역할을 했다. 사장단협의회는 2010년 이건희 회장의 경영 복귀와 맞물려 '수요사장단회의'로 불리며 지금까지 이어지고 있다. 최종 의사결정보다는 그룹 내 정보 공유나 현안에 대한 토의가 이뤄지지만 종종 이건희 삼성전자 회장의 아들 이재용 부회장 등 수뇌부의 경영전략이나 의중이 전달된다.

실제 수요사장단회의는 '삼성식 경영 DNA'가 가장 잘 묻어나는 기구다. 바로 '학습을 통한 혁신'이다. 회의는 한 시간 동안 외부 강사를 초청해 강의를 듣고 이후 30분 동안 사장단이 토론을 하거나 의견을 공유하는 식으로 진행된다. 백미는 역시 초청강사의 강연이다.

이건희 회장은 평소 "아무리 책을 많이 읽어도 그 분야 전문가들을 불러 직접 강의를 듣는 것만큼 효과적인 것은 없다"며 이 회의를 중요하게 챙겼다. 진정한 혁신은 지식에서 나오고, CEO라면 다양한 지식이나 주요 이슈, 경영 트렌드를 학습해야 한다는 게 이 회장의 지론이다.

실제 삼성 미래전략실의 전략1팀은 해당일로부터 최소한 한두 달 전부터 시의성·적합성 등을 면밀하게 고려해 강연 주제와 강사를 준비한다. 수요사장단회의를 두고 "대한민국 경제의 바로미터다", "강연 주제를 보면 삼성의 어제와 오늘, 미래에 대한 고민이 보인다"는 말도 여기서 나왔다.

늘 그랬듯이 삼성의 수요사장단회의는 '격변기'와 맞물려 매년 긴장감 있고 진지한 주제를 많이 다룬다. 급변하는 글로벌 IT업계의 생존경쟁에서 살아남아 리더가 될지, 과거의 강자에 머물 것인지 기로에 선 삼성의 고민이 그대로 묻어난다. 실제 수요사장단회의 강연은 '학습을 통한 혁신', '혁신을 통한 위기극복'의 중요한 매개가 돼왔다. 강연자 가운데 한 명이었던 이호욱 연세대학교 교수는 '선도기업의 딜레마와 극복전략'이라는 강연에서 "시장을 선도하는 우량기업의 경영진들은 누구보다 똑똑하고 열심히 일하는데도 무너지는 사례가 많다"고 지적했다. "자기 분야에서 성공했기 때문에 내가 하는 일이 옳고, 내가 갖고 있는 기술과 시장이 가장 중요하다는 생각에 사로잡혀 파괴적 혁신, 지속적 혁신을 하지 못하기 때문"이라는 것이다.

스마트폰 세계 1위이면서 어닝 쇼크earning shock를 맞은 삼성이 되새길 수밖에 없는 일침이었다. 박남규 서울대학교 교수는 '새로운 경쟁법칙을 창조하자'란 주제로 삼성 사장들 앞에 섰다. 그는 "삼성전자 IM(IT·모바일) 사업부가 '시장진화의 법칙'에 제대로 대응하지 못해 어려움을 겪게 됐다"고 '돌직구'를 던졌다. 이어 "명품그룹 LVMH가 다양한 브랜드로 명품시장에서 성공한 것처럼 삼성도 '갤럭시노트4' 등 개별 제품 차원이 아닌 브랜드 차원의 경쟁을 고민해야 한다"고 조언했다.

담당 사장에겐 뼈아픈 말이었겠지만 많은 사장들이 고개를 끄덕였다. 스마트폰 이후의 미래 먹거리를 찾는 데 영감을 얻을 수 있는 주제도 자주 등장했다. 최재붕 성균관대학교 교수는 '사물인터넷 시대의 넥스트 10년을 준비하라'는 강연으로 큰 호응을 얻었다. 사물인터넷은 삼성전자가 '위기극복'을 위해 가장 역량을 집중하는 분야다. 최 교수는 "모든 기기가 인터넷으로 연결된 사물인터넷은 본격적인 소프트웨어 기업의 시대를 열 것"이라며 "삼성은 매출 우선 중심의 기업 운영에서 벗어나 애플의 아이폰처럼 마니아층을 형성하는 제품을 내놓는 전략을 펼쳐야 한다"고 강조했다.

임종인 고려대학교 교수는 "사물인터넷 시대에는 모든 것인 연결돼 있기 때문에 보안위협이 인명 피해나 물리적인 피해로 이어질 수 있다"며 보안에 경종을 울렸다. 그는 "인텔, 시스코, IBM, GE 같은 삼성의 경쟁자들은 보안기업 인수를 활발하게 하고 있다"며 보안업체를 인수하거나 삼성 에스원의 자회사인 시큐아이의 역량을 강화하는 방안을 추천했다. 이에 담당인 에스원 사장은 즉석에서 "몇 년 전부터 관련 부서도 만들었고 앞으로 창의적인 보안 인재를 많이 영입할 예정"이라고 밝히기도 했다.

이해관계가 얽히지 않은 진솔한 외부와의 소통도 큰 특징이다.

최지성 삼성 미래전략실장은 소설가 복거일 씨의 강연 말미에 "앞으로 삼성이 나아갈 길이 뭐라고 생각하시느냐"고 의견을 구했다. 이에 복거일 씨는 "큰 조직은 관료주의와의 싸움"이라고 운을 뗐다. 그러면서 그는 "조직이 커지면서 조직원들은 승진경쟁이나 내부의 역할에만 집중해 외부의 시각을 인식하지 못하게 된다"면서 "관료주의는 피할 수 없다는 점을 인정한 뒤 조직을 쪼개거나 외부의 역량을 가져와야 한다"고 말했다.

삼성에게 소통은 사업 외적인 측면에서도 중요해졌다. 국내 재계 1위 그룹인 만큼 그 어느 때보다 '경제 민주화'와 '경제 성장'이라는 두 가지 역할을 동시에 요구받고 있기 때문이다. 이런 시대적 요청에 맞춰 삼성의 강연진도 보수와 진보를 넘나든다. 일례로 삼성은 삼고초려三顧草廬 끝에 진보성향 학자로 꼽히는 신영복 성공회대학교 석좌교수를 초청했다.

신 교수는 "기업이 가장 우선해야 할 것은 사람"이라며 "삼성그룹이 세상의 중심이라 생각할 수도 있지만 변방에 충실하는 것이 옳다. 창조는 변방에서 나온다"고 조언했다. 앞서 '재벌 저격수'라 불리는 김상조 한성대학교 교수의 강연은 더욱 화제가 됐다. 김 교수는 "삼성은 놀라운 경영성과 때문에 자부심이 자만심으로 변해서 스스로를 한국 사회 밖의 예외적 존재로 인식했던 것이 아닌가 싶다. 삼성의 리더십이 바뀌어야 한다"고 주문했고 삼성 안팎에선 "삼성이 변했다", "파격이다"란 반응이 나오기도 했다. 강연 도중 사장들은 궁금한 점을 질문하기도 하고 의견이 다를 때에는 강연자와 가벼운 토론을 벌이기도 했다.

수요사장단회의에 대한 삼성 자체 평가는 이렇다. "수요사장단회의는 사장들이 만나 업무를 조율하고 삼성이라는 유대감을 지키는 내부 회의체인 동시에 외부의 의견을 듣고 공부하는 중요한 소통창구다." 수요사장단회의에서 나온 말들을 좀 더 소개하면 이렇다.

① **차동엽 신부** "가장 낮은 곳에 있는 사람을 사랑하는 것이 교황의 덕목입니다. 지도자들이라면 전체를 아우르면서도 자기 말의 파장을 이해하고 말해야 합니다."

② **이문열 소설가** "삼성은 이 사회와 운명을 같이 해야 할 사회구조 중 하나입니다. 지식인들과 대화해 시장경제와 자유주의를 이끌어야 합니다."

③ **여준상 동국대학교 교수** "불황과 저성장이 이어지고 있는 환경에서는 새로운 발상의 전환이 필요합니다. 특히 일반적으로 반대되는 현상이 공존할 수 있다는 '모순 공존' 발상이 중요합니다. 대표적인 예가 친환경 주방세제 '메소드'입니다. 일반적으로 친환경 제품은 감성적 즐거움이나 강력한 기능을 발휘하기 어렵다고 생각합니다. 하지만 메소드는 친환경 제품이면서도 강력한 세척력과 아름다운 디자인으로 감성적 즐거움도 소비자에게 선사하고 있어요. 누구나 예상할 수 있는 범주를 벗어나는 마케팅 방법이 불황기를 극복할 수 있는 하나가 될 수 있습니다. 광고의 경우에도 평소에 접하기 어려운 외국인 모델을 사용하거나 외국을 배경으로 사용하는 것도 발상의 전환이 되는 하나의 사례입니다. '상식'에 대해서도 새롭게 생각해 봐야 합니다.

상식이 바로 역발상을 방해하는 요소가 될 수 있지요. 경우를 벗어나지 않는 몰상식이라는 것은 창의력과 연결될 수도 있습니다."

④ 허태균 고려대학교 교수 "모두가 삼성이 잘나간다고 할 때가 사실 진짜 위기였습니다. 중국 김치, 항공사 사고, 교사의 선입견, 이 세 가지 사례를 들어보겠습니다. 첫 번째는 중국 김치입니다. 흔히 사람들은 이상 물질이 발견된 중국 김치는 피해야 한다고 착각합니다. 사실 이상 물질이 발견된 후 관리 감독이 더욱 강화되기 때문에 오히려 가장 안전하다고 볼 수 있습니다. 두 번째는 항공사 사고입니다. 소비자들은 사고가 발생한 항공사를 기피합니다. 그러나 알고 보면 사고가 발생한 해당 항공사의 경우 안전 및 보안에 신경 쓰기 때문에 가장 안전한 셈이죠. 세 번째는 교사의 선입견입니다. 학생들을 가르치는 선생님의 잠재된 착각이 엄청난 결과를 가져오는 경우가 있습니다. 같은 학교 같은 반에 6명의 아이를 무작위로 고른 다음 선생님에게 3명은 '착한 아이', 3명은 '나쁜 아이'라고 지정해 봅시다. 놀랍게도 6개월 뒤 아무런 기준 없이 '착한 그룹', '나쁜 그룹'에 나눠졌던 아이들은 실제 본인이 속한 대로 성향이 변해 있습니다. 선생님은 아이들을 공평하게 대한다고 착각했지만 결국 무의식 중에 착한 그룹, 나쁜 그룹에 속한 아이에게 각각 다르게 행동했던 것입니다."

⑤ 서광원 생존경영연구소 소장 "아프리카 동부에 위치한 세계 최대의 초원 세렝게티에서 살아남은 사자의 생존율 사례를 알아보겠습니다. 흔히 사자는 백수의 왕이기 때문에 편안한 삶을 살 것이라고 생각하지만 세렝게티 초원에서 사자가 사냥에 성공하는 확률은 평균 20%에 그칩니다. 사냥 성공률이 낮기 때문에 사자의 생존율도 10~20%에 불과하지요. 반면 악어는 완벽한 생존 조건을 갖추고 있습니다. 우선 가공할 만한 힘을 지녔으며, 잠수 실력도 좋아서 한번 물속으로 들어가면 20~30분 정도 꼼짝하지 않고 기다릴 수 있습니다. 또 악어

들은 자신의 영역을 순찰하면서 시간이 날 때마다 막힌 물길을 뚫어 생존에 필요한 산소나 먹잇감을 확보합니다. 힘만 셀 것 같은 이 거대한 동물은 강력한 신체와 섬세한 지혜까지 갖춘 덕에 오늘날까지 당당하게 살아남을 수 있는 것입니다."

그런 삼성이지만 국내외에서 거세게 휘몰아치는 풍랑에는 당할 재간이 없다. 삼성 가운데 글로벌 초일류 기업 삼성전자를 보자. 삼성전자는 1989년생이다. 당시는 어땠는가. 그 누구도 그다지 눈여겨보지 않았다. 회사를 만든 이병철 회장이나 이건희 회장만이 혜안을 지니고 지켜봤을 것이다.

임직원들은 또 어땠나. 종합상사를 선호했지, 삼성전자로 가는 것은 '방출'로 생각했다. 신입사원을 선발할라치면 1지망은 삼성물산이었다. 삼성전자는 보통 3지망 대상에도 들지 못했다. 그런 삼성전자였다. 그러나 어땠나. 1989년생 삼성전자는 무럭무럭 자랐다. 삼성그룹 내 1등은 물론 전 세계 1등이 됐다. 이제 삼성전자는 국내 기업이 아니다. 글로벌 기업이다. 200조 원의 매출을 내고 20조 원의 순익을 거두는 엄청난 초일류 기업이 된 지 오래다.

그런 삼성전자마저 휘청거리는 요즘이다. 그리고 그것은 2014년 인사 때 전격적으로 나타났다. 그 잘나가던 무선사업부 임원 총 205명 가운데 무려 50명이 퇴진했다. 스마트폰 '갤럭시 시리즈' 사업을 이끌어 왔던 무선사업부 임원 가운데 약 25%가 경영에서 일시에 물러난 것이다. 인사에서 2선 퇴진하거나 타 계열사로 이동하는 임원 중에는 부사장급 5명, 전무급 10여 명도 포함돼 있다.

이들은 자문역·안식년으로 전환하거나 타 계열사로 전출됐다. 삼성그룹 전체로 봐도 1997년 외환위기 이후 최대 규모의 인력 구조 조정이다. 무선사업부가 어떤 조직인가. 명장 신종균 사장이 이끄는 IM 부문 내 핵심 조직이다. 2014년 9월 말 기준으로 무선사업부 임원 수는 삼성전자 전체 임원(1,221명) 가운데 약 16.7% 정도다. 삼성전자 고위 관계자는 말한다.

"무선사업부는 지난 10여 년간 PC, 모니터, MP3, 카메라 같은 사업을 모조리 흡수하면서 조직이 급격히 커졌습니다. 물론 실적이 올라갔을 때는 아무런 문제가 없었지요. 그러나 모바일 사업이 절체절명의 위기에 있는 현 상황에선 예전과 다른 방식의 경영을 할 수밖에 없습니다." 삼성전자는 2008년 미국발 서브프라임 모기지 사태로 발생한 글로벌 금융위기 때에도 단 한 명의 임원도 인위적으로 내보내지 않았다. 실제로 삼성전자 무선사업부는 2012년 출시한 '갤럭시S3'가 성공한 이후 개발·디자인·마케팅 인력을 대거 충원하며 몸집을 키워 왔다. 2011년 말 144명으로 집계됐던 무선사업부 임원 숫자는 3년새 60명가량 증가했다.

무선사업부가 주축인 IM 부문도 2014년 9월 소프트웨어(SW) 인력 500여 명을 소비자가전(CE) 등 타 사업부로 전환배치했지만, 이 기간에 IM 부문 총 인원은 2만 7,820명에서 2만 8,034명으로 오히려 214명 늘어났다. 또 삼성그룹은 2013년 삼성전자에서만 161명이 임원으로 승진했다. 단일 계열사 역대 최대 규모였다. 특히 무선사업부의 실적 기여자에 대한 발탁 인사가 눈에 띄었다.

그러나 이제는 아니었다. 변하지 않으면 안 된다는 절박함이 초일류 기업 삼성전자에게도 찾아왔다. 삼성 미래전략실 관계자는 "무선사업 부문 연구개발(R&D) 조직이 비대해지면서 출시 모델 수가 급증하는 등 비효율이 쌓여 왔다는 반성의 목소리가 적지 않았다"고 말했다. 이건희 회장은 툭하면 위기설을 설파하는데, 그때마다 이 회장은 "다 바꿔라", "정신 차리지 않으면 망한다"며 자신과 임직원들을 채찍질한다. 우리나라 제1, 아니 세계 일류 기업 삼성도 천년만년 장수기업으로 생존하기 위해 끊임없이 진화하고 있는 것이다.

숫자와의 싸움

우리나라 경제주간지 ≪이코노미스트≫는 2014년 12월 15일자에서 장수기업으로 가는 길을 'COACH'라 명명했다. '도전정신Challenge spirit', '건전한 오너십Ownership', '원활한 세대교체Alternation of Generations', '지역사회와의 상생Coexistence', '기술전승Hand down technique'의 영문 표기 앞 글자에서 따왔다.

그러나 COACH 못지않게 중요한 게 숫자다. 기업은 철저하게 숫자 싸움이다. 물론 숫자에만 빠져 경영의 큰 틀을 보지 못하는 것은 금물이지만 결과는 숫자가 말해주지 않는가. 숫자에서 지면 장수는커녕 생존마저 위협받는다. 그래서 '숫자경영'이란 게 있다. 한번은 심규태 한국CFO스쿨 대표가 필자에게 이런 이메일을 보냈다.

> 다음 괄호 안의 답을 맞혀 보세요.
> (　　　)를 알면 회사가 보인다.
> (　　　)에 강하다와 계산에 강하다는 다르다.
> (　　　)에 강한 사람은 문제의 본질을 찌른다.

알 만한 사람은 대부분 정답을 맞히는 문제였지만 필자는 조금 헤맸던 기억이 난다. 답은 '숫자'다. 심규태 대표는 "괄호 안의 답을 '숫자'라고 생각했다면 당신은 성공 가능성이 높다"는 말을 덧붙여서 보냈다.

우리는 숫자와 함께 태어나고 생을 마감한다. 태어날 때 받는 사주는 모두 숫자다. 키와 몸무게, IQ도 숫자다. 정치부 기자 초년병 시절, 필자는 299명 국회의원 차량번호를 몽땅 외우라는 훈련을 받은 적이 있다. 지금이야 차종이 다양하지만 당시엔 거의 검은색 고급 세단이었으니 번호판으로 식별할 수밖에 없었기 때문이다.

그런데 스마트폰 시대에 사는 요즘엔 집 전화번호도 잘 모른다. 열에 아홉은 번호를 기억해 내느라 10초 이상 머뭇거릴 것이다. 하지만 장평순 교원그룹 회장은 일찌감치 숫자 1의 중요성을 깨달았다. 그가 신입 영업사원 시절 99번 찾아가도 거절하던 곳이 있었는데, 100번째 가니까 사줬단다. 99번 찾아가서 포기했다면 그 99번은 모두 버리는 셈이다. 여기서 99와 100의 차이는 단순히 1이 아니다. 불가능과 가능의 차이다. 삼성이 차세대 소재 개발을 위해 수학자들을 꾸준히 채용하고, IBM이 수시로 수십 명이든 수백 명이든 수학박사들을 영입하는 것도 그래서다.

퀴즈쇼를 보자. 5단계 질문에 다다르자 난관에 봉착한다. 친구에게 묻는 방법과 방청객에게 묻는 방법이 있다. 누구를 선택할 것인가. 답은 방청객이다. 그게 퀴즈를 맞힐 확률이 높다고 돼 있다. 바로 '집단지성'인데, 이 역시 숫자에 근거한다.

대통령 선거도 박 터지는 수 싸움이 큰 볼거리다. 1987년 노태우 대통령 후보는 불과 36.6%의 득표율로 당선됐다. 김영삼·김대중·김종필, 이른바 '3김'이 동시에 출마하는 바람에 어부지리로 됐다.

15대, 16대 대통령 선거 때는 박빙이었다. 김대중·노무현 후보가 각각 40.3%, 48.9%로 됐다. 2위 이회창 후보와의 차이는 겨우 1.6% 포인트, 2.4%포인트. 숫자놀음이 희비를 갈랐다.

그러면 여기서 이런 의문이 나온다. 이 숫자들은 제대로 민심을 반영한 것일까. 2007년 노벨경제학상 수상자 레오니트 후르비츠 Leonid Hurwicz는 이런 투표제도를 연구했다. 40%를 얻은 A가 30%씩 얻은 B·C를 누르고 당선됐다면 결코 민의가 제대로 반영됐다고 볼수 없다고 한다. 60%가 반대해서다. 그래서 후르비츠는 효율적 배분이 이뤄지도록 판을 짜야 한다고 갈파했다. 이게 바로 '메커니즘 디자인Mechanism Design' 이론이다.

예컨대 이런 얘기다. 엄마가 케이크를 두 아들에게 나눠 준다고 하자. 두 아이는 서로 큰 것을 가지려 한다. 서로의 불만을 없애는 방법은 한 아이가 자르게 하고 다른 아이가 선택하게 하는 것이다. 그러면 자르는 아이는 최대한 공평하게 자르려 할 테고, 선택하는 아이는 마음에 드는 케이크를 고를 것이다.

2007년 이명박 대통령 후보는 정동영 후보를 거의 더블 스코어로 이겼다. 하지만 그 역시 50%를 넘지 못했다. 당시 과반 지지가 없는 가운데 큰 차이로 이긴 자만심을 비판한 여론은 그래서 나왔다고 할 수 있다. 결국 팽팽한 두 후보가 51%와 49%로 나눠 갖는 구도가 가장 바람직한 그림일 것이다.

역대 대선에서 이와 비슷한 적이 있었다. 1967년 박정희 후보는 51.4%를 얻어 윤보선 후보(40.9%)를 물리쳤다. 1971년엔 53.2%로, 45.3%를 얻은 김대중 후보에게 승리했다. 이후 그는 통일주체국민회의 간선제 같은 반反민주의 길을 걷긴 했지만, 민주화가 어느 정도 자리 잡은 지금은 그리 되지 않도록 메커니즘 디자인이 돼 있다.

이제는 완전한 양당제도가 정착돼 두 후보 간 접전이 될 수 있는 메커니즘 디자인이 필요한 때다. 과반을 훌쩍 넘기기도 어렵겠지만 그 경우 자만하게 되고, 그렇다고 과반에 턱없이 못미치는 득표율로 당선되면 국정운영에 탄력을 받지 못할 것이다. 대통령 팔자도 숫자놀음에 판가름 나는 세상이다.

이나모리 가즈오稻盛和夫 교세라京セラ株式会社 명예회장은 일찍이 "회사 내 숫자들은 회사의 비전을 위한 지표"라고 말한 바 있다. 숫자 경영의 중요성을 강조한 말이다. 그가 누구인가. 가난한 시골에서 태어나 27세에 세운 작은 회사 교세라를 세계 최고의 세라믹 회사로 만든 '경영의 신' 아닌가.

그는 마쓰시타 고노스케松下幸之助 전 마쓰시타 전기松下電器(현 파나소닉) 회장, 혼다 소이치로 전 혼다 회장과 함께 '일본에서 가장 존경받는 3대 기업인'으로 꼽힌다. 그만의 경영방식으로는 '아메바 경영'이란 게 있다. 회사를 평균 구성원이 6~7명인 소집단(아메바)으로 세분화해 독립적으로 관리하게 함으로써 사원 한 사람 한 사람이 CEO 마인드를 갖게 하는 경영방식이다. 그런 방식으로 2010년 부도난 일본항공JAL, Japan Airlines도 단 1년 만에 화려하게 부활시켰다. 대통령도 총리도 숫자로 결판나고, 실적도 숫자로 판가름 나는 세상. 숫자는 최소한의 생존경영 요소였던 것이다.

제3장

비관하는 습관

반역과 역심

상식이란 틀 너머의 무엇

tvN의 인기 드라마 〈미생〉의 원작은 웹툰이다. 웹툰 〈미생〉은 2012
년 1월부터 2013년 7월까지 인터넷포털 다음Daum을 통해 연재되며 화
제를 모았고, 당시 웹툰 독자인 20~30대 사이에서 이목을 끌며 조회
수 10억 뷰를 기록하기도 했다. 만화책으로 출간된 〈미생〉도 100만
부의 판매 기록을 세웠다.

드라마를 보지 않은 사람들도 인터넷과 소셜네트워크서비스SNS, Social Network Service에서 공유되는 동영상이나 어록을 퍼 나르며 '미생 신드롬'을 확산시키기도 했다. 오너가 아닌 종업원들의 이야기를 있는 그대로 그렸다는 평가를 받으며 더욱 샐러리맨들의 마음을 사로잡았다. 월급쟁이들의 애환을 가감 없이 표현한 작품이었기에 마치 '나 자신의 이야기 아니야?'라는 착각마저 들게 했기 때문이다.

이 드라마에는 샐러리맨들의 고개를 끄덕이게 만드는 명대사들이 쏟아져 나온다. 대표적으로 주인공 장그래의 상사 오상식 과장의 대사가 그렇다. "까이는 게 인생이야, 장그래! 버티는 게 완생完生이야, 안 그래?" 주로 능력은 있으나 돌출행동으로 승진이 늦은 오 과장의 일갈이 월급쟁이들의 폐부에 와 닿는다.

"이왕 들어왔으니 어떻게든 버텨 봐라. 여기는 버티는 것이 이기는 곳이야. 버틴다는 건 완생으로 나아간다는 것이다. 우린 아직 다 미생이야. (중략) 성취동기가 분명한 사람은 토네이도와 같아서 주변 사람들을 힘들게 하거나 피해를 주지. 하지만 그 중심은 고요하잖아. 중심을 차지해."

그러자 장그래가 답한다. "자존심과 오기만으로 넘어설 수 없는 차이라는 건 분명 존재하지요. 부끄럽지만 내일은 살아남아야 하니까요."

키 작고 왜소한 몸집의 인턴사원 장그래는 배운 것도 없는 검정고시 출신에 비정규직이다. 그래서 현재는 막막하고 미래는 불안하다. "너는 뭘 팔 수 있느냐"는 선배들의 질문에 그가 할 수 있는 답은 "노력"뿐이다. 우리 평범한 사람들의 삶이 그렇다. 죽을힘을 다해 노력해도 세상은 그런 노력 따위는 알아주지 않는다.

드라마 〈미생〉는 막장 드라마를 지양했다. 신데렐라 요소도 배제했다. 만약 그랬다면 어느 날 갑자기 장그래는 대한민국 재벌의 숨겨진 아들로 둔갑했을 것이다. 장그래가 재벌 2세라면 여주인공 안영이는 가난한 가정의 똑똑한 딸이었을 테고, 때문에 장그래와 연애를 했을 것이다. 그렇게 되면 두 사람은 동료 장백기의 질투를 한껏 받았을 것이다. 하지만 이런 반전은 없었다. 오히려 평범하게 전개된 이 드라마는 우리의 현실을 그대로 보여줬다. 결과적으로 〈미생〉과 장그래는 우리에게 사랑과 출세의 반전이 아니라, 생각의 반전이라는 것을 보여줬다.

장그래가 비정규직 신분으로 한창 고민하고 있던 시절, 영업3팀은 한 프로젝트를 두고 고민에 빠진다. 요르단에서의 중고차 사업이다. 영업3팀 소속 과장이 이 프로젝트로 큰 부정을 일삼아 회사를 떠나게 된 직후였다. 부정과 연계된 프로젝트라 다시 하기 어려운 사업에 영업3팀이 과감히 재도전에 나선 것까지는 좋았는데, 그만 프레젠테이션 방식을 놓고 영업3팀 전체가 고민에 빠진다.

임원들을 상대로 평범하게 프레젠테이션을 하자니 과거 실패했던 프로젝트라 신랄한 비난이 쏟아질 것은 명약관화明若觀火했다. 그럼에도 회사 프레젠테이션 매뉴얼을 어길 수는 없었다. 발표자인 오상식 차장(드라마가 이어지며 차장으로 승진했다)의 머리가 계속 아파오던 차, 무표정한 얼굴로 사무실을 이리저리 오가던 장그래는 갑자기 사무실 복도에 붙어 있는 커다란 세계지도 앞에서 느닷없이 물 구나무를 서 본다.

"오 차장님, 이 세계지도를 거꾸로 한번 보세요. 밑에 깔려 있는 호주와 뉴질랜드가 맨 위로 가잖아요. 그러면 왜 안 되죠? 왜 누군 가 만든 기존 세계지도에 우리가 고정돼야 하나요?" 장그래의 말에 한 대 크게 얻어맞은 듯한 오상식 차장은 좋은 아이디어가 생각났 다는 표정을 지으며 황급히 자기 자리로 돌아간다.

며칠 후 오 차장은 프레젠테이션 첫머리에 그동안 사내에서 일 어난 각종 비리 사건부터 나열하며 참석자들을 아연실색시킨다. 술 렁이는 임원들의 반응에도 오 차장은 아랑곳하지 않고 차근차근 요르단 중고차 사업 역시 비리 사건에 연루되었던 아이템이고, 그 비 리 요소를 털어낸 지금이야말로 다시 그 사업에 재도전할 수 있는 기회라는 설명을 하기 시작한다. 잠시 침묵이 흐른 뒤 이내 임원들 은 흡족한 표정으로 박수를 보낸다.

정형화된 양식을 타파하고 상식을 뛰어 넘는 행동을 보인 장그래 와 오상식의 영업3팀. 이들을 이상한 친구들로 볼 것인가? 드라마니 까, 허구니까 그럴 수 있는 것이라고 웃어 넘겨야 할까? 아니다. 이들 의 생존방식이 그랬고, 그래서 이들은 멋지게 박수를 받은 것이다.

태어날 때부터 부자거나 물욕에 초연한 사람들을 제외하고 웬 만한 사람들은 부자를 꿈꾼다. 두 손에 보리 한 줌씩 쥐고서야 쌀 가마니를 들 수는 없는 노릇. 큰 걸 얻으려면 한 줌밖에 안 되는 것 쯤은 과감히 버릴 줄 알아야 하는데, 사람의 욕심이 어디 그런가.

김이 무럭무럭 오르는 쌀밥과 소찬素饌에 족할 줄 모른다. 굳이 고기반찬을 찾고, 여유가 있을라치면 삼합에 신선한 매생이국 잘하는 남도 맛집 기행에도 나선다. 하긴 이왕 세상에 나왔을 바엔 대박 한번 터뜨리고 싶은 게 인간의 욕망이다. 그런데 이에는 순서가 있는 법이다. 열심히 공부하고 부지런히 일하는 게 먼저다. 귀가 따갑도록 들은 '불편한' 말이지만, 엄연한 '진실'이다. 여기에 오래전 크게 유행했던 KBS 〈개그콘서트〉 코너 '사마귀 유치원'의 한 대목을 다시 들어보자. "부자 되는 거 어렵지 않아요, 1년 365일 내내 숨만 쉬고 일만 하면 돼요~."

정말 그러면 그냥 부자가 아니라 이건희 삼성그룹 회장, 정몽구 현대자동차그룹 회장도 부럽지 않겠다. 미국 스탠퍼드대학교를 보면 이 '불편한 진실'은 딱 들어맞는 얘기다. 삼성전자 권오현 부회장으로부터 들은 이야기 한 토막(그는 서울대학교에서 전기공학을 전공하고 스탠퍼드 대학원에서 박사학위를 받았다)을 소개해 보겠다.

"일종의 학교 모토랄까, 스탠퍼드대학교에는 세 가지 학풍이 있습니다. 첫째는 스터디study, 둘째는 워크work. 셋째는 겟 리치get rich다."

말 그대로 열심히 공부하고 일해서 부자가 되라는 뜻인데, 스탠퍼드대학교를 중심으로 실리콘밸리가 형성된 것을 보면 수긍이 간다. 실제로 IQ 테스트를 만든 루이스 터먼Lewis Terman의 아들 프레더릭 터먼Frederick Terman 스탠퍼드대학교 교수는 휴렛패커드HP, Hewlett-Packard Company와 야후Yahoo! Incorporated의 창업을 부추겼다. 평범한 스탠퍼드 학풍이 부의 상징 실리콘밸리 거부들을 배출했으니 놀랍지 않은가.

성공을 부르는 반역

하지만 평범함만으로 가능한 일이었을까. 필자와 친분이 두터운 벤처 캐피탈 회사 소프트뱅크코리아의 문규학 대표는 손정의 소프트뱅크 회장과 매우 가까운 사이로, 수시로 일본을 드나들며 손 회장을 만나고 온다. 그가 들려준 실리콘밸리의 '8인의 배신자들traitorous eight'이란 이야기는 정말 재미있다.

'8인의 배신자들'이란 1957년 쇼클리 반도체Shockley Semiconductor를 뛰쳐나와 페어차일드 반도체Fairchild Semiconductor를 설립한 8명을 말한다. 쇼클리 반도체는 그 유명한 윌리엄 쇼클리William Shockley가 세운 회사다. 그는 벨 연구소Bell Laboratories에서 디지털 시대의 시작으로 평가받는 트랜지스터를 만든 사람이다. 트랜지스터는 0과 1의 전기적 신호를 받아내기 때문에 라디오나 마이크뿐 아니라 중앙처리장치CPU, Central Processing Unit에서도 중요한 역할을 하는 핵심 장치다.

당시에 트랜지스터의 발명은 디지털 시대의 시작으로 평가받을 정도였다. 트랜지스터의 발명으로 윌리엄 쇼클리는 존 바든John

Bardeen, 월터 브래튼Walter Brattain과 함께 노벨물리학상까지 수상했다. 그러나 쇼클리는 노벨상을 받은 뒤 더 상업적인 성공을 거둘 수 있는 일을 해보고 싶다는 이유로 다니던 회사를 그만두었다. 이 소식을 들은 스탠퍼드대학교의 터먼 교수가 쇼클리를 스탠퍼드대학교로 스카우트했고, 쇼클리는 사람들을 모아 트랜지스터 대량생산 방법을 연구하기 시작했다. 하지만 얼마 안 가 다혈질의 쇼클리를 견디다 못한 8명의 직원들이 사표를 쓰는 문제가 발생했다.

성격이 고약하기로 소문난 쇼클리는 직원들에게 걸핏하면 화풀이를 하기 일쑤였으며 직원들은 쇼클리의 행동에 인간인 모욕감을 느껴 화가 났던 것이다. 직원들은 '역심'을 품게 된다. 쇼클리가 채용한 8명의 부하 직원들이 동시에 회사를 떠났고, 이에 크게 격분한 쇼클리는 이들을 '8인의 배신자들'라고 비난하며 평생 미워했다고 한다.

사실 이 여덟 명 가운데 고든 무어Gordon Moore는 전형적인 연구원 타입이었다. 워낙 말수가 적고 조용한 성품이었으며 신사적이라 쇼클리가 보기에 무어는 절대로 이탈하지 않을 것으로 봤다. 그렇지만 그 역시도 쇼클리 반도체에 남아 있기 어려웠다. 대신 그는 쇼클리에게 "나를 비롯한 8명의 연구원들이 곧 사직할 겁니다"라는 사실을 전해줬다. 그 말을 들은 쇼클리는 엄청난 충격에 휩싸였고, 그토록 신임했던 무어도 평생 아는 체하지 않았다고 한다. 어쩌다 학술회의에서 서로 마주쳐도 결코 눈길을 주는 법이 없었다.

괴짜 쇼클리의 품을 떠난 8인의 배신자들은 페어차일드 그룹에서 150만 달러의 투자금을 받아 페어차일드 반도체를 만들고, 실리콘 소재를 사용한 트랜지스터 개발에 성공한다. 이는 곧 트랜지스터의 대량생산을 의미하는 것이었다. 페어차일드 반도체는 이 개발에 힘입어 승승장구한다. 하지만 또 다른 배신이 기다리고 있었으니…. 8인의 배신자들이 다시 한 번 반기를 든 것이다. 이들에게 투자를 한 페어차일드 그룹이 8인 멤버들을 제대로 대우해 주지 않고 있는 마당에, 오히려 본사 직원들을 페어차일드 반도체에 순차적으로 '낙하산'에 태워 내려 보냈기 때문이다.

불만을 품은 사람들이 하나둘씩 회사를 떠나기 시작했고, 리더 격인 로버트 노이스Robert Noyce와 고든 무어 역시 본사에서 내려온 사장과의 불화로 마찰을 빚었다. 결국 노이스도 사표 쓸 결심을 하고 무어에게 함께 회사를 차리자는 제안을 한다. 무어가 누군가? 그 유명한 '무어의 법칙Moore's Law'을 만든 IT 천재가 아닌가. '무어의 법칙'이란 마이크로칩의 용량이 매년 두 배가 될 것으로 예측하며 만든 법칙이다. 1975년에는 24개월로 수정됐고, 그 이후 18개월로 바뀌었다.

"인터넷은 적은 노력으로도 커다란 결과를 얻을 수 있다"는 '메트칼프의 법칙Metcalfe's Law', "조직은 계속적으로 거래비용이 적게 드는 쪽으로 변화한다"는 '가치사슬을 지배하는 법칙'과 함께 '인터넷 경제 3원칙'으로 불리는 '무어의 법칙'은 컴퓨터의 처리속도와 메모리의 양이 두 배로 증가하고, 비용은 상대적으로 떨어지는 효과를 가져왔다. 이는 디지털 혁명으로 이어져 1990년대 말 미국의 컴퓨터 관련 기업들이 IT에 엄청난 비용을 투자하게 만든다.

당시 이미 유명인사가 되어 있었던 노이스와 무어가 별도의 기업을 만든다고 하자 미국 전역에서 돈 좀 있다고 하는 투자자들이 줄을 이었다. 이전에 페어차일드 그룹과 연결시켜 준 뉴욕 금융가의 거물 아서 록Arthur Rock에게 투자자를 모집해 달라고 부탁해 놓은 상황에서 둘의 명성을 익히 들은 투자자들이 돈을 싸들고 찾아온 것이다. 둘이 작성한 사업계획서라고 해봐야 냅킨에 대충 끼적거린 메모 수준이었음에도 단 하루만에 250만 달러나 투자받을 수 있었다고 한다. 노이스와 무어는 회사명을 자신들의 이름을 딴 '노이스-무어 일렉트로닉스'로 명명했다. 그런데 이들을 꺼림칙하게 만든 게 있었으니, 둘의 이름을 따서 이름을 짓다 보니 '노이즈가 많다(Noise More)'는 소리로 들리는 게 아닌가.

결국 통합을 의미하는 'Intergrate'와 전자를 뜻하는 'Electronics', 두 단어를 조합해 이름을 다시 지었다. 그 유명한 인텔Intel Corporation이 탄생하는 순간이었다. 그리고 얼마 후 또 한 명의 천재가 인텔의 첫 직원으로 영입된다. 바로 앤디 그로브Andy Grove다. 그 역시 페어차일드 반도체에서 이름값을 드높이던 직원이었다.

이 삼총사는 향후 인텔의 신화를 만들어 나가게 된다. 전혀 새로운 발명품 '메모리'가 바로 이들의 작품이었다. 당시 이 셋의 역할은 저마다 달랐다. 노이스가 새로 만들어야 할 제품의 비전을 제시하고, 무어가 실제 시제품을 탄생시켰으며, 그로브는 제품의 대량생산을 성사시켰다. 마치 일본 전국시대에 오다 노부나가가 통일의 비전으로 초석을 다지고, 도요토미 히데요시가 실제 통일을 일궜으며, 도쿠가와

이에야스가 통일 후 평화시대를 만들어 냈던 것과 흡사했다.

앞서 노이스보다 먼저 쇼클리 반도체를 박차고 나온 다른 8인 가운데는 유진 클라이너Eugene Kleiner란 사나이가 있었다. 8인 중 가장 연장자였던 그는 새로운 회사의 설립자금의 조달 방법을 알아보기 위해 금융계에 몸담고 있던 아버지의 소개로 한 투자은행에 편지를 보냈다. 그리고는 벤처 투자가로 변신한 뒤, 훗날 실리콘밸리 벤처 캐피탈업계의 전설이 된다. 그가 세운 클라이너 퍼킨스KPCB, Kleiner Perkins Caufield Byers는 스티브 잡스와 스티브 워즈니악Steve Wozniak이 애플을 창업할 때 기여했을 정도였다. 클라이너는 가히 실리콘밸리의 큰 손이랄 수 있는 힘을 갖고 있었다. 노이스와 무어가 자금을 모집하러 다녔을 때 도움을 줬던 아서 록도 나중에 클라이너 퍼킨스에 합류, 본격적인 벤처 캐피탈 시대를 여는 중요한 인물이 된다.

또 한 명의 배신자 진 호어니Jean Hoerni는 영국 케임브리지대학교University of Cambridge 물리학 박사 출신이었다. 그는 캘리포니아공과대학교Caltech, California Institute of Technology 연구원으로 근무하다 쇼클리 반도체와 페어차일드 반도체를 거쳐 인터실Intersil Corp.이라는 세계적인 아날로그 반도체 회사를 차렸다.

매사추세츠공과대학교MIT, Massachusetts Institute of Technology 물리학 박사 출신 제이 라스트Jay Last는 가장 어린 배신자였다. 페어차일드 반도체에서도 가장 먼저 퇴사한 그는 진 호어니, 셸던 로버츠Sheldon Roberts와 함께 특수전자장비업체 아멜코Amelco를 만들었다. 로버츠는 렌슬리어 공과대학교RPI, Rensselaer Polytechnic Institute와 MIT에서 금속공학을 전공한 전문가였다.

　뉴욕시립대학교CUNY, City University of New York에서 기계공학을 공부한 줄리어스 블랭크Julius Blank는 페어차일드 반도체를 나와 IT회사 자이코Xicor Inc.를 창업했고, 마지막 배신자 빅터 그리니치Victor Grinich는 스탠퍼드대학교에서 전기공학으로 박사학위를 받고 페어차일드 반도체에서 나온 뒤로는 버클리대학교University of California, Berkeley와 스탠퍼드대학교에서 교수생활을 시작했다.

　쇼클리의 괴팍한 성격을 참다못해 역심을 품고 뛰쳐나온 8인의 배신자들은 페어차일드 반도체를 시작으로 인텔을 비롯한 60여 개의 벤처기업을 탄생시켰고, 오늘날 IT 생태계를 있게 했다. 비록 그들의 '욱'하는 마음이 기반이 됐지만 과감한 도전을 감행한 결과 성공할 수 있었다. 현재 내로라하는 세계적인 기업들이 그랬다. 언젠가 소프트뱅크코리아의 문규학 대표가 필자에게 이런 문제를 냈다.

　"IBM·모토로라·라푸마·캐논·레고·20세기폭스·포르쉐·텍사스인스트루먼트⋯. 자, 여기서 무언가 공통점을 발견하셨나요?" 갑작스러운 질문에 한동안 멍했다. 이거 무슨 질문이 이런가. 문규학 대표가 열거한 기업들 모두가 대단한 회사들이긴 한데, IT·자동차·영화·장난감 회사들이 서로 엉켜 있질 않은가. 이거, 무슨 공통점이 있을 수 있단 말인가. 한참을 머뭇거리자 그를 지켜보다 건넨 문 대표의 답에 무릎을 쳤다.

　"이 기업들 모두가 그 유명한 미국의 대공황이 한창일 때 만들어진 회사들입니다." 남들이 움츠러들 때, 남들이 낙심하고 있을 때,

IT 기초를 세우고 아이 장난감을 만들고 영화산업에 뛰어들고 반도체 왕국을 꿈꾸고 자동차를 디자인한 것이다.

마침 2012년이 흑룡의 해였던 점이 생각난다. 당시엔 용의 해가 왔다고 세상이 떠들썩했다. 용은 풍요로움과 권력을 상징하는 신비로운 동물이다. 그리고 용에는 다섯 가지 종류가 있다고 한다. 그 가운데 으뜸이 황룡黃龍이다. 황룡은 고대 중국에서 신화나 전설에 등장하는 황색 빛깔의 용이다. 오행사상에서 황색은 중앙을 상징하기 때문에 황룡은 오룡五龍의 중심적 존재이며 중앙을 수호하는 신성한 용으로 여겨진다.

특히 동아시아에서 황룡은 상서로운 존재이자 경사스러운 짐승으로 간주한다. 때문에 황룡은 황제의 권위를 상징하는 용으로 각인돼 왔다. 그런데 이 황룡과 대적할 만한 용이 있으니 적룡赤龍과 흑룡黑龍이다. 적룡은 홍룡紅龍이라고도 불린다. 이름대로 전신의 비늘이 새빨개서 태양이나 화산으로부터 태어났다고 전해진다.

적룡은 입 안으로부터 작렬하는 불꽃을 토해낸다. 오행사상에서 빨강은 남쪽 방향을 뜻하기 때문에 적룡은 남방을 수호하는 신성한 용으로 해석되기도 한다. 한나라 유방이 '적룡의 아이'라는 전설도 있는데, 자고 있는 어머니의 몸 위에 적룡이 타는 태몽을 꾼 후에 유방이 태어났다고 한다.

흑룡은 비늘이 검은색이다. 특이하게도 앞발이 두 개밖에 없는 용으로 그려지는 경우가 많다. 원래 용은 신성한 존재지만 흑룡은 그 이미지로 인해 재앙을 가져오는 사악한 화신으로서 묘사된다고 한다. 게다가 흑룡은 빛을 싫어하기 때문에 평상시에는 빛이 들지 않는, 깊은 해저에서 고독하게 살다가 빛이 없는 초승달 밤이 되면 해저로부터 모습을 나타난다고 한다. 그래서 바다, 또는 어둠을 맡는다. 물론 흑룡도 다른 용처럼 신성한 존재로, 오행사상에서 북방을 수호하는 신성한 용으로 해석하기도 한다. 한편 흑룡은 황룡에게 반역을 꾀하는 역신逆臣으로 알려져 있다. 감히 왕에게 반역한다는 것은 그만큼 강한 기운을 지니고 있음을 의미하기 때문이다.

역심과 반역의 힘!

쇼클리 반도체와 페어차일드 반도체를 뛰쳐나와 IT의 거장이 된 8인의 배신자들이나 용 중의 왕 황룡에 대항할 만한 힘을 가진 역신 흑룡. 이들은 이 땅의 미생들에게 역심과 반역을 일깨우고 있다. 그건 다른 게 아니다. 과감한 도전정신이다. 뭐든지 출발하게 하는 힘은 바로 이 '반역'과 '역심'에서 나온다.

만약 로버트 노이스와 고든 무어가 쇼클리와 페어차일드에서 안주했다면, 반역해서 사표 쓰고 회사를 나오지 않았다면 오늘날의 인텔은 없었을 것이다. 유진 클라이너가 조그만 행복에 만족했더라면 클라이너 퍼킨스라는 세계적인 투자회사가 탄생하지 못했을 테고, 뒤에 다시 애플은 결국 투자받지 못한 채 IT 거물 스티브 잡스라는 존재도 나오지 않았을 것이다.

그에 비하면 우리는 어떤가. 과연 대한민국의 '미생'들은 반역할 준비를 하고 있는가. 조금이라도 창업에 도전할 자세는 갖추고 있는가. 대한민국 정부는 그런 토양을 만들기는 한 걸까. 하지만 아쉽게도 우리나라는 여전히 반역의 힘이 생성될 토양을 마련하지 않았다. 그저 꿈틀대는 정도랄까. IT 생태계도 마찬가지다. 그래서 문규학 대표는 말한다.

"생태계를 만들어 가는 것은 일정 기간의 시간과 역사가 필요합니다. 단지 조급한 마음만 가지고 채근한다고 해서 되는 것이 아니지요. 예를 들어 요즘 젊은 창업자들이 실리콘밸리에서 투자를 받기 위해 이름 난 벤처 캐피탈을 찾아가면 사업계획서에 있는 창업자들의 이름을 보고 한 노회한 투자자는 이렇게 물을 수도 있을 것입니다. '할아버지는 건강하시지?'라고. 바로 이렇게 질문할 수도 있는 그런 역사가 우리나라 벤처업계에 만들어져야 생태계가 작동되는 것입니다. 미국에서는 1950년대에 시작한 세대가 이젠 거의 3, 4세대로 이어지고 있습니다. 이들은 창업한 기업을 대물림해 주는 것이 아니라 '기업가 정신'을 대물림해 주고 있습니다. 이것이 IT 생태계의 뿌리가 되는 것입니다."

우리나라 역사에서 가장 으뜸가는 비관주의자는 정도전鄭道傳이다. 권문세가와 늘 대립했고 좌천左遷에 유배流配를 밥 먹듯이 당했으며 정치적 활동을 끝까지 제약받았다. 그런 그가 대망의 위업을 달성했으니 바로 역성혁명易姓革命과 새 왕조 건설이었다.

원래는 고려시대 말 과거에 급제한 뒤 공민왕의 총애를 받아 30대에 정4품 벼슬에 올랐던 그다. 그러나 북원北元과의 화친에 불만을 품었던 그에게 북원 사신 접대라는 임무가 맡겨지자 시중(오늘날의 국무총리) 자리에 있던 경복흥慶復興의 집에 찾아가 "북원 사신의 목을 베든지 명나라로 압송하겠다"고 오히려 으름장을 놓았다. 이를 못마땅하게 여긴 당시 실세 이인임李仁任은 그 이야기를 듣고 정도진을 전라도로 유배 보낸다. 유배지로 떠나기 전에도 그의 반항아 기질은 이어졌다. 그의 유배를 재고하던 이인임이 측근 염흥방廉興邦을 정도전 동료들의 환송연 자리에 보냈는데, "조금만 기다려 보시게. 좋은 소식 있을 것 같네"라는 염흥방의 전언을 거들떠보지도 않고 그대로 유배를 자처한 것이다.

이로 인해 그는 실력자들로부터 더욱 괘씸죄를 산다. 2년이 지나 유배가 해제됐으나 수도인 개경에는 들어오지도 못했다. 이는 정치활동 금지를 의미하는 것이었다. 북한산 자락에 자신의 호 삼봉三峯을 따서 이름을 지은 삼봉재三峯齋를 세우고 후학들을 가르치며 근근이 먹고 살았으나 이 또한 이인임 측근들에 의해 허물어지고 만다. 그리고 생계조차 위협받는 고난과 불행의 세월이 이어졌다. 비관에 비관을 거듭한 정도전은 결국 절치부심切齒腐心 끝에 비관을 승화시키는 작업에 착수한다. 바로 나라를 뒤집는 일, 역성혁명이었다.

1383년 가을 정도전은 이성계李成桂를 찾아간다. 그때 이성계는 여진족 호바투군을 치기 위해 자신의 고향 함주에 주둔하고 있었다.

야망 덩어리 이성계와 정도전. 한 사람은 힘(군대)이 있었고 한 사람은 머리(사상)가 있었다. 드디어 1392년, 이성계와 정도전에 의해 고려왕조는 종말을 고하고 새로운 조선왕조가 들어섰다.

정도전에 대한 이성계의 애정은 남달랐다. 하루는 정도전이 동북면 도선무순찰사(군무를 통할하는 임시 관직)로 있을 때였다. 이성계는 정도전에게 편지를 한 통 보냈다. "봉화백, 헤어진 지 오래여서 그리운 생각 간절하오. 겨울옷 한 벌 보내니 바람과 이슬에 대비하오. 송헌거사."

'송헌松軒'은 고려 말 석학 이색李穡 선생이 이성계에게 지어준 별호. 정도전을 '백'으로 높여주고 자신을 '거사'로 친근하게 칭했을 정도로 스스럼없는 신뢰관계가 형성됐다. 정도전은 별명이 해동장량海東張良('한반도의 장량'이라는 뜻으로 유방을 도와 한나라를 세운 책사 장량에 비유하는 말)이라 불릴 정도로 조선 건국의 자부심이 상당했지만 이성계는 이 같은 그의 오만함을 덮어줄 만큼 신뢰했다.

조선이 개국된 뒤 정도전의 활약은 눈부셨다. 개경에서 한양으로 천도하는 과정을 비롯해 현재의 경복궁 및 도성 자리를 정했다. 수도 건설 공사의 총책임자 역할도 맡았다. 개경에서 한양으로 천도한 뒤 가진 궁궐 완공 축하연에서 정도전은 『시경詩經』에 나오는 구절을 따서 경복궁景福宮을, 생각하고 또 생각하라며 사정전思政殿을, 부지런해야 한다며 근정전勤政殿이란 이름을 지었다.

그뿐만이 아니다. 그가 지은 『조선경국전朝鮮經國典』은 훗날 『경국대전經國大典』의 모태가 돼 조선 500년의 법률적 토대를 이뤘다. 통치

권력은 백성을 위해 쓰여야 한다는 민본사상을 담은 책 『경제문감經濟文鑑』도 대대로 조선 경제의 근간이 됐다. 힘이 있어야 외세에 흔들리지 않는다며 요동 정벌을 주장했다. 명나라 홍무제洪武帝를 은근히 압박하는 대단한 배짱이었다.

평생 비관과 반역 속에 살아온 조선 최고, 아니 우리나라 역사상 최고의 비관주의자이자 반항아 정도전. 그랬던 그도 끝내 정적 이방원李芳遠(태종)에 의해 죽임을 당한다. 하시만 정도전은 『조선왕조실록朝鮮王朝實錄』에 부정축재했다는 기록을 찾아볼 수 없을 만큼 자기관리에 철저했다. 이방원조차 정도전이 창안한 제도들을 계승했을 정도였다. 이방원은 나중에 왕이 돼서는 신하들에게 "정도전에게 배운 진법陣法을 계속 이어 가거라"고 명령했을 정도로 조선 건국 초기 정도전의 공은 매우 엄청났다(태종은 정도전이 만든 경복궁이 싫어서 창덕궁을 새로 지어 거기서 살긴 했다).

정도전만은 못하지만 세종대왕의 반역도 일품이다. 세종의 반역? 고개를 갸우뚱할 수 있겠다. 세종하면 모범생 이미지가 워낙 굳어서다. 그러나 왕이 되기 전 그의 행동을 따라가 보자. 큰 형인 양녕대군이 태종의 뒤를 이을 세자로 있을 무렵, 충녕대군(세종)은 의령부원군 남재를 비롯해 몇몇 대신들을 위한 술자리를 만들었다. 그 자리에서 남재가 말한다.

"일전에 주상(태종 이방원)이 (세자가 아닌) 왕자로 계실 때 '학문에 힘쓰시라'고 권한 적이 있었습니다. 그런데 주상께서는 '왕자는 할 일이 없는데 학문은 해서 뭘 하겠습니까'라고 반문하시는 겁니다. 그래서 제가 '임금의 아들이라면 누군들 임금이 되지 못하겠나 이까'라고 답했습니다. 충녕대군께서도 학문을 매우 좋아하시니 제 마음이 기쁘기 그지없습니다."

꿩장히 위험천만한 발언이었다. 엄연히 세자 양녕대군이 있는데 도 태종의 삼남인 충녕대군에게 왕의 자리를 노리라고 부추기는 꼴 아닌가. 당연히 충녕은 "이 무슨 해괴망측하며 불경한 소리냐"며 남 재를 다그쳤어야 했다. 그러나 그러지 않았다. 충녕대군은 아무런 대꾸도 하지 않았다.

대신 조용히 아버지 태종을 찾아가 남재의 발언 내용을 그대로 일러바쳤다. 이에 태종은 "실없는 영감이로고"라며 웃어넘겼다. 일을 크게 벌일 수도 있었지만 태종의 마음속엔 내심 충녕대군으로 하여 금 자신의 뒤를 잇게 하고 싶은 마음이 있었다. 충녕의 이 같은 도발 적 행동은 여러 번 목격된다.

형 양녕대군이 멋진 새 옷을 입고 자랑할라치면 "형님, 마음부 터 바로 잡은 뒤 몸을 꾸미시는 게 순서지요"라고 비아냥거린 적이 있었다. 태종이 세자, 왕자들과 함께 사냥하러 갔을 때였다. 태종이 "집에 있는 사람은 비가 오는 걸 볼 때 길 떠난 사람이 고생할 것을 생각하게 마련"이라고 하자 충녕대군이 "시경에 '황새가 언덕에서 우니 부인이 집에서 탄식한다'고 했사옵니다"라고 맞장구쳤다.

이에 태종이 "오오~ 세자(양녕대군)가 못 따라갈 학문이로구 나"라고 충녕대군을 칭찬하는 것 아닌가. 이에 세자 양녕대군은 바 짝 긴장했다. 하루는 세자가 어떤 잔치 후 자신의 매형이 거느렸던 기생 칠점선七點仙을 데리고 가자 충녕대군은 "한 집안에서 이래서야 되겠습니까"라고 형을 질책까지 했다. 대단한 도발이요, 미래의 왕에 대한 반역이었다.

세계에서 가장 영향력 있는 경영 구루Guru 가운데 한 명인 세스 고딘Seth Godin은 기업가, 변화전문가, 강사 등 다양한 활동으로 우리의 영감을 불러일으키는 지식인으로 평가받는다. 그는 대학에서 컴퓨터 과학과 철학을 전공했다. 스탠퍼드대학교 비즈니스스쿨Graduate School of Business에 진학해서는 마케팅과정 MBA를 취득했다.

이어 그가 창업한 회사 요요다인Yoyodyne은 인터넷 기업이었다. 그리고 최초로 온라인상에서의 프로모션과 다이렉트 마케팅방법을 창안했다. AT&T, 스프린트Sprint Corporation, 컬럼비아 레코드Columbia Records 등이 고딘으로부터 온라인 마케팅 기법을 배운 기업들이다. 고딘은 1998년 요요다인을 야후와 통합시켜 야후의 마케팅 담당 부사장으로 활약하기도 했다. 그가 저술한 『이카루스 이야기』(한국경제신문사, 2014)는 공전의 히트를 쳤는데, 여기서 그는 지금까지 순응을 강조해 왔던 이카루스 이야기를 뒤집어 일갈한다.

이카루스 신화는 이렇다. '다이달로스라는 명장名匠이 미노스 왕을 위해 크레타 섬에 미궁을 만든다. 하도 꾸불꾸불해 한 번 들어가면 거의 빠져 나올 수 없을 정도다. 어디서 시작돼 어디로 끝나는지도 모른다. 미노스 왕의 총애를 잃고 자신이 만든 미궁에 아들 이카루스와 갇히게 된 다이달로스는 자유를 향한 탈출을 꿈꾼다. 하지만 감시가 심해 육지와 바다로는 탈출할 수가 없었다. 하늘을 탈출구로 정한 다이달로스는 어린 아들을 위해 날개를 만들기 시작한다. 큰 털은 실로 잡아매고 작은 털은 밀초로 붙였다. 전체를 새의 날개처럼 가볍게 구부리자 마침내 날개가 완성되었다 결국 둘은 탈출에 성공한다. 그러나 기쁨에 겨워 하늘에 닿을 정도로 높이 올라간 이카루스의 날개는 태양이 밀초를 녹이는 바람에 떨어져 버리고 결국 이카루스는 아버지를 향해 부르짖지만 바다로 추락해 죽고 만다.

'이카루스ICARUS'라는 단어는 오늘날 '욕망으로 인한 사회적 추락'으로 해석된다. 무모한 도전과 자만심은 금물이란 점을 일깨우고 있다. 한편 신화 원문에는 이런 내용도 담겨 있다고 한다. 너무 높게 날면 태양열이 날개를 녹일 테고 너무 낮게 날면 파도에 젖어 물에 빠진다고. 여기서 고딘이 강조하고자 하는 것은 뒷부분이다. 너무 복종적이고 자신감이 없으면 안 된다는 것이다. 두려워하지 말고 높이 날아 보라고 주장한다. 안락함에서 벗어나라고 설파한다. 틀을 벗어나 높이 날아올라야만 자기 변화와 혁신을 이룰 수 있다고 말한다.

순응은 오히려 벽이 되며, 길들여지기는 자신을 스스로의 프레임에 가두는 행위다. 세상은 달라졌다. 수시로 확확 변한다. 복종과 순응으로는 생존하지 못한다. 반발하고 반역하고 높이 날 수 있을 때 높이 날아야 한다. 다른 시선, 다른 생각, 다른 행동만이 살아남는 길이다.

'서머스의 IQ 조크'라는 게 있다. 미국 재무장관과 하버드대학교 총장을 지낸 로렌스 서머스Lawrence Summers의 유머를 말한다. 어느 날 그는 환율 예측에 대한 질문을 받자 이런 유머로 대신했다.

"아인슈타인이 죽어서 천국에 갔다. 신은 그에게 일을 하나 맡겼다. 천국에 들어오는 사람들에게 할 일을 맡기는 업무였다. IQ가 200인 사람이 천국에 왔다. 아인슈타인은 그에게 '상대성이론을 연구하라'고 제시했다. IQ 150인 사람에게는 경제를 예측하는 일을 지시했다. IQ 60인 사람이 왔을 때 난감해진 아인슈타인은 '환율이나 예측하라'고 말했다."

유명한 조크지만 시사하는 바가 적지 않다. 오죽하면 "예측이 틀리면 노벨경제학상을 탄다"라는 우스갯소리까지 있을까. 신대륙을 발견한 콜럼버스Christopher Columbus가 최초의 경제학자라는 비아냥도 있다. 신대륙 발견을 위해 떠났을 때 어디로 가고 있는지도 몰랐고, 육지에 도착해서는 그곳이 어딘지는 더더욱 몰랐을 것이다.

그만큼 경제학이란 어려우며 정통이라고 딱히 내세울 게 없다. 그래서 때로 엉뚱하고 튀어야만 조명을 받는다. '경제학계의 이단아'로 불리는 게리 베커Gary Becker가 그런 경우다. 경제적 분석을 차별, 결혼, 가족, 교육, 심지어 마약 같은 분야로까지 확장해 정책 제안을 했으며 1992년에 노벨경제학상까지 수상했다. 미국 펜실베이니아에서 태어난 그는 운동을 잘해 한때 경제학 공부를 때려치우고 핸드볼 선수가 되려 했으나, 시카고대학교University of Chicago 대학원에서 밀턴 프리드먼Milton Friedman 교수와 만난 이후 경제학 공부에 몰두했다.

경제이론 시험이 있는 1960년대 어느 날, 늦잠을 잔 베커는 차를 몰고 가면서 생각했다. 차를 시험장에서 멀리 떨어진 주차장에 세우면 시험시간에 늦을 위험이 있고, 시험장 근처 길가에 세워 두면 주차위반 딱지를 떼일 위험이 있는데 어떻게 할까. 그는 캠퍼스 안까지 차를 몰고 들어가 길가에 세워 두는 강공법을 택했다. 시험이 끝난 뒤 운 좋게도 주차위반 딱지는 붙어 있지 않았다.

이 일을 계기로 그는 '범죄의 경제학'이라는 것이 있을 수 있지 않을까라는 생각을 하고, 범죄행위는 합리적이라는 데에 초점을 맞추어 이론적 접근을 시도했다. 왜 사람들은 범죄를 저지르지 않을까. 도덕이나 윤리 때문이다. 따라서 이익을 얻을 수 있고, 체포될 가능성이 전혀 없다 하더라도 범죄를 저지르지 않는다.

그런데 처벌에 비해 범죄를 저질렀을 때 얻는 이득이 크다면 누군가는 범죄자가 될 것이다. 바로 이것이 베커가 세운 가정이며, 그가 주장하는 '범죄의 합리성'이다. 그는 "옥살이를 시킨다거나 다른 방식의 처벌을 내리기보다는 벌금형이 바람직하다. 범법자가 내는 벌금은 국가의 수입으로 직결되기 때문"이라고 말하기도 했다. 평범한 사람들의 보통 생각과는 정반대로 간 것이다. 그렇게 해서 나온 그의 저서가 바로 『차별의 경제학The Economics of Discrimination』(1971)이다.

사람은 계획을 짜고 실행하는 방식에 있어서 둘로 나뉜다고 한다. 하나는 막연한 목표를 정해 두고 상황에 따라 신축적으로 추진하는 사람이다. 다른 하나는 구체적인 목표와 달성 시기를 잡은 뒤 그로부터 역산해서 시기별로 구체적인 목표를 이루는 과정을 단계별로 되짚어 실천하는 사람이다.

첫 번째 유형이 '순방향 계획하기forward planning'요, 두 번째 유형이 '역방향 계획하기backward planning'다. 역방향 계획하기의 명수로는 나이젤 트래비스Nigel Travis 던킨 브랜드Dunkin' Brands CEO가 꼽힌다. 그는 2013년 유명한 경제잡지 ≪포브스Forbes≫와의 인터뷰에서 "앞을 내다보면서 뒤로 계획을 짜는 법을 배웠다"고 말했다.

트래비스는 곧잘 "계획을 잘 수립하는 것이 중요하다고 믿는다"며 새로운 업무와 맞닥뜨리면서 철저하게 준비하는 자세를 갖춰야 한다고 역설한다. 그는 영국 미들섹스대학교Middlesex University에서 경제학을 전공하고, 대학을 졸업한 뒤에는 버거킹Burger King과 파파존스Papa John's Pizza 등에서 능력을 인정받았다. 1989년에 그가 다니던 그랜드 메트로폴리탄Grand Metroplitan이 버거킹을 인수하면서 39세였던 그는 인사관리 책임자가 됐고, 2년 뒤엔 버거킹의 유럽·중동·아프리카 본부 경영을 담당했다. 당시 그는 "대차대조표조차 읽지 못하는 까막눈이었다"고 술회하며 "그러나 일을 모른다고 두려워하면 안 된다는 걸 배웠다"고 말했다. CEO 자리는 2005년 피자전문점 파파존스에서 처음 맡아 파파존스 CEO 4년 임기 동안 파파존스의 온라인 매출을 세 배로 끌어올리며, 파파존스를 피자헛Pizza Hut과 도미노피자Domino's Pizza 같은 대형 피자 체인들과 어깨를 나란히 하는 기업으로 키웠다.

이후 던킨에 합류한 트래비스는 '역방향 계획하기' 방법으로 조직에 활기를 불어넣었다. 그가 CEO 자리에 취임한 2009년 1월 던킨 브랜드는 내리막길을 걷고 있었지만, 글로벌 금융위기에도 불구하고 회사를 회생시키는 데 성공하면서 2011년에는 던킨 브랜드를 나스닥에 상장시키기까지 했다.

2013년 ≪포브스≫와의 인터뷰에서 그는 역방향 추진계획으로 "현재 7,500개인 미국 던킨 매장을 2020년까지 1만 5,000개로 늘릴 계획"이라고 했다. "해외에서는 글로벌화와 동시에 현지화를 추진할 것"이라고도 했다. 자, 여러분은 어떤 유형인가. 순방향 유형인가, 역방향 유형인가.

신경은 굵어야 한다

대담함의 토대

CEO는 강해야 한다. 하지만 정작 중요한 건 결단력이다. 이것이 진정한 강함이다. 밖으로 나타난 성품이 강하거나 부드럽거나 우선은 내면의 강함이 요구된다. 우리나라 반도체의 산증인 권오현 삼성전자 부회장은 온화한 사람이다. 그러나 그의 단호한 결정이 삼성을 반도체에 강한 기업으로 일궜다. 그는 "차라리 초이스(선택)가 없는 게 낫다. 여러 가지를 벌이면 자신이 없다는 증거다. 여러 개 하면 왠지 마음이 푸근해지니까. 허름해도 1등 하는 거 하나는 있어야 한다"며 여러 종류의 반도체를 두어 개로 단순화했다.

LS그룹이 2007년 국제상사를 인수했을 때 구자열 LS전선 회장은 박재범 LS네트웍스 사장에게 소리쳤다. "이 친구야, 국제상사 인수를 왜 했나. 화끈하게 새로 하자는 거 아니냐." 회장의 말에 박 사장은 "아, 그렇구나"하고 깨달았다고 한다. 그리고는 수많은 종류의 운동화를 과감히 정리했다. 오로지 W(워킹화)와 R(러닝화)로만 갔다. 이게 대박을 쳤다. 박 사장은 "구 회장은 화통하면서 큰 그림위주로 본다. 부친 구평회 회장의 영향이 컸다고 들었다"고 전했다. 그런데 강함이나 결단력보다 더 요구되는 게 있다. 바로 신경이 굵어야 한다는 점이다.

김중수 전 한국은행 총재가 대학 때 스승 조순 선생으로부터 배운 교훈이다. 조순 선생은 김 전 총재를 비롯해 학생들에게 "신경이 굵어야 하느니라"고 설파했다고 한다. 신경이 두꺼우면 무뎌서 안 되고, 얇으면 약해서 안 된다고 하면서. 적절함을 택하면서도 강단과 배짱을 강조한 말인 듯한데, 무조건 강해야 살아남는다는 것보다는 훨씬 유연한 삶의 지혜인 듯싶다.

조순 선생이 강조한 신경이 굵은 사람을 역사에서 꼽자면 단연 도쿠가와 이에야스일 것 같다. 뱃속에 너구리 몇 마리쯤 들어 있을 법한 그는 하찮은 의견이라도 참고 듣는 사람으로 유명하다. 그 이유에 대해 그는 "어리석은 이야기를 하는 사람의 말도 자주 들어야 한다. 그러지 않으면 그 사람은 반드시 해야 할 말도 하지 않기 때문"이라고 했다.

도쿠가와의 귀가 커진 것은 우직하면서도 주군에게 거친 말까지 쏟아내는 가신들 덕이다. 도쿠가와의 경쟁자들은 이들을 '미카와의 보물'이라며 부러워했다. 일본 통일의 반석은 오다 노부나가가 닦고 통일은 도요토미 히데요시가 해냈지만 정작 수백 년 평화를 유지한 사람은 도쿠가와다.

남의 말을 잘 듣는 것, 그것은 예나 지금이나 삶의 지혜일 것이다. 한 저녁모임에서 방송인 임성훈 씨를 만난 적이 있다. 말 잘하기로 국내 으뜸인 그조차 이렇게 말한다. "훌륭한 MC는 잘 듣는 겁니다. 말을 잘 하려 하지 말고 잘 들으십시오. 경청하다 보면 상대방 마음의 문을 열 수 있습니다."

우리는 살아오면서 어르신들로부터 중용中庸의 미덕을 배웠다. 『중용中庸』은 공자孔子의 손자인 자사子思의 저작이라 알려지고 있다. 오늘날 전해지는 것은 오경五經 중 하나인 『예기禮記』의 『중용 편篇』이 송나라 때 단행본으로 나온 것이라고 한다.

이것은 『대학大學』, 『논어論語』, 『맹자孟子』와 함께 '사서四書'로 불린다. '중中'이란 어느 한쪽으로 치우치지 않는다는 것, '용庸'이란 평상平常을 뜻한다. 예나 지금이나 이 중용의 미덕으로 오래오래 보신保身한 유력 인사들이 많은데, 그중에서도 필자 생각엔 일본 전국시대 다테 마사무네伊達政宗 만한 사람이 없는 것 같다.

그의 별명은 독안룡獨眼龍이다. '애꾸눈'이란 뜻이다. 임진왜란 때 진주성 공략에 나서기도 했던 일본의 무장으로, 도쿠가와 이에 야스가 천하를 호령했을 때, 다테 마사무네는 절체절명의 순간을 맞았다.

그는 세키가하라関ケ原 전투에서 도쿠가와의 동군東軍에 합류, 신임을 받지만 워낙 야심이 큰 거물이라 표적이 되고 만 것이다. 성격이 강하고 군사력이 뛰어나 도쿠가와도 그를 함부로 대하지 못했으니 도쿠가와의 가신들은 그가 언젠가 반역할지 모른다고 경계했다. 자칫 행동을 잘못했다가는 목이 달아날 상황. 이때 그가 취한 행동요령이 다섯 가지다.

> 어짊仁이 지나치면 약하게 되고,
> 의로움義이 지나치면 고집스럽게 되고,
> 예의禮가 지나치면 아첨하게 되고,
> 지혜智가 지나치면 남을 속이게 되고,
> 믿음信이 지나치면 손해를 입게 된다.

이것이 그 유명한 다테 마사무네의 유훈遺訓이다. 당시 도쿠가와와 맞설 만한 사람이 있다면 바로 다테였는데, 그는 스스로 만든 이 다섯 가지 신조를 잘 지켜 무시무시한 도쿠가와 가신들의 눈 밖에 나지 않고 천수를 누렸다. 도쿠가와의 가신들이 자신을 옥죄어 오자 본인 스스로 터득하고 살아온 생존방식이었던 것이다. 너무 강하지 않되 그렇다고 약하지 않는 것, 바로 굵은 신경을 체득한 것이다.

그렇다면 굵은 신경의 소유자는 좋은 남자일까, 나쁜 남자일까. 드라마 〈미생〉에선 영업3팀의 김동식 대리가 보는 선마다 퇴짜 맞는 내용이 그려졌다. 국내 굴지의 대기업에 다니고, 허우대가 멀쩡하며, 사람 좋기가 그지없는 김 대리. 하지만 맞선에 나오는 여성들마다 그를 마다한다. 머리카락이 심하게 곱슬이어서 그럴까, 배가 나와서일까, 아니면 목소리가 남자답지 못하게 얇아서일까.

어떻게든 노총각 신세를 면해야겠다는 김 대리는 상대방 여성에게 적극 구애한다. 그러나 여성에게서 돌아오는 대답은 "노우". 솔직한 이유를 묻는 김 대리에게 여성은 솔직히 말한다. "김 대리님이 이기적으로 보이지 않아서 싫어요." 사람만 좋았지, 능력이 없었던 아버지를 만나 평생 고생했던 어머니를 보면서 자기는 결코 사람 좋은 남자와 결혼하지 않겠다는 게 이유였다.

최근 들어 우리나라 여성들은 결혼 상대자를 고를 때 겉모습만 보지 않는다. 오히려 남자의 능력을 보는 것 같다. 연애할 때 머뭇거리는 사람보다, 확실하게 자신을 리드하는 남자를 좋아한다. 심하게 이야기하면 "성품은 아무래도 좋다"다. 그래서 '나쁜 남자' 열풍이 부는 게 아닐까.

'나쁜 남자'하면 세계 2위의 소프트웨어 기업 오라클Oracle Corporation의 창업주 래리 엘리슨Larry Ellison이 떠오른다. 영화 〈아이언맨Iron Man〉의 주인공 토니 스타크의 모티브가 되기도 했던 사람이다. 그는 영화 속 토니 스타크처럼 엉뚱하기가 그지없고 매우 이기적이다. 때론 과격한 행동으로 다른 사람들의 반감을 불러일으키기도 한다. 그런 그가 친구이자 오라클 직원인 프로그래머에게 이렇게 말한다.

"사업에 성공하려면 너무 양심적이면 안 돼."

인간적으로 따지면 말도 안 되는 이야기다. 양심적이지 말라니? 돈을 벌기 위해서는 도덕성도 필요 없다는 얘기 아닌가. 엘리슨의 유년기는 그리 순탄하지 못했다. 그는 미국 뉴욕 브롱크스Bronx에서 스무 살도 채 안 된 미혼모의 아들로 태어났다. 태어난 지 9개월째에는 폐렴에도 시달렸다. 가난했던 미혼모는 도저히 아들을 키울 수가 없었다. 결국 시카고에 사는 삼촌에게 보내진 엘리슨은 48세가 되어서야 어머니를 만날 수 있었다. 하여간 그는 중산층인 삼촌 밑에서 비교적 무난한 유년기를 보냈다. 대학도 명문인 일리노이주립대학교 어바나–샴페인UIUC, University of Illinois at Urbana-Champaign에 입학했다. 그러나 대학 2학년 때 양 어머니의 죽음을 계기로 학교를 자퇴하고, 나중에 시카고대학교에서 컴퓨터공학을 공부하면서 오라클 탄생의 기초를 다졌다. 비록 그의 유년 시절과 청소년 시절은 곡절의 연속이었고, 이런 성장 과정이 그를 삐딱하게 만든 것인지도 모르지만, 그럼에도 그의 직관력과 추진력은 실로 대단해 오늘날의 오라클을 만들어 냈으리라. '오라클 웨이way'라는 고집도 이런 과정의 산물일 텐데, 그는 단호하게 말한다. "나에게 맞서려거든 박살날 각오를 하라." 그의 호전적인 성격을 가장 확실하게 나타내는 일갈이다. '나쁜 남자' 래리 엘리슨의 별명은 'IT업계의 사무라이'지만, 아마 신경이 굵직해서 그런 배짱이 나오는 것일 수도 있다.

굵은 신경은 한낱 미물에서도 볼 수 있나. 필사가 한창 빌느에서 기자생활을 하고 있을 때 '오리농법'에 관해 취재한 적이 있다. 경기도 용인시 원삼면 두창리라는 곳을 방문했는데, 논에서 놀고 있는 오리들을 보는 재미가 쏠쏠했다.

오리란 놈들, 참 신기했다. 갑자기 부리로 무언가를 순식간에 낚아챈다. 3㎜나 될까. 사람 눈에는 보이지도 않을 벼물바구미인 듯했다. 벼 사이를 요리조리 줄지어 다니는 모습도 여간 귀여운 게 아니었다. '평온하게 보이지만 논물 속에선 죽어라 물갈퀴를 젓고 있겠지.' 이런 생각을 떠올리니 웃음이 절로 났다.

필자는 논두렁을 이리저리 걷다가 흥미로운 사실을 발견했다. 나란히 놓인 두 논의 차이가 확연히 들어온 것이다. 한쪽 논에 고인 물은 맑았다. 다른 쪽은 오리들이 휘젓고 다니느라 흙탕물이었다. 그런데 벼의 생김새가 아주 달랐다. 물이 맑은 논의 벼는 곱게 자라긴 했지만 흙탕물 논의 벼보다 키가 훨씬 작았다. 게다가 흙탕물 논의 벼 줄기는 산발散髮한 듯한 모습이었다. 마치 화폭에 쭉쭉 친 난蘭처럼 보였다.

"분얼分蘖이 참 잘됐네요." 오리농법 취재를 도와준 원삼농협 김동욱 과장의 말이었다. 분얼이란 식물 줄기 밑동에 있는 마디에서 곁눈이 발육해 줄기와 잎을 형성하는 것을 말한다. 그러자 논에 있던 한 농민이 거든다. "맑은 논물엔 5월 2일 모를 심었고, 흙탕 논물엔 20일 뒤에야 모를 심었지. 늦게 심은 곳의 벼가 더 튼실하게 자랐으니 신기하지 않나요?"

어떻게 이런 일이 가능할까. 답은 '자연의 농사꾼' 오리에 있었다. 오리들은 해충을 기막히게 잘 잡아먹을 뿐더러 쉴 새 없는 갈퀴

질의 물살로 벼 뿌리를 마사지하며 벼가 튼튼하게 자라도록 해줬다. 또 수시로 논에 똥을 누고 다녔다. 똥은 그대로 천연 거름이 됐다. 이것이 그 유명한 '오리농법'이었다. 원삼농협 이강수 조합장은 "오리들이 헤엄칠 수 있도록 일반 농사 때보다 모를 적게 심지만, 이삭이 많이 달리고 농약 오염도 없어 결국 수확량은 비슷하면서도 친환경 쌀이 나온다"고 설명했다. 순간 오리농법이 주는 몇 가지 시사점이 머리를 스쳤다.

① **클린 이미지** 오리가 다 알아서 하니 독한 농약이 필요 없고 오염 걱정도 없다.
② **혜안** 이강수 조합장은 "오리는 눈이 밝다"고 말했다. 눈 밝은 오리들은 그래서 낮이고 밤이고 해충을 잘 잡는다.
③ **내실** 맑은 논물은 보기엔 좋았다. 하지만 겉만 번지르르한 것은 금물이다. 흙탕 논물과는 비교가 되지 않을 정도로 벼의 크기에 차이가 있었다.

어떤 교훈이 더 있을까. 불필요한 규제 솎아내기다. 힘들여 김을 매지 않더라도 흙탕물 속의 잡초들은 햇빛을 빨아들이지 못해 자연스럽게 맥도 못 추고 죽어버린다. 또 오리들을 자세히 보니 덩치가 작았다. 부화해서 일주일이 갓 지난 새끼들이다. 원삼농협 오태환 전무는 "다 자란 오리를 넣으면 모를 망친다"고 말했다.

역시 작은 게 맷집이 좋다. 그리 클 필요가 없다. 이번에는 논에 투입하는 오리의 종류에 대한 설명을 들었다. 이강수 조합장은 "해충을 잘 잡으려면 청둥오리의 야성이 필요하다. 그렇다고 청둥오리를 그대로 투입했다간 날아가 버린다. 날지 못하게 해야 한다. 그래서 청둥오리와 집오리의 잡종을 사용한다"고 말했다. 청둥오리 근성과 집오리 차분함의 결합, 바로 균형 잡힌 시각이다.

　마지막으로 궁금한 게 있었다. 이삭 팰 때가 되면 오리의 역할은 끝난다. 그러면 오리의 운명은? "잘 먹인 뒤 식용으로 팔죠." 농협 김동욱 과장의 대답이었다. 농가에 돈벌이가 되고, 오리고기 애호가들에게는 별미가 제공된다. 죽어서까지 인仁을 행하는 셈이다.

튼튼한 실력이 진짜 밑천

신경이 굵어지려면 혼魂을 담는 뼈저린 노력이 반드시 따라야 한다. 오나라에 간장干將과 막야莫邪란 이름의 부부가 있었다. 명검을 하루 빨리 만들어 내라는 오왕 합려闔閭의 재촉에 간장은 초조한 나날을 보냈고, 옆에서 이를 지켜보던 부인 막야는 눈물을 흘렸다. 하지만 부부에게 왕의 다그침은 계속됐고, 자칫 목숨까지 내놓아야 할 형편이었다. 급기야 막야는 "내 한 몸을 바쳐야겠다"고 결심한다. 그러던 어느 날, 잠자리에서 일찍 눈을 뜬 간장은 아내가 옆에 없는 것을 알고 불길한 생각이 들었다. 황급히 작업장으로 뛰어갔다. 그새 아내는 화로에 바짝 다가서 화로 속으로 뛰어들었다. 그리고 탄생한 두 자루의 중국 최고 명검은 부부의 이름을 딴 '간장'과 '막야'였다. 중국 고사성어 간장막야干將莫邪의 유래이기도 하다. 목숨까지 버려 가며 만든 제품엔 혼이 담겨 있기 마련인 셈이다.

티맥스소프트 박대연 창업주는 "설렁설렁 해서는 안 된다. 이왕 하는 일이라면 혼을 담아라"고 말할 정도다. 이 회사는 혼이 담긴 소프트웨어 제품들을 쏟아내며 한때 세계 정상급 IT회사들과 어깨를 나란히 하는 국내 굴지의 소프트웨어 기업이 됐다.

홍콩의 리카싱李嘉誠 허치슨 왐포아Hutchison Whampoa Limited·청쿵실업和记黃埔 회장은 신분을 속인 채 이탈리아 업체에 청소부로 취직한 뒤 플라스틱 조화造花 제조기술을 익혔다. 위험을 무릅쓴 그의 도전정신은 자신을 아시아 최대 재벌로 일궈냈다. 명검에 목숨을 건 정성, 티맥스소프트의 혼, 그리고 리카싱의 도전정신이 담긴 제품이라면 십중팔구 히트하기 마련이다. 혼이 담긴 신경, 그로써 탄생한 결과물들이다.

역대 대통령 가운데 신경이 굵기로는 노무현 전 대통령만한 이가 없는 것 같다. 가까이 있어 보면 매우 익살스러운 면이 있다. 여유와 여백이 있다고나 할까. 그것은 그의 숱한 우여곡절 산전수전 인생 때문일 것으로 보인다. 1988년 5공 청문회 스타로 등장한 노무현 당시 국회의원은 대통령 자리에 오르기까지 오랜 여백의 세월을 보낸 적이 있다.

1992년 총선에서 낙마하고 1998년 보궐선거에서 재기할 때까지다. 그의 삶의 궤적에서 이 기간은 영원히 잊지 못할 인생의 여백이었을 것이다. 1995년 부산시장 선거 때였다. 그는 DJ(김대중)의 통합민주당 후보로 나섰다. 누구나 그의 참패를 예상했다. YS(김영삼)가 대통령이었기에 더욱 그랬다. 선거 결과 당연히 그는 낙선했다. 하지만 득표율은 대단했다. 38%나 됐다.

당시 부산이 YS의 지지기반이요, 반反DJ 정서가 극심했던 것에 비하면 절반 이상의 성공이었다. 어쨌든 그는 1992년 총선에 이어 또 고배를 마셨다. 취재차 부산에 가 있던 필자에게 그가 던진 익살이 아직도 귀에 맴돈다. "어때? 나 이만하면 잘했지요?" 낙선자 노무현도, 필자도 웃었다. 별다른 직책이 없던 시절, 그는 기자들과 소주 한잔 기울일 때도 여유 있는 모습을 자주 보였다. 한번은 한창 술 마시던 자리에 중년 부인이 나타났다. "내 집사람이야." 참석자들은 뒤로 넘어가는 줄 알았다. 권양숙 여사를 남들과의 술자리에 불러낼 정도로 그는 친근하고 넉넉한 이미지를 풍겼다.

5,000원짜리 지폐가 처음 나왔을 때 문제가 된 적이 있었다. 홀로그램이 부착되지 않은 신권이 리콜된 사건이었다. 크기가 축소되는 바람에 기존의 여백이 함께 줄면서 소동이 벌어진 게 아니냐는 억측이 나왔다. 한국인의 풍류 중에는 '여백의 미美'가 있다. 그림을 봐도 그렇다. 서양화는 화폭畵幅을 다 채우지만 한국화에는 여백이 많다. 우리 선조들은 일부러 비워두는 것이 더 아름답다고 판단한 것이다. 밥이 다 돼도 뜸 들이는 시간이 필요하다. 이 모든 이치가 여유의 낭만이자, 여백의 미다. 강남의 한 백화점 5층은 매장 형태가 생소하다. 직각형이 아니라 오솔길 같은 S자형이다. 직원에게 물었

더니 이런 대답이었다.

"직각형은 시각적으로 고객의 눈을 당황하게 합니다. 어디서부터 쇼핑을 시작할지 말이죠. S자형은 직각형보다 공간을 활용하기 어렵지만 소비자들이 여유를 갖고 요모조모 물건을 살펴볼 수 있게 합니다."

서두르면 신경이 닳는다. 여유의 조각과 여백의 향기를 뿜어낼 수 없다. 창조에도 여백이 있어야 한다. 여백이 없는 작품은 답답하다. 반드시 상상의 공간이 필요하다.

박근혜 대통령 역시 신경 하나는 굵은 것 같다. 여성으로서 담대함과 배짱이 두둑한 듯하다. 아무리 누가 뭐라 해도 꿋꿋하게 밀고 나가는 힘이 대단하다. 유머도 별로 없다. 아마 박근혜 대통령은 기억하지 못할지도 모르겠다. 그가 대통령에 당선되기 훨씬 전인 2007년 6월 한 조찬 특강에서 한 말을 필자는 직접 들을 기회가 있었다. 그때 그는 딱딱한 분위기를 녹이고자 썰렁한 유머부터 꺼냈다.

"루브르 박물관에 갔어요. 그런데 관람 도중 화재가 났지요. 작품 하나만 들고 나와야 하는 상황입니다. 어떤 작품부터 들고 나와야 할까요. 모나리자? 비너스? 정답은 자기와 가장 가까운 곳에 있는 작품입니다."

청중을 웃기려고 한 이야기였다. 물론 아무도 웃지 않았다. 그러면서 그는 "지금 우리나라에서 가장 시급한 것은 바로 내 앞의 일"이라고 발했다. 그것은 바로 경제 성장과 일자리 창출이며, 그렇게 하기 위해서는 첫째 '산업의 쌀'이 땅이요, 둘째가 철이요, 셋째가 반도체라면, 넷째는 사람이어야 한다고 했다. 또 이런 말도 했다. "일찍 일어나는 새가 벌레를 잡는다고 합니다. 그런데 일찍 일어나면 뭐합니까. 그것만으론 부족한 시대입니다. 어디에 먹이가 있는지 알아야 합니다." 그의 말마따나 일찍 일어난다고 되는 게 아니다. 인재는 먹이가 어디에 있는지 알아야 한다.

IBM 같은 굴지의 기업들이 채택하는 인재고용 방식이다. 지식을 많이 갖고 있는 사람보다 지식이 어디에 있는지 알고 있는 사람을 중시한다. 특강 말미에 박 당선인은 "농담 하나 더 하겠다"며 말을 이었다. "일찍 일어나는 새가 벌레를 잡는다는데, 그럼 일찍 일어나는 벌레는 뭐가 되나요." 처음 유머에서는 눈만 깜박거렸던 청중들이 이번 유머에서는 미소를 지었을까. 안 그랬다. 썰렁한 유머에 일부가 살포시 미소를 지었을 뿐. 그렇게 유머도 없고 꽉 막힌 이미지를 보였던 그는 5년 뒤인 2012년 12월 드디어 대통령에 당선됐다.

그에게는 유머와 인기 같은 것은 필요가 없었다. 본인의 국정운영 철학과 비전, 그리고 진지함으로 승부해 한 국가의 최고 지도자가 됐다. 국민은 투표로 그를 뽑았다. 그게 그의 뚝심이요, 신경의 굵기였다.

결국은 집중 또 집중

'삼헌차三獻茶'의 남자가 있다. 이시다 미쓰나리石田三成는 13세 때 도요토미 히데요시를 만나면서 그를 섬겼고, 후에 중용돼 18만 6,000석의 영주가 됐다. 임진왜란과 정유재란 때는 조선을 침입하기도 했다. 무신이 아닌 문신 출신인 그는 늘 무신들에게 놀림을 받거나 비난을 받았다.

전투에서 아무것도 모르고, 늘 후방에 있으면서도 도요토미의 총애를 받고 있다는 질시였다. 도요토미 사망 후 일본이 다시 내분에 휩싸이자 서군의 총사령관이 돼 도쿠가와 이에야스의 동군과 세키가하라 전투를 벌였으나 패하면서 숨지고 말았다. 그가 젊었을 적 매우 재미있는 일화가 있다.

어느 날 도요토미가 매 사냥 중 목이 말라 근처에 있는 작은 절에 도달했다. 절에 있던 15살의 소년에게 도요토미가 차 한 잔을 달라고 하자, 소년은 큰 그릇에 미지근한 물을 넘칠 정도로 담아왔다. 물을 한 번에 마신 도요토미가 한 잔 더 달라고 하자, 소년은 반 정도 크기의 그릇에 뜨거운 물을 담아 왔다. 도요토미가 그 물을 다 마시고 또 한 잔 달라고 하니, 이번엔 아주 작은 고급 찻잔에 매우 뜨겁지만 향기 나는 차가 나왔다.

도요토미는 상대방을 배려할 줄 아는 소년에 크게 탄복해 그를 데려다 썼다. 바로 '삼헌차'의 고사다. 삼헌차의 소년 이시다는 남의 눈치 안 보고 보스를 위해 취한 과감한 의전, 이 또한 굵은 신경의 소유자가 아니면 하지 못할 일이다.

한나라의 유방과 초나라의 항우가 천하를 놓고 큰 싸움을 벌였을 시절, 진평陳平이란 사내는 가난했지만 책읽기를 좋아했고, 형이 농사일을 하면서 그의 공부를 도와줬다. 원래는 위나라 왕 위구가 진나라의 장군 장함章邯의 공격을 받아 임제에서 포위되자 위구를 섬겨 태복이 되었지만 이내 곧 항우에게 귀순했다. 그때 유방이 삼진의 땅을 굴복시키자 은왕 사마앙司馬卬이 항우에게 반기를 들고 유방의 편에 서는 일이 발생했다. 진평은 항우의 명을 받아 사마앙의 항복을 받아냈고, 이 공으로 도위 벼슬에 올랐다. 그러나 성정이 급한 항우의 위협을 참지 못하고 목숨마저 위태로움을 느낀 진평은 진지를 몰래 탈출했다.

강을 건너다 뱃사공들로 위장한 도적들이 진평의 용모와 그가 차고 있던 범상치 않은 보검을 보고는 군침을 삼켰다. 금은보화가 많을 것으로 본 것이다. 이에 진평은 기지를 발휘, 몸에 지닌 칼을 도적들에게 주고 입고 있던 옷까지 모두 벗어 몸에 아무것도 지니지 않았음을 보여주고는 완전 알몸으로 간신히 목숨을 구한다. 무사히 유방 진영에 들어간 진평은 친구의 천거로 일약 호군중위라는 중책을 맡게 된다.

당연히 유방의 부하들이 반발했다. 떠돌이 망명객이 하루아침에 자신들을 감독하는 직책에 오른 것을 참지 못한 것이다. 장수들은 유방에게 거세게 항의했다. 그러나 속수무책이었다. 유방은 진평을 더욱 총애했기 때문이다. 보다 못한 장수들은 그의 부정부패와 불성실한 언행을 문제 삼고 나섰다. 형수와 사통하는 등 행실이 바르지 못하고, 여러 나라를 옮겨 다니며 뇌물을 받아 관직을 판다는 제보였다. 이에 유방이 진평을 천거한 위무지魏無知를 불러 꾸짖자 그는 이렇게 대답했다.

"신이 진평을 천거한 이유는 그의 능력 때문이었습니다. 그런데 왕이 물으시는 것은 그의 능력이 아니라 그의 행실입니다. 행실이 바르다고 해도 전투에서 지면 소용이 없습니다. 신은 지략이 뛰어난 인재를 천거한 것이지, 도덕가를 천거한 게 아닙니다."

천하를 사이에 두고 피 말리는 전쟁을 벌이고 있는 상황에서 유방은 무릎을 탁 치며 고개를 끄덕였다. 그러고는 진평을 더욱 총애했다. 진평은 유방이 죽은 후에도 여러 왕을 섬기며 승상 자리에 오르는 등 죽을 때까지 부귀영화를 누렸다. 이 이야기를 보면 부패관리였으나 능력이 출중한 진평, 더 큰 뜻을 이루기 위해 그런 품성의 진평을 천거한 위무지, 과감히 허물을 덮어주고 중국 통일을 이룬 유방 모두 신경 굵기가 엄청난 것 같다.

조선사에서 오명항吳命恒은 그리 잘 알려지지 않은 인물이다. 본관은 해주고 호는 모암慕菴·영모당永慕堂이다. 아버지를 일찍 여의고 숙종 31년 식년문과에 을과로 급제한 뒤 교리를 거쳐 부수찬, 이조좌랑을 지냈다. 이어 승지를 거쳐 경상도·강원도·평안도의 관찰사 등을 역임했다. 훗날 이조판서와 병조판서 자리에도 올랐다.

영조 4년 충청도에서 '이인좌李麟佐의 난'이 일어났다. 지략이 있는 인물이었던 이인좌가 장례행렬로 위장해 들어간 청주성을 순식간에 점령해 버리자, 조정에서는 오명항을 경기·충청·전라·경상 4도의 도순무사都巡撫使로, 박문수를 종사관으로 임명해 난을 진압하라고 명령한다. 그때 이인좌는 관군 토벌대로 첩자를 보내 관군의 동태를 파악하고 자객을 보내 토벌대 장수들을 암살하려고 계획을 세운다. 하지만 오명항이 한 발 앞서 첩자들을 색출하고 이들로부터 이인좌 군의 정보를 캐내는 데 성공한다. 그리고 이인좌 군과 오명항의 토벌대는 안성에서 맞서게 된다.

이인좌의 군대가 사정없이 토벌대를 공격해 들어가는 상황에서 오명항은 "적에게 절대로 대응하지 말라. 사정거리 안에 들어오면 그때서야 일제히 발포하라"는 지시를 내리고 태연히 코를 골며 잠이 청했다고 한다. 결국 굵은 뚝심으로 승리한 오명항은 이인좌의 난을 평정한 뒤 우의정에 오르는 등 승승장구한다.

반면 신경이 굵지 못해 대업을 그르친 경우가 있다. 사육신死六臣의 병자사화丙子士禍가 그런 경우다. 사육신은 세조 2년 단종의 복위를 꾀하다 들켜 처형되거나 스스로 목숨을 끊은 성삼문成三問·박팽년朴彭年·하위지河緯地·이개李塏·유성원柳誠源·유응부俞應孚를 말한다. 이 사건에서 화를 입은 사람은 사육신 외에도 권자신權自慎·김문기金文起·성승成勝·허조許慥 등 70여 명에 이른다.

사육신의 단종 복위 운동은 왕권 강화를 꾀한 세조에 대한 반발에서 비롯했다. 이들은 대체로 세종 때 설치된 집현전 출신의 유학자들이었다. 상당수는 세종 때 김종서金宗瑞와 황보인皇甫仁 등 일부에게 권력이 집중되자 수양대군이 일으킨 계유정난癸酉靖難의 지지자이기도 하다.

때문에 수양대군이 정권을 잡은 뒤 일부는 공신에 책봉되기도 했으나, 세조가 된 수양대군이 왕권을 공고히 하려 하자 단종 복위를 명분으로 모반을 꾀한다.

세조 2년 6월 창덕궁에서 명나라 사신을 맞이하는 자리에 성승과 유응부가 '별운검別雲劍'으로 참석한다. '별운검'이란 임금을 좌우에서 호위하는 정2품 이상의 무반을 말한다. 바로 이 기회를 이용해 성승과 유응부가 세조는 물론 당대 최고의 권세가인 한명회韓明澮와 신숙주申叔舟의 목을 칠 계획을 짰다. 그러나 세조가 죽을 운명은 아니었던 모양. 연회 장소가 좁아 별운검 참석이 취소된 것이다. 야사野史에 따르면, 성승과 유응부 같은 무인들은 "이 기회를 놓치면 안 된다. 이왕 결행하기로 한 거니 밀고 나가자"며 거사를 감행하자고 주장했고, 반면 성삼문과 박팽년 등 문인들은 "때가 무르익지 않았다"며 후일로 미루자고 했다고 한다.

시간이 흐르면 내부 분열이 일어나고 이탈자가 생기는 법. 반역죄로 몰릴 위기감을 느낀 일부가 왕에게 고변하는 통에 이들의 거사는 수포로 돌아간다.

이들이 붙잡혀 취조를 당하는 날 무인들은 문인들을 쏘아보며 "자고로 서생들과는 일을 도모할 수 없다더니 이번 일이 꼭 그 꼴이네"라고 탄식했다고 한다. 계유정난을 일으킨 수양대군이 속전속결로 임한 것과는 완전 딴판이었다.

벼는 익을수록 고개를 쳐든다

엉뚱함의 미학

생각의 속도는 생각의 깊이만 못하다. 정보가 제 아무리 빠르다 한들 속내 깊은 사람만 하랴. '산업의 쌀' 역시 사람이다. 철이 아무리 강해도 사람보다 약하고, 반도체도 사람이 만들어낸 기술의 산물일 뿐이다. 그래서 예나 지금이나 '인재제일' 시대다. "한 명의 천재가 천 명, 만 명을 먹여 살린다"(이건희 삼성그룹 회장), "인내사人乃社(사람이 곧 회사)"(최태원 SK그룹 회장)라 하지 않던가.

그런데 만약 사람을 잘못 골라 회사에 큰 손실이 미친다면? 오래전 게임회사 컴투스의 박지영 대표를 인터뷰한 적이 있다. 박 대표는 고려대학교 재학 중 창업한 이력 때문에 '여대생 CEO'란 애칭을 갖고 있다. 박 대표로부터 들은 신입사원 에피소드가 재미있다. 박 대표가 여러 입사 지망생들에게 "자신의 강점은 무엇인가요?"라고 묻자, 한 여성 지원자의 대답이 걸작이다.

"제 강점은, 음… 애교입니다." 순간 박 대표의 눈살이 찌푸려졌다. 예상대로 그 여대생은 탈락했다. "무릇 회사 일은 이성적으로 해야지, 감성적으로 해서는 곤란하죠. 그런 사람 뽑았다가 우리 회사 망칠 일 있나요?"

당시 박 대표 생각이 옳았을지도 모른다. 엉뚱한 사람이 기업을 망칠 수도 있기 때문이다. 하지만 그런 엉뚱함이 외려 창의성을 발휘한다면 이야기는 달라진다. 물론 엉뚱한 사람을 선발해 회사를 망치는 것은 금물이다. 오히려 복지부동伏地不動하며 아무것도 하지 않는 사람이 진짜 재앙을 일으키는 사람보단 낫겠다.

『삼국지三國志』와 외국은행 사례를 보면 그럴 수도 있다. 위魏·촉蜀·오吳 세 나라가 일합을 겨뤘던 『삼국지』에서 제갈공명諸葛孔明은 자신의 후계자로 점찍었던 마속馬謖에게 전략 요충지를 지키는 일을 맡겼다. 그러나 마속은 엄청난 실수를 범하고 만다. 길이 좁아 길목만 잘 지키면 될 텐데, 산 위에 진을 친 것이다.

이에 공명의 라이벌인 위나라의 사마중달司馬仲達은 쾌재를 불렀다. "지혜로운 공명도 사람 보는 눈은 틀린 모양"이라며 산 밑을 포위하고 식수 공급을 막았다. 결국 촉나라 군대는 대패하고 말았다. 공명은 "형편없는 자에게 막중한 일을 맡겼다니…"라고 탄식하며 눈물을 머금고 마속의 목을 잘랐다.

고사성어 읍참마속泣斬馬謖의 유래다. 마속은 차라리 복지부동하는 편이 나을 뻔했다. 이처럼 잘못된 인재는 조직에 돌이킬 수 없는 재앙을 불러일으킨다. 230여 년의 전통을 자랑하던 영국 베어링은행Barings Bank도 한 딜러가 파생금융상품에 무모하게 투자하는 바람에 수억 달러의 손해를 보고 1995년 파산했다.

그러나 안정만을 꾀하고 복지부동을 일삼는 조직은 발전할 수 있는 걸까. 미래에셋 박현주 회장은 언젠가 한국공학한림원 주최 CEO포럼에서 "사람이 엉터리면 재앙이 온다"라고 말했다. 박 회장은 이 말을 하면서 막대한 기금을 굴리는 한 공공기관의 사례를 들었다. 지나치게 몸을 사린 투자로 인해 주식 호황기에 좋은 기회를 놓쳤다는 것이다.

그 공공기관도 나름대로 항변이 있고 일부에 국한된 사례겠으나, 안정된 조직에 안주해 한번 해볼 만한 모험을 삼갔다는 지적이 나온 것은 사실이다. 복지부동도 문제고 전혀 엉뚱한 데로만 흘러가는 것도 문제며 적절한 게 좋은 거라고 몸을 사리는 것 역시 문제다. 그럴 바에는 차라리 톡톡 튀어버리는 것이 낫지 않을까.

'신생 조직의 불리'라는 개념이 있다. 신생 기업은 오래된 기업에 비해 망할 가능성이 크다는 것이다. 기술과 자본 축적이 일천하기 때문이다. 이 이론을 거꾸로 보자. 초창기 생존에 성공하면 그만큼 망할 가능성은 차츰 줄어드는 셈이다.

우리나라 벤처기업 1호격인 비트컴퓨터는 '벤처'라는 말조차 생소했던 1983년 8월 설립됐다. 국내 최초로 보험 청구 소프트웨어를 개발, 의료정보산업을 개척했다. 지금까지 버티고 있는 비트컴퓨터를 만든 사람은 원조 벤처세대 조현정 회장이다.

1957년 경남 김해에서 태어나 중학교도 마치지 못하고 충무로에서 전파사 기술자 생활을 했던 그가 생존에 성공할 수 있었던 것은 바로 기술력 때문이었다. 조 회장은 부농富農 집안에서 태어났지만 여섯 살 때 아버지가 사망하면서 가세가 기우는 바람에 중학교 1학년을 다니다 말고 전파사에 취직했다.

그러나 이는 그가 일류 기술자가 된 계기가 됐다. 유난히 손재주가 좋아 무엇이든 척척 고쳤다. '딱지치기'하는 또래와도 어울리지 않았다. 1971년 서울로 올라와 충무로 전파사의 '업자 수리 전문가'가 됐다. 일반 기술자가 고치다 망가뜨린 것을 다시 완벽하게 고쳐주는 일이었다. 그만큼 기술력을 인정받았다. 그래서 얻은 별명이 '꼬마 기술자'였다. "기술자가 꿈이었는데, 10대 초반에 이미 유능한 기술자가 돼 버렸죠. 그래서 꿈을 업그레이드하기로 했습니다."

이후 검정고시를 거쳐 용문고등학교에 입학했다. 고교 시절에도 그의 기술력은 숨어 있지 않았다. 학교시설 수리는 그의 몫이었다. 부품 하나 고치는 데 3,000원씩 돈도 받았나. "학생이라기보나 기술자였어요. 수리비로 받은 돈은 기술에 대한 정당한 대가였죠." 인하

대학교 전자공학과에 입학해서도 돈벌이는 계속했다. 꼬마 기술자로 알려진 그의 명성을 듣고 대학에서 고장 난 방사능 측정기 수리를 맡겼다. 처음에는 굉장히 어려운 작업처럼 보였다. 하지만 회로를 하나씩 들여다보니 의외로 간단한 고장이었다. 콘덴서 하나가 문제였다. 갈아 끼운 콘덴서 값은 단돈 100원이었다. 학교에선 난리가 났다. 당장 그에게 교수 방보다 더 큰 별도의 방이 제공됐다. 학교의 모든 제품 수리를 도맡았다. 학교에서 연간 450만 원의 돈도 받았다. 조 회장 회고에 따르면, 당시 등록금이 학기당 60만 원 할 때였다고 한다.

조 회장은 대학 3학년을 마치고 학교에는 나가지도 않았다. 학교에서 받은 돈으로 회사를 차렸기 때문이다. 사무실은 당시 동대문구에 있던 맘모스호텔 스위트룸으로 잡았다. 방값이 매우 비쌌지만 냉난방이 잘 돼 하루 18시간 근무가 가능하고 잠도 잘 수 있어 일반 사무실보다 유리했다. 그런데 호텔에서 사업하다 보니 소프트웨어를 사러 오는 병원 관계자들이 계약을 꺼리기도 했다. 호텔 방을 쓰고 있으니 돈 떼먹고 도망가는 사람으로 보기 일쑤였던 것이다. 점차 시간이 흐르면서 그가 개발한 소프트웨어의 우수성을 안 병원들이 늘어나자 이 같은 인식은 점차 없어졌다. 매달 진료환자들의 보험 청구를 일일이 수작업으로 정리하던 병원 관계자들은 그 복잡한 업무를 간단히 처리할 수 있는 소프트웨어에 놀랐다.

사업이 잘 돼 가자 1986년에는 회사를 옮기기로 했다. 그때만 해도 IT회사들은 청계천·여의도 등에 포진해 있었지만, 그는 강남의 테헤란로를 선택했다. 당시 그 주변에는 빌딩이 별로 없었고 비닐하우스·폐차장 등이 즐비했지만 마침 지하철 2호선이 개통되고, 도로는 왕복 10차선으로 넓혀져 있었다. 그는 "이곳에 미래의 새 사업군이 들어설 것"이라고 예상했다. 이후 수천 개의 벤처가 몰린 테헤란 밸리 시대를 그가 연 셈이 됐다. 그는 후배들에게 말한다. "요즘은 선배가 100을 노력할 때 200을 해야 할 너희는 50도 안 한다. 실력을 키우지 않고 한탕 하려는 '로또세대'다. 기술개발에 매진하고 세상에 널리 알려라." 그러나 그가 던진 다른 화두는 이보다 더 화끈했다.

"'벼는 익을수록 고개를 숙인다'는 속담은 잘못됐어. 겸손 떤답시고 자기의 능력을 60~70%밖에 발휘하지 못해 봐. 아마 땅을 치고 후회할 걸. 잘난 체하거나 아부하라는 게 아니야. 실력을 쌓되 이를 널리 알려서 회사에 기여하도록 하라는 거지. 망설이거나 주저하지 말아야 해. '나의 좋은 기술을 적극 활용해 달라'고 떠들어야 하는 거야. 그게 본인도 출세하는 길이요, 회사도 발전하는 길 아니겠어?"

몇 년 전, 창의와 혁신의 아이콘 스티브 잡스가 세상을 떠났다. "그만큼 창의적인 인재를 다시 볼 수 있을까"라는 탄식이 전 세계에서 쏟아졌다. 창의성이 무엇이기에 한 사람의 죽음에 전 세계가 슬픔에 빠질까. 여기, 포스터 한 장으로 뉴욕 페스티벌New York Festivals· 클리오 광고제Clio Awards· 칸 국제광고제Cannes International Advertising Festival· 런던 국제광고제London International Awards· 원 쇼 광고제The One Show Awards 등 세계 5대 광고제를 석권한 최초의 한국인이 있다. 바로 재기 넘치는 광고

회사 빅앤트인터내셔널의 박서원 대표다. 두산그룹 박용만 회장의 아들로 뒤늦게 밝혀졌지만, 그것은 중요하지 않다. 스스로 인생의 쓴맛, 단맛 다 겪고 '이것이 크리에이티브다'를 확실하게 보여줬으니까. 창의력이 곧 실력인 광고계에서, 그것도 유명한 국제대회를 모두 휩쓴 그에게 창의성은 무엇이었을까.

"우리 회사 초기 명함은 두 개를 모아야 한 장이 됐습니다. 고객을 만날 때 기획자와 제작자 두 명이 가는데, 명함의 한 장엔 개미 머리만, 또 한 장엔 개미 꼬리만 그려 넣었습니다. 그리고 인사할 때 두 장을 붙여서 개미 한 마리를 만들어 줬습니다. 열이면 열, 붙였다 뗐다하면서 재밌어 합니다. 명함은 우리를 알리는 것 아니겠습니까. 두 번, 세 번 보면 좋은 거죠. 그러자면 얘깃거리가 필요합니다. 창의성하면 기발한 걸 생각하지만 사실 그렇지 않습니다. 마음은 아주 작은 것에 움직이게 마련입니다."

필자와의 만남에서 그가 열성적으로 토해 낸 창의론이다. 박 대표는 창의성을 키우는 방법에 대해서는 "광고는 보는 사람을 즐겁게 만드는 작업이다. 다른 사람을 즐겁게 만들려면 자기가 즐거워야 한다. 즐거우려면 놀아야 한다"고 말한다. 실제로 그가 국제광고제를 휩쓴 광고들은 놀면서 나왔다는 걸 보여줬다.

박 대표는 20대 시절 8년을 놀았다. 그리고는 1998년 단국대학교 경영학과에 입학했다. 3학기를 다녔는데 학교에는 겨우 세 번 갔다. 공부도 학교도 재미가 없었다는 게 그의 얘기다. 그는 주로 여행을 다니면서 놀았다고 했다. 미국으로 유학을 가선 전공을 무려 여섯 번이나 바꿨다.

박 대표의 학창 시절, 요즘 우리 부모들 잣대로 보면 영 '개판'이다. 그는 단국대학교에 다니면서 학사경고를 무려 3회나 받았다. 미국 미시간대학교University of Michigan 비즈니스스쿨에 다닐 때도 그랬다. 학사경고를 두 번이나 받았다. 한 번은 늘 함께 농구를 하던 친구가 보이지 않아, 전화해 보니 "학교 프로젝트가 너무 많아 운동장에 나가질 못했다"고 했다. 그 친구 집에 가보니 친구는 종이로 우주선 만드는 놀이를 하고 있는 게 아닌가. 박 대표는 버럭 화를 냈다. "내가 싫으면 싫다고 하지, 이렇게 놀고 있으면서 왜 운동하러 오지 않았느냐"고. 그러자 친구는 "이렇게 노는 게 바로 학교 프로젝트거든"이라고 대답했다. 박 대표는 무릎을 탁 쳤다. '그래, 이게 공부구나. 나도 재미있는 걸 찾아보자.' 그리고는 산업디자인과로 옮겼다. 세상에 태어나 단 한 번도 미술 분야를 해보지 않았지만 적성에 딱 맞았다. 재미있으니 성적도 좋았다. 첫 학기에 올A를 기록했다. 잠도 안 잤다. 그는 "적성을 찾으니 정말 공부가 재미있어 하루에 딱 두 시간만 잤다"고 술회했다.

박 대표는 8년의 방황이 성공의 밑거름이 됐다고 했다. "방황했던 시간을 실패라고 생각하지 않는다. 놀았기 때문에 어떻게 해야 재밌는지 아는 게 아니겠나"고 말하면서. 그는 창의성을 높이기 위한 구체적인 팁으로 우선 질문 속에 답이 있다고 했다. 질문을 잘 해야 한다는 것이다. 또 하나, 무슨 일이든 끝까지 가야 한다고 했다. 놀 때도, 일할 때도 끝까지 가야 한다는 것이다. 그래서 그는 'Let the idea dictate(생각이 지배해야 한다)'와 'Go all the way(끝까지 간다)'는 표현을 좋아한다. 이런 집요함을 바탕으로 총을 든 군인 머리로 총부리가 향하는 반전포스터를 만들었고, 그 포스터가 세계 5대 광고제를 석권했다.

한편 그는 이 포스터 때문에 살해 위협까지 받은 적이 있다. "아마 한국인 가운데 알카에다 본부로부터 초청 받은 사람은 저뿐일 것입니다. 초청 이메일 제목이 '용감한 형제여'였어요. 독재 정권이 들어선 아프리카 어느 나라의 반군은 '사람들의 인식을 변화시킬 수 있게 도와 달라'는 이메일을 보내기도 했습니다. 이런 식으로 얼추 1만 통이 넘는 이메일을 받았습니다. 반면, '죽여 버리겠다. 뒤통수를 조심하라'는 협박을 받기도 했지요. 참, 사연이 많은 작품입니다."

직원을 뽑기 위한 인터뷰 방식도 독특했다. 포트폴리오·경력·학벌 아무것도 안 봤다. 느낌으로 뽑았다. 그는 입사 지원자들이 말할 때 동작·목소리·태도 같은 걸 주로 봤다. 그렇게 하는 이유에 대해 박 대표는 "광고회사에서 창의성은 실력입니다. 실력 있는 사람을 뽑아야 할까요? 열정이 있으면 실력은 생깁니다. 열정만 있으면 될까요? 열정을 지켜 나갈 근성이 있어야 합니다. 그런데 근성이 있으려면 인성이 좋아야 합니다. 그래야 어려움이 닥쳤을 때 피하려 들지 않습니다. 인성은 스펙으론 알 수가 없지요. 대신 3~6개월 실습 기간을 거치게 하고요, 실습이 끝나면 전 직원이 동의해야 채용합니다"라고 말했다. 박 대표는 뉴욕 페스티벌에서 한국인 최초로 상을 받은 2009년엔 아버지에 대해 말하지 않았다. "젊은 친구가 대단하다"는 댓글이 인터넷에 달렸다. 2010년 같은 광고제에서 또 상을 받았다. 이번엔 아버지에 대해 말했다. 그러자 "자수성가한 친구인 줄 알았는데 배신당했다"는 숙덕거림이 일었다. 그는 "내 힘으로 해내도 재벌이라서 욕을 먹더라"며, "세 번 연속 수상하고 싶었다. 그러면 사람들도 '실력은 있구나' 인정할 것 같았다"고 말했다. 또 "알게 모르게 아버지 영향을 받겠지만 그게 꼭 좋은 것만은 아니다"라고 덧붙였다. 그는 이듬해 뉴욕 페스티벌에서 상을 또 받았다. 실력으로 승부하니 더 이상의 숙덕거림은 없었다.

사실 그는 10대 시절부터 사촌 형제들과는 달랐다. 귀도 뚫고 문신도 했다. 머리는 박박 밀었다. 이런 돌출행동에 주위 시선이 곱지만은 않았다. 아무리 창의성을 중시하는 광고회사라지만 그래도 한 기업의 대표가 이래도 되는가라는 비아냥도 들었다. 하지만 지금 그에 대한 평은 "이상하다"가 아니라 "독특하다"가 됐다.

독특함과 기발함

하형석 미미박스 대표의 경력은 매우 독특하다. 2002년에만 해도 공과대학교(환경공학과) 학생 신분으로 군고구마 장사를 했고, 쇼핑몰에서 운동화를 팔았던 적도 있다. 아프카니스탄 파병을 자원해 8

개월간 복무하기도 했다. 2007년에는 세계 최고 디자인스쿨로 꼽히는 뉴욕 파슨스 디자인스쿨Parsons The New School for Design에 입학해 2009년 명품 브랜드 톰 포드Tom Ford의 홍보 마케팅팀에서 일했다. 당시 브래드 피트Brad Pitt와 브루스 윌리스Bruce Willis, 톰 행크스Tom Hanks 같은 할리우드 스타들의 스타일링을 담당했다고 하니 별의별 경험을 다 해봤을 것 같다. 국내에 들어와서는 소셜커머스Social Commerce업체 티켓몬스터에서 패션·뷰티 분야 매니저로 일하기도 했다.

그런 하 대표가 미미박스를 세운 건 2012년 2월이었다. 자본금은 단 돈 3,500만 원이었다. 미미박스는 미국에서 '서브스크립션 커머스Subscription Commerce'로 알려진 새로운 유통업 형태다. 미미박스의 경우 매달 구독료 1만 6,500원을 내는 소비자에게 7~8만 원 상당의 최신 트렌드 화장품을 매달 한 박스씩 보내준다. 신상 화장품을 마치 월간지를 정기 구독하듯 받아볼 수 있는 이색 서비스다. 보통 4~6개의 상품이 한 박스에 담겨서 배달되고, 스킨케어 제품, 색조 화장품, 헤어제품 등 머리부터 발끝까지 여성을 위한 제품으로 짜임새 있게 구성되어 있다. 소비자가 써보고 마음에 드는 제품을 시중가보다 저렴한 가격에 살 수 있도록 한 뷰티 전문 커머스숍 '미미샵'도 만들었다.

미미박스와 제휴한 화장품 브랜드만 해 1,000여 업체에 이르고, 미국이나 중국 등 51개국에 화장품을 판매하고 있다고 하니 온갖 독특한 경험을 해본, '잘 익은 벼' 하 대표의 '고개 쳐들기'는 그럴만도 하다. 회원 중 20~30대 여성이 70%를 차지할 정도로 20~30대 여성들 사이에서 특히 인기다.

미미박스는 이용 고객이 가장 많은 강남 지역부터 '3시간 무료 배송' 서비스도 한다. 빠른 배송을 위해 핑크색 줄무늬 모양의 배송 전용 오토바이 '미미 바이크'도 구비했다. 하 대표는 아마존닷컴Amazon.com이 온라인을 기반으로 유통공룡 월마트Wal-Mart Stores, Inc.를 제쳤듯이 글로벌 화장품 업계에서 새로운 기준을 제시하겠다는 포부를 갖고 있다.

인도델리공과대학IIT, Indian Institute of Technology Delhi의 학생들은 콧대가 높다. 초일류 글로벌 기업 삼성이 연봉 15만 달러를 내걸고 스카우트 제의를 해도 콧방귀를 뀔 정도다. 삼성 고위 관계자는 "평균 130~140학점을 이수하는 한국 대학생들은 학점을 잘 받기 위해 절반 이상을 전공이 아닌 교양 과목으로 신청하는 경향이 있지만 IIT를 졸업하려면 180학점을 이수해야 하며 전체 90% 이상을 전공과목으로 채운다"고 설명했다. 대표적인 IIT 출신 인재로는 국제통화기금IMF, International Monetary Fund 이코노미스트Economist를 지낸 라구람 라잔Raghuram Rajan 인도준비은행Reserve Bank of India 총재를 비롯해, 선다 피차이Sundar Pichai 구글 수석부사장, 비노드 코슬라Vinod Khosla 선 마이크로시스템스Sun Microsystems, Inc. 공동 설립자 등이 있다.

최근 이 학교 출신 젊은이가 삼성에 스카우트돼 2014년 겨울 최연소 상무가 됐다고 해서 화제가 되었다. 1981년 인도에서 태어나 IIT에서 디자인 석사학위를 받고 미국에서 공부한 프라나브 미스트리Pranav Mistry 삼성전자 실리콘밸리연구소 VPVice-President가 그 주인공이다. '1명의 천재가 10만 명을 먹여 살린다'는 이건희 회장의 '인사론'에 따라 연령·연차·국적을 따지지 않고 발탁한 결과다. 미스트리 상무는 해외뿐만 아니라 국내 본사를 통틀어서도 그해 삼성 임원 승진자(353명) 가운데 최연소였다. 어린 나이도 화제였지만 삼성이 영입한 천재급 중에서도 가장 유명한 인물이기도 한 그는 MIT 미디어융합기술연구소MIT Media Labs 출신의 가상현실Virtual Reality· 웨어러블Wearable 분야 과학자로 2009년 ≪MIT 테크놀로지 리뷰MIT Technology Review≫가 선정한 '세계에서 가장 영향력 있는 젊은 과학자 35명'에 뽑히기도 했다.

미스트리 상무는 MIT에서 박사학위를 밟기 전 MS, 구글, 미국 항공우주국NASA, National Aeronautics and Space Administration 등에서 근무했으며, 특히 2009년 11월 글로벌 지식 축제인 'TEDTechnology·Entertainment·Design 콘퍼런스'에선 손가락을 움직이는 동작만으로 스마트폰·태블릿PC 등 스마트기기를 작동시키는 '식스센스 테크놀로지SixthSense Technology'를 선보였다.

'식스센스'는 네 손가락에 각기 다른 색깔의 테이프를 붙인 다음, 카메라와 프로젝터를 사용자의 목에 달아 사용하는 웨어러블 디바이스다. 2013년 삼성이 '기어'를 발표하기 4년 전에 이미 그는 웨어러블 디바이스를 만든 셈이다.

그는 단 5개월 만에 개발비용 350달러(약 39만 원)를 들여 식스센스 테크놀로지를 만든 것으로 알려졌다. 그가 만든 식스센스 테크놀로지는 영화 〈마이너리티 리포트Minority Report〉(2002)의 가상현실

기술과 매우 유사하다. 예컨대 두 손의 엄지, 검지로 직사각형 모양을 만들면 자동으로 사진이 찍힌다. 손바닥으로 벽을 치는 제스처를 취하면 찍혔던 사진이 화면에 비친다. 손가락으로 사진을 집으면 사진 편집이 가능하고 옆으로 휙 던지면 이메일로 보내진다. 흰 종이를 들면 종이 위에 그대로 태블릿PC 형체가 나타나는 것은 물론 가상의 키보드도 종이 위에 마술처럼 나타난다. TED 콘퍼런스에 참석한 1,200여 명의 방청객 모두 기립 박수를 칠 정도였다. 삼성전자 관계자는 "실생활과 가상현실을 자유자재로 연결하는 미스트리를 스카우트하기 위해 삼성뿐만 아니라 MS·애플·구글 등 글로벌 IT기업들이 삼고초려도 마다하지 않았다"고 설명했다. 3년 뒤인 2012년 미스트리 상무는 삼성전자 실리콘밸리연구소에 영입되어 삼성 웨어러블기기 '기어' 시리즈 개발에 참여했다.

요즘 기업들은 실력을 기반으로 한 튀는 인재 영입에 주목하고 있다. 샘표는 식품회사답게 '요리면접'을 본다. 조리기구 앞에서 남녀 지원자 너댓 명이 블라우스와 셔츠 소매를 걷어 올리고 서툰 칼솜씨로 채소, 고기, 빵을 조몰락거리는 장면은 이젠 흔한 장면이 됐다. 한번은 요리면접에서 튀김빵 요리를 하던 팀이 실수로 프라이팬을 엎지른 일이 있었다. 면접관까지 놀란 상황에서 한 여성 지원자가 침착하게 기름을 닦으며 상황을 빠르게 수습했다. 곱게 차려 입은 은갈치색 정장에 기름이 묻는 것도 개의치 않았다. 면접관들은 그의 위기대처 능력을 높이 샀다고 한다.

유통업체 AK는 토익점수가 적힌 지원서 대신 전통시장에서 바지를 팔고 힙합 춤을 추며, 마이크를 든 채 랩을 하고, 피트니스센터에서 강습하는 장면이 담긴 사진을 받는다. 심지어 한국IBM은 신입사원 채용 서류전형에서 게이Gay·레즈비언Lesbian·양성애자Bisexual·트랜스젠더Transsexual(GLBT)임을 밝힌 지원자들에게 가산점을 부여한다. '다양성이 혁신과 지속 성장에 도움이 된다'는 이유에서다. 한국 IBM 관계자는 "인종·여성·장애인·성소수자를 배려하는 글로벌 정책이 한국에도 적용된 것"이라며 "미국 본사에서는 사내에 성소수자 모임이 따로 있지만 한국에서는 본인과 인사담당자만 안다"고 말했다. 그리고 보니 커밍아웃한 팀 쿡Tim Cook 애플 CEO도 12년간 IBM에서 근무한 적이 있다.

KT는 지원자가 5분 동안 자기소개나 장기를 펼치는 '스타오디션'을 진행한다. 간호학을 전공한 한 지원자는 "그동안 제가 팔아 본 것들"이라며 옷, 커피, 휴대폰, 장난감, 자동차부품을 들고 왔는데 합격했다. KT 관계자는 "서류로만 봤다면 직무 연관성이 없어 탈락했을 텐데 이를 도리어 다양성으로 설명해 합격한 사례"라고 전했다.

CJ그룹은 우수 아이디어를 제출해 뽑힌 5~10명의 대학생을 주요 계열사 대표와의 점심식사에 초청하는 'CEO와 함께하는 컬처런치'를 도입했다. 이들은 해당 계열사 공채에서 가산점을 받는다. 주류업체 하이트진로는 식사와 술을 곁들이는 '음주면접'을 시행하고 있다. 회사 측은 "주량보다 인성과 태도를 점검하는 면접"이라고 설명했다. 게임회사 NHN엔터테인먼트는 '1일 근무체험' 전형을 도입했다. 지원자가 실제 사무실에 출근해 자리를 배정받고 선배 사원과 모든 일과를 함께 한다. 지원자는 막연했던 회사생활을 경험해 보고, 회사는 지원자의 실무능력을 검증하는 일석이조一石二鳥 전형방식인 셈이다. 특히 실무에 곧바로 투입이 가능하다는 점에서 효과를 많이 보고 있다고 한다.

'멜론' 운영사인 로엔엔터테인먼트는 자기소개서에 가수 팬클럽 활동이나 음악 관련 경력을 적으면 우대한다. 음반 투자유통 담당자이자 드라마 〈별에서 온 그대〉(2014) 수록곡의 작사가였던 직원도 이런 방식으로 채용됐다. SPC그룹 신입사원 지원자는 부서에 관계없이 '관능 평가'를 치른다. 가령 몇 개 소금물들을 나열해 놓고 "이 소금물들을 나트륨 함량순으로 배열하시오"라는 과제를 수행해야 한다. 맛과 향을 느끼는 감각이 업무 수행에 필수이기 때문이다.

미국 정보통신ICT, Information and Communications Technology기업들이 몰려 있는 실리콘밸리의 앞마당 샌프란시스코의 모스콘센터Moscone Center에서는 매년 세계 최대 규모의 IT 콘퍼런스 '드림포스Dreamforce'가 열린다. 드림포스는 소프트웨어 개발자만의 행사가 아니다. 특히 2014년 10월에 열렸던 '드림포스 2014'는 참석자만 15만 명에 달했다.

애플 본사가 있는 쿠퍼티노Cupertino에 인접해 '애플의 텃밭'이라 불렸던 샌프란시스코는 세일즈포스sales-force를 상징하는 하늘색 그 자체다. 하늘색으로 도색한 건물, 하늘색 버스, 하늘색 셔츠를 입은 사람들로 가득 찬다. 특히 드림포스 2014에는 미국 차기 대선 후보 1순위로 꼽히는 힐러리 클린턴Hillary Clinton 전 국무장관, 앨 고어Al Gore 전 미국 부통령까지 연사로 나섰다.

강연 중간에는 〈Surfing USA〉, 〈Wouldn't it be nice?〉 등의 팝송으로 국내에도 알려진 샌프란시스코 출신 밴드 비치 보이스The Beach Boys가 공연을 하고, 밤에 열린 갈라쇼에서는 브루노 마스Bruno Mars와 윌아이엠Will.i.am이 등장했다. 매년 10만 명이 넘는 인원이 모이는 이 거대한 쇼 비즈니스의 기획자는 미국 클라우드 컴퓨팅업체 세일즈 포스닷컴Salesforce.com이다.

세일즈포스닷컴을 만든 마크 베니오프Marc Benioff는 2012년 세계 3대 경제잡지인 ≪포브스Forbes≫, ≪포천Fortune≫, ≪이코노미스트The Economist≫로부터 '세계에서 가장 혁신적인 기업·기업가'로 꼽혔다. ≪포브스≫와 ≪포천≫이 세일즈포스닷컴과 베니오프를 '세계에서 가장 혁신적인 기업', '올해의 기업인'으로 선정하자 ≪이코노미스트≫마저 베니오프에게 '혁신상'을 안긴 것이다. 아마존닷컴·구글·애플 같은 내로라하는 기업들을 물리치고 말이다.

실리콘밸리 엔지니어들은 '애플 월드와이드 개발자 콘퍼런스WWDC, Worldwide Developers Conference'에 필적할 만한 콘퍼런스로 너나없이 세일즈포스닷컴의 '드림포스'를 꼽는다. 베니오프는 PC나 스마트폰으로 언제 어디서나 인터넷에 접속해 원하는 자료를 꺼내다 쓸 수 있는 '클라우드 컴퓨팅Cloud Computing'의 개척자다. 이 클라우드 컴퓨팅은 눈에 보이지 않는 구름cloud처럼 인터넷상에 존재하는 가상공간이다. 이로써 온갖 값비싼 기업용 소프트웨어들을 직접 구매하지 않고 인터넷상에서 빌려 쓸 수 있는 시대를 연 것이다.

샌프란시스코의 유대교 가정에서 태어난 베니오프는 15세 때 이미 게임회사를 만들 정도로 신동 소리를 들었다. 사우스캘리포니아 대학교University of Southern California 경영학과 재학 시절엔 애플 내 매킨토시Macintosh 사업부에서 일하기도 했다. 대학을 졸업한 뒤엔 오라클에 스카우트됐다. 그리고 이 천재 프로그래머는 입사 1년 뒤인 26세 때 최연소 부사장 자리에 올랐다.

그랬던 베니오프는 돌연 하와이의 오두막집을 빌려 자연 속에 파묻혔다. 그의 꿈은 창업가이자 자선사업가였다. 그때 '인터넷이 소비자와 관련한 모든 방식을 바꿀 것'이라는 점에 착안해 창업 아이템을 구상했다. 기업들이 인터넷을 통해 소프트웨어를 빌려 쓰고, 데이터 또한 필요할 때마다 꺼내 쓰며, 그 관리까지 맡길 수 있는 서비스였다.

인터넷을 통한 '서비스로서의 소프트웨어SaaS, Software as a Service'의 시작이었다. 엔지니어 3명을 영입한 그는 집 바로 옆 원룸을 빌려 간이탁자와 접이식 의자를 들여놨다. 오라클 CEO인 래리 앨리슨도 개인 투자자이자 회사 이사진으로 끌어들였다. 그때 그는 스티브 잡스로부터는 "첫째, 24개월 안에 10배 혹은 그보다 더 커져라. 둘째, 서비스 즉시 대형 고객을 잡아라. 셋째, 애플리케이션 경제를 구축하라"는 세 가지 조언을 들었다. 베니오프가 "애플리케이션 경제라는 게 뭐냐"고 묻자 잡스는 "나도 모른다. 하지만 당신은 그걸 이해해야 한다"고 답했다고 한다.

사실 베니오프는 잡스와 닮은 점이 많다. 잡스처럼 인도에서 3년간 수행한 적이 있었던 그는 "창의적인 아이디어는 합리적인 사고로

만 구하기는 어렵고 직관의 중요성이 중요하다. 명상을 하면 과도한 경쟁 속에서 마음의 평정심을 얻을 수 있다"고 말한다. 그리고 자신의 영원한 멘토로 잡스를 꼽는다. 그는 "스티브 잡스는 나의 좋은 멘토이자 세일즈포스 내부에서도 존경하던 고마운 사람"이라며 "그에게 진 빚이 많다"고 말했다. 베니오프가 회사를 만들 때 가장 큰 영감을 준 이도 잡스였다.

베니오프는 수개월간의 고민한 끝에 잡스가 낸 문제의 답을 찾았다. 기업 소프트웨어 개발자를 위한 온라인 작업실 겸 장터를 연 것이다. 그는 빌 클린턴Bill Clinton과 힐러리 클린턴 부부 등 미국의 진보 정치인들과도 허물없는 사이다. 1990년대 실리콘밸리 초창기 때부터 민주당에 줄곧 정치자금을 기부해 온 '큰손'이어서다. 그는 힐러리의 민간 정치자금단체인 '레디 포 힐러리Ready For Hillary'에 2007년부터 원년 멤버로 참여했고, 2012년 버락 오바마 대통령 재선운동 당시에도 50만 달러를 기부했다.

이렇게 늘 엉뚱한 생각에 휩싸인 괴짜 기업인 베니오프의 어록은 그만큼이나 유명하다.

① **"소프트웨어는 끝이다"** "소프트웨어는 구매하는 게 아니라 빌려 쓰면 된다"라는 SaaS 개념을 각인시키기 위한 베니오프만의 과장 어법이다. 그는 2000년대 초반부터 "기업용 패키지 SW는 사라질 것"이라고 주장했고, 당시 대부분 전문가들은 "터무니없다"고 비판했지만 글로벌 IT시장은 베니오프의 예측대로 움직이고 있다.

② **"데이터센터는 필요 없으며, 서버를 사는 회사도 없어질 것이다"** 클

라우드에 기반을 둔 SW는 기존 제품과 달리 작업을 저장할 서버가 따로 필요하지 않으며 남의 서버를 빌려 쓰면 그만이기 때문에 더 이상 데이터 센터가 필요 없다는 뜻이다. 클라우드에 저장하고 필요할 때 아무 데서나 다시 불러오면 된다는 것이다.

③ "스티브 잡스가 클라우드를 존재하게 했다" 클라우드의 개념도 몰랐을 때 이를 "강제로라도 알아야 한다"고 다그쳤던 인물이 스티브 잡스라는 것이다. 베니오프는 "스티브 잡스는 거대한 나의 멘토였으며, 그가 없었다면 세일즈포스닷컴은 있지 않았을 것"이라고 말한다.

④ "현재 재난에 가까운 MS의 위기를 반전시킬 사람은 오직 빌 게이츠다" 경쟁사 비난을 서슴지 않는 베니오프가 MS에서 유일하게 인정하는 인물이 바로 창업자 빌 게이츠다. 베니오프는 "게이츠는 진정으로 비전을 가지고 있는 인물"이라고 평한다.

⑤ "윈도우 8이 마지막 윈도우다. 윈도우는 시대에 뒤떨어진 것이다" 2012년 윈도우 8 발매 직후, 시장 반응을 예측한 발언이다. 윈도우 8은 '시작' 버튼이 없어져 소비자 불만을 초래했을 뿐만 아니라 모바일과 PC 연동성도 낮아 최악의 평가를 받았다.

글은 상상력의 터전이다

책을 읽고 글을 써라

글로 인한 필화筆禍 사건으로는 청나라 옹정제雍正帝 때의 '문자文字의 옥獄'이 유명하다. 청나라는 강희제康熙帝와 옹정제 시절 크게 부강해 졌다. 강희제는 순치제順治帝의 셋째 아들로, 8세 때 즉위해 14세 때 친정을 시작했다. 중국 역대 황제 중에서 재위기간이 61년으로 가장 길다. 청나라의 지배는 그의 재위기간에 완성됐고 다음의 옹정제·건

륭제乾隆帝로 계승되어 전성기를 이뤘다.

　강희제 시대 중국은 문화적으로 크게 융성했다. 『고금도서집성古今圖書集成』과 『강희자전康熙字典』도 이때 출판됐다. 중국에서 처음으로 위도緯度를 적은 정밀 지도 '황여전람도皇輿全覽圖'도 만들어졌다. 옹정제는 강희제의 넷째 아들로 태어났다. 즉위 후 동생들과 힘 있는 신하들을 숙청한 뒤 권력을 강화했다.

　강희제와 옹정제는 성격이 다른 정치를 펼쳤다. 강희제는 자기 실수를 쉽게 뉘우칠 정도로 솔직했고 호방하면서도 치밀한 인간적인 군주였다. 형식에 치우치지 않는 만주족 특유의 과단성과 검소함, 그리고 실용적 가치관을 갖고 선정을 베풀었다. 강희제는 "수천 냥짜리 모피외투를 가지려 조르지 마라. 꼭 필요한 것이 아니다. 게다가 유행은 변한다"는 글을 남겼다. 반면 옹정제는 아버지와 달리 재위기간이 13년에 불과했으나 강한 정치를 구가했다. 꼼꼼하고 섬세한 성격의 그는 "천하가 다스려지고 다스려지지 않고는 나 하나의 책임, 이 한 몸을 위해 천하를 고생시키는 일은 하지 않는다"는 좌우명을 새겨 놓고 평생 그 원칙을 지켰다. 그만큼 냉정함을 재위기간 내내 유지했다.

　그렇게 서슬 퍼런 옹정제 시대에 엄청난 필화 사건이 터졌다. 그 유명한 '문자의 옥' 사건이다. 글이 빌미가 되어 많은 사람들이 감옥에 가거나 죽음을 맞았다. 발단은 장시江西성 향시鄕試(과거 예비시험)에서 비롯됐다. 시험관이 '유민소지維民所止'라는 문제를 낸 게 말썽이었다. '維(유)'자는 '雍(옹)'의 목을 자른 글자고, '止(지)'자는 '正(정)'의 목을 자른 글자라는 해석이었다. 즉 '옹정제의 목을 자른다'의 의미로 옮겨져 피바람이 크게 불었다.

　일본 전국시대 때도 큰 필화 사건이 있었다. 도쿠가와 이에야스가 세키가하라 전투에서 승리, 전국을 호령하게 됐지만 그에겐 도요토미 히데요시의 어린 아들 도요토미 히데요리豊臣秀賴가 눈엣가시였다. 이에 도쿠가와 가신들은 꾀를 하나 냈다. 도요토미 가문의 상징이랄 수 있는 호고지方廣寺라는 절을 재건축할 수 있게 허락한 것이다. 도쿠가와의 위세에 눌려 숨죽이고 있었던 도요토미 히데요리 측은 속으로 쾌재를 부르며 호고지 재건을 서둘렀다. 이를 통해 도요토미 가문을 따르던 무사들을 규합하려는 속셈이었다. 그런데 절에 새긴 글귀가 문제가 됐다.

　　　국가안강國家安康
　　　군신풍락君臣豐樂
　　　자손은창子孫殷昌

　즉 '나라가 평안하고 임금과 신하 간에 즐거우며 자손이 대대로 번창하리라'는 뜻이었는데 도쿠가와 측은 이 중 '국가안강國家安康'과 '군신풍락君臣豐樂'을 문제 삼고 나왔다. 도쿠가와 이에야스의 한자 이름은 '德川家康'이고 도요토미 히데요시의 한자 이름은 '豊臣秀吉'인데, '國家安康'에서 '家'자와 '康'자를 분리시켰고, '君臣豐樂'에서 '臣豐'은 도요토미豐臣를 의미하는 것 아니냐고 트집을 잡고 나온 것이다. 말하자면 도쿠가와 이에야스를 절단 내고 도요토미 히데요시를 풍요롭게 해 그의 자손을 번창케 한다는 주장이었다. 결국 도쿠가와 측은 오사카성에 머물고 있던 도요토미 히데요리를 맹공격, 그를 죽음으로 몰고 간다. 일본을 통일한 도요토미 히데요시와 그의 측실 요도 도노淀殿 사이에서 태어난 히데요리는 결국 생모 요도 도노와 함께 자살했다. 이때 그의 나이 불과 23세였다.

우리나라에는 '양재역 벽서 사건'이 있다. 중종 때 실권자 윤원형尹元衡 세력이 반대파 인물들을 숙청한 '정미사화丁未士禍'다. 때는 1547년, 명종 재위 2년 때의 일이다. 부제학 정언각鄭彦慤과 선전관 이로李櫓가 경기도 과천의 양재역에서 익명의 벽서를 발견해 임금에게 바친 사건이다. 벽서엔 '女主執政于上, 奸臣李芑等弄權於下, 國之將亡, 可立而待. 豈不寒心哉(여왕이 위에서 정권을 잡고, 간신 이기 등이 아래에서 권세를 농간하니 장차 나라가 망할 것을 서서 기다릴 수 있게 됐다. 어찌 한심하지 않은가)'라고 써 있었다.

이 익명의 벽서 사건은 큰 파장을 일으켰다. 익명을 발견한 정언각도 "딸이 전라도로 시집을 가기에 전송하고자 한강 건너 양재역까지 갔는데, 벽에 붉은 글씨가 있기에 보았더니 지극히 놀라운 것이었습니다. 이는 익명서라 믿을 수는 없지만 국가에 관계된 중대한 내용이라 아룁니다"라고 고했다. 이는 윤원형 세력이 을사사화乙巳士禍로 반대파들을 숙청한 것도 모자라 남은 정적들을 남김없이 제거하기 위해 일으킨 벽서 사건이었다.

아이디어란 봄날에 꾸는 꿈과 같다. 꿈을 꿀 때는 아무리 생생해도 기록해 두지 않으면 기억에서 사라지게 마련이다. KT 사장을 지낸 표현명 씨는 언어의 달인이다. 이름 그대로 '표현'이 '명쾌'하다. 하루는 그가 이런 말을 했다. "요즘엔 사색思索은 없고 검색檢索만 있다."

기막힌 표현이다 싶어 신문 인용을 허락받아 나온 2013년 ≪중앙일보≫ 1면 톱 제목이 바로 '검색보다 사색이다'였다. 표 대표는 영락없는 공돌이다. 학사와 석사, 그리고 박사학위의 전공이 모두 전자공학이다. 평생 업으로 삼은 것도 정보통신이었다. 그랬던 그가 이렇게 변신한 것은 엄청난 글 읽기 덕이라고 한다. 마치 안철수 의원이 책의 활자를 통째로 외웠듯 말이다.

하지만 출판업계는 비상이다. 어제 오늘의 일이 아니지만 심각한 수준이다. 2014년 통계로는 초판으로 찍는 책의 물량이 평균 3,000부도 안 된다고 한다. 비단 책뿐이 아니다. 신문을 읽는 사람들의 숫자도 급격히 줄고 있어 안타깝다. 신문에 매일 엄청난 고급 정보와 유익한 글이 담겨 있는데도 말이다. 일본 전국시대 도쿠가와 이에야스를 도운 승려 덴카이天海는 "살아 있는 세상에서 살아 있는 글을 읽는 것처럼 즐거운 일은 없다"며 글에 대해 찬사를 표했다.

신문기자를 지낸 소설가 안정효 선생은 저서 『안정효의 글쓰기 만보』(모멘토, 2006)에서 "글쓰기 인생의 가장 큰 기쁨은 자유에서 비롯한다"고 적었다. 또 "자유로우면 정년퇴직도 없다"고 했다. "상상력을 글자로 옮길 기운만 남았어도 가능"하단다. 글을 읽고 쓰는 데는 무한한 자유와 상상력이 마음대로 동원될 수 있는 것이다. 심지어 낙서만 해도 상상이 현실로 이어진다.

'3두들러3Doodler'라고 하는 3D 프린팅 펜이 있다. '3D'와 낙서하는 사람이라는 뜻의 '두들러Doodler'를 합성한 이름의 제품이다. 그런데 이거, 장난이 아니다. 허공에 글이건 그림이건 모든 게 올라온다. 에펠탑도 세우고, 무용 안무가 동작도 척척 그려낸다. 가격은 단돈 99달러. 2,200달러나 한다는 3D 프린터 가격에 비하면 정말 헐값이다. 2013년 ≪타임TIME≫으로부터 '올해의 혁신상품'으로 선정된, 미국 벤처기업 워블웍스WobbleWorks LLC의 제품이다.

어느 날 공동개발자 맥스웰 보그Maxwell Bogue와 피터 딜워스Peter Dilworth가 3D 프린터로 물체를 출력하던 중 하나로 나와야 할 것이 둘로 나뉘어 나왔다. 보그와 딜워스는 두 물체를 합쳐야 했고, 그때 문득 상상력이 발휘됐다. 허공에 여기저기 낙서를 해 보면서 '아예 허공에 물체를 만들 수 있는 펜을 개발하면 어떨까' 하는 상상력 말이다. 이처럼 워블웍스의 신조는 "인간의 상상력은 무한하다"이다. 낙서에조차 이런 기발한 아이디어 상품이 나왔는데, 글에서는 더 말할 나위가 있을까. 글의 즐거움은 바로 상상에 있다. 나이가 들수록 기억은 감퇴하지만 마음껏 상상하며 글을 보고 남기는 게 얼마나 즐거운가.

안정효 선생의 말처럼 "상상을 글자로 옮길 기운만" 있으면 말이다. 그래서 '기억'의 반대말은 '상상'이라 했던가. 요즘 모바일 세계의 활자로는 글의 참맛과 멋을 느낄 수 없다. 위대한 벤처사업가들도 책에서 영감을 얻고 신문에 기고한다. 글을 멀리함은 상상의 몰락을 의미하기 때문이다. 우리는 3두들러를 개발한 보그가 "상상의 크기로 기술은 진화 중"이라고 말한 것을 기억해야 한다. 한 살이라도 젊었을 때 글에 파묻혀 보면, 글의 상상은 머지않아 현실이 된다.

글쓰기로 키우는 '비관의 힘'

CJ제일제당 CEO를 지낸 김진수 사장은 오랫동안 샐러리맨으로 장수했다. 서울대학교 농경제학과를 졸업한 그는 1977년 제일제당에 입사했다. 삼성그룹 비서실도 거쳤다. SC Johnson Korea(한국존슨) 사장도 역임했다. CJ홈쇼핑과 CJ㈜ 대표를 지낸 뒤 2007년 CJ제일제당 사장이 됐다. 김 사장의 부친은 기자 출신이다. 김 사장은 ≪동아일보≫ 편집국장을 지낸 김영상 씨의 둘째아들이다.

신문기자의 아들다운 걸까. 김 전 사장은 "아버지가 기자여서 그런지 글 쓰는 것을 즐긴다"고 말한다. CJ 내에서도 그는 수려한 글쟁이로 소문났다. 그는 2005년부터 모든 임직원에게 매달 이메일로 '대표이사 메시지'를 보냈다. 거기엔 그냥 '너희들 일 잘해라'는 식의 내용이 아닌, 울림 있는 메시지가 담긴다. 그중에서 김 전 사장이 필자에게 소개한 '자기 몸값을 높이는 비법'이라는 메시지의 개략적인 내용은 이렇다.

'종이와 펜부터 꺼내십시오. 자, 그리고는 자기가 잘하는 것을 왼쪽에 적으세요. 잘 못하는 것은 오른쪽에 적습니다. 이제 무엇을 하면 될까요. 오른쪽에 적힌 잘 못하는 것부터 고쳐나가세요. 사람은 강점보단 부끄러운 점, 약점이 더 많은 법입니다. 머리로만 생각해서는 절대 안 됩니다. 정제된 언어로 적어 놓는 것과 머릿속으로 스쳐가는 것은 다르니까요.'

세븐일레븐7-Eleven으로 유명한 세븐앤드아이홀딩스Seven & i Holdings의 스즈키 도시후미鈴木敏文 회장 겸 CEO는 글쓰기를 워낙 좋아한다. 1932년 일본 나가노현에서 태어난 그는 도쿄 주오대학교中央大学 법학과에 입학했다가 경제학으로 전공을 바꿨다. 그는 대학 졸업 후 당초 기자가 되고자 했던 꿈대로 몇몇 언론사와 출판사의 문을 두드리다 도쿄출판판매주식회사東京出版販売株式會社의 홍보부 사원이 된다. 이후 친구들과 함께 작은 방송사를 차리기 위한 자금을 모으기 위해 여러 기업들을 전전하다가 신생 소매유통기업 이토요카도伊藤羊華堂의 창업자이자 훗날 그의 평생 멘토가 되는 이토 마사토시伊藤正俊 사장을 만난다. 이토 사장은 자신을 다짜고짜 찾아온 스즈키에게 "방송사 대신 우리 회사에 들어오는 게 어떤가"라고 제안한다. 고민 끝에 이토요카도의 평사원으로 입사한 스즈키는 이후 영업부와 인사부를 거쳐 승승장구한다.

1973년엔 미국 사우스랜드Southland Ice Company와 프랜차이즈 계약을 맺은 뒤 '세븐일레븐 재팬'이라는 사내 벤처를 만들었고, 이듬해 5월 도쿄에 세븐일레븐 1호점을 열었다. 일본 최초의 편의점이었다. 세븐일레븐은 예상 외로 폭발적인 인기를 끌었다. 첫 매장이 세워진 지 6년 만에 매장 수는 1,000개를 돌파했다. 스즈키는 1991년 세븐일레븐의 모회사 사우스랜드를 인수하고, 세븐일레븐을 아예 일본 브랜드로 바꾸고, 1992년 창업주의 아들들을 대신해 이토요카도의 회장 겸 CEO가 되고 만다.

평생 글쓰기를 좋아했던 스즈키 CEO가 강조하는 말이 있다. "성공하고 싶으면 '성공 기억 상실증'에 걸릴 줄 알아야 한다." "옛날에 나는 이랬어"라고 우쭐대는 낙관에서 벗어나라는 메시지다.

2014년 필자에게 큰 충격을 준 뉴스가 있었다. 바로 아마존닷컴의 제프 베조스Jeff Bezos가 136년 전통의 세계적인 유력지 ≪워싱턴 포스트The Washington Post≫를 샀다는 뉴스였다. 그 소식은 충격 이상이었다. 산업의 첨단을 걷는 베조스가 사양산업인 신문사를 사다니⋯. 도저히 이해할 수 없었다. 베조스가 누구인가. 세계 최대 온라인 쇼핑몰이자 세계 최대 클라우드 컴퓨팅 서비스업체인 동시에 세계 최대 전자책 전용기기 제조업체 아마존닷컴의 창업자 아닌가.

베조스는 MS의 빌 게이츠가 은퇴하고, 애플의 스티브 잡스가 타계한 지금 '최후의 천재 기술 CEO'로 불린다. 아마존닷컴 성공기를 다룬 책 『원 클릭』(자음과모음, 2012)의 저자 리처드 L. 브랜트Richard L. Brandt는 베조스를 "무하마드 알리의 자신감, 존 F. 케네디의 열정, 토머스 에디슨의 두뇌를 겸비한" 인물이라 평한다.

어린 시절의 베조스는 혼자 있길 좋아하는 괴짜였다. 부모가 모두 10대일 때 베조스를 낳았고, 베조스가 생후 18개월이 되자 부모는 이혼했다. 어머니가 2년여 뒤 재혼한 남편은 쿠바 태생 이민자로 전형적인 자수성가형 인물이었다. 그는 베조스를 친자로 입양해 정성껏 길렀다. 베조스는 은퇴한 우주공학자 외할아버지의 텍사스 농장에서 많은 시간을 보내며 호기심과 자립심을 길렀다. 외할아버지 덕에 베조스는 과학·수학 분야의 영재로 선발돼 고교를 수석 졸업한 뒤 프린스턴대학교Princeton University에 입학해, 컴퓨터공학과 전기공학을 전공했다.

대학 졸업 후 신생 통신 네트워크 기업을 거쳐, 뱅커스 트러스트 Bankers Trust Corporation에서는 최연소 부사장을 지냈다. 1994년 인터넷의 폭발력을 감지한 그는 미련 없이 사표를 던지고 대학 동문이었던 아내와 함께 아마존닷컴을 창업한다. 그들의 초기 거래 아이템은 책이었다. 현재 온라인 쇼핑몰의 기본이 된 추천·선물 기능이나 리뷰 쓰기, 배송 기한 안내 서비스 같은 요소들도 처음 선보였다. 이후 음반 거래, 전자책 취급과 '킨들kindle' 개발로 사업 영역을 넓혔다.

그런 그가 1972년 '워터게이트 사건Watergate Affair'을 특종으로 크게 터뜨린 ≪워싱턴 포스트≫를 산 것이다. 어려서부터 독서광이었던 그 역시 글의 힘을 너무나 잘 알고 있었던 게 아닐까. ≪워싱턴 포스트≫ 기자로서 워터게이트 특종 보도한 칼 번스타인Carl Bernstein 은 "신기술 시대를 대표하는 새 경영진이 저널리즘적 가치와 디지털 잠재력을 결합해 뉴스 산업 전반을 이끌어 갈 필요가 있음을 보여 주는 역사적 순간"이라 평했다.

2014년 12월 30일 페이스북의 마크 주커버그Mark Zuckerberg CEO가

자신의 페이스북 계정에 글을 올렸다. "여러분, 새해에는 제가 뭘 도전해 볼까요? 댓글로 아이디어를 주세요." 주커버그는 이어 "새해 도전거리challenge를 무엇으로 할지 '아이디어 크라우드 소싱'을 하겠다"고 적었다. 다수의 대중이 작품·제품 제작에 참여하는 크라우드 소싱crowd sourcing 방식으로 새해 목표를 정하겠다는 것이다. 평소 페이스북 계정에 거액 기부소식이나 가정사를 종종 공개하는 주커버그는 이용자들을 페이스북 본사에 초청해 타운홀 미팅을 갖는 등 온·오프라인에서 소통을 강화하고 있기도 하다.

이번 페이스북 글에서 주커버그는 "시야를 넓히고 페이스북 일 외의 세상에 대해 배우려고 매년 도전거리를 정한다"며 '새해 도전거리 아이디어 모집' 이유에 대해 설명했다. 그는 과거에도 중국어 배우기, 페이스북 직원 아닌 사람을 매일 한 명씩 새로 만나기, 더 나은 세상을 만드는 누군가에게 매일 감사 쪽지 쓰기, 채식하기(또는 자신이 직접 도살한 고기만 먹기), 날마다 타이 매기 등에 도전했다고 밝혔다.

이 가운데 중국어는 주커버그가 수년간 공들여 배운 언어다. 그의 아내가 중국계 이민 2세이기도 하지만, 세계 최대 SNS 시장인 중국에 진출하기 위한 준비이기도 하다. 덕분에 그는 2014년 중국 칭화대학교清華大學 방문 당시 중국어로 30분 이상 학생들과 대화를 나눌 수 있을 정도의 수준까지 도달했다.

하여간 주커버그의 아이디어 크라우드 소싱에 12만여 개의 '좋아요', 5만여 개의 댓글이 달릴 정도로 페이스북 사용자들은 적극 호응에 나섰다. 이 가운데에 "아기 갖기(임신)", "한국어 배우기", "여기에 가장 좋은 아이디어를 낸 사람에게 100만 달러 주기", "제3세계 가난한 마을에 학교를 설립해 학생들에게 태블릿 기부하기", "페이스북 보안 강화하기", "대중교통으로만 여행하고, 탄소발자국 확인하기"처럼 여러 가지 재치 있는 제안들이 쏟아졌다.

그의 결정은 무엇이었을까. 결론은 "격주마다 새로운 책을 읽는 것이 목표다. 다른 문화와 신념, 역사, 테크놀로지에 대해 배우는 데 중점을 두겠다"였다. 책도 골랐다. 그가 고른 첫째 책은 『권력의 종말The End of Power』(책읽는수요일, 2015)이었다. 베네수엘라 무역장관 출신의 경제학자이자 외교안보전문지 ≪포린 폴리시Foreign Policy≫의 편집장을 지낸 모이제스 나임Moises Naim의 책이다.

주커버그는 이 책에 대해 "전통적으로 거대 정부와 군부, 기관이 쥐고 있던 권력이 어떤 방식으로 개개인에게 이동하고 있는지를 다룬 책"이라고 소개하고 "나 역시 이런 트렌드를 깊이 실감하고 있기에, 이 책을 통해 더 자세히 알아보고 싶다"고 말했다. 또한 "독서를 하면 지적인 충만감을 느낄 수 있습니다. 책은 다른 미디어보다 더 깊은 방식으로 주제를 탐구하고 몰입할 수 있게 해줍니다"라고 독서에 대한 소신도 밝혔다.

그러면서 자신과 함께 독서에 도전할 페이스북 사용자를 위한 페이스북 페이지 '독서의 해A Year of Books'도 개설했다. 페이스북 사용자는 이 페이지에서 주커버그가 읽은 책을 함께 읽고 의견을 올릴 수 있다. 페이지가 개설된 지 24시간 만에 이미 6만 7,000명이 이 페이지에 '좋아요'를 누르며 그와 함께 책 읽기에 나서기 시작했다.

글을 쓴다는 것은 결국 자기만의 원칙을 정하자는 얘기다. 애플이 "단순함이 궁극의 정교함이다(Simplicity is the ultimate sophistication)"라고 천명하는 것도 일관된 애플 철학을 유지하고자 함이다. 강성욱 GE코리아 대표는 "잘 되는 부문도 정상이면 판다. 사람이 우선이고 전략은 그 다음이다(people first, strategy second)"라고 말하고 있다.

이런 일관된 정신을 잘 살려 장수기업 GE는 여전히 생존과 번영을 구가하고 있다. 코코 샤넬Gabrielle Chanel도 그렇다. 나치에 복역했다느니, 나치의 스파이였다느니 하는 논란도 있지만 패션에 관한 한 대단한 사람이다. 그런 코코 샤넬도 "여성의 사회활동이 늘어날 것이다. 허리가 꽉 조이는 옷은 안 된다. 불편한 옷은 안 된다. 옷은 편하고 단순해야 한다"는 신조로 옷을 만들어 성공하지 않았는가. 미래를 내다본 통찰력이다. 부잣집에서 태어나 풍족한 유년을 보내 옷의 화려함을 강조한 크리스티앙 디올Christian Dior에게 수녀원에서 운영하는 고아원 출신이었던 샤넬이 승리했던 결정적인 이유 중 하나다.

도쿠가와 이에야스는 "어리석은 이야기를 하는 사람의 말도 자주 들어야 한다"고 강조했고, 법정 스님은 "말은 생각을 담는 그릇"이라 했다. 이에 필자는 이런 말을 덧붙이고 싶다. "말이 생각을 담는 그릇이라면, 글은 생각을 실천하는 수저다. 특히 좌절할 때마다 글로 기록을 남긴다면 훗날 큰 도움이 될 수 있을 것으로 확신한다. 글쓰기를 '비관'하는 습관 중 하나로 삼아 보자."

양반보다는 상놈

발로 뛰는 상_常놈

자기 자신을 양반이라 생각하는가. 아니 그렇다고 긍정하고 싶을 것이다. 그러나 우리나라 속담에 양반을 비꼬는 해학을 보면 양반은 딱 굶어 죽기 십상이다.

'양반은 배고파도 밥 먹자고 하지 않고, 장맛 보자고 한다.'
'양반은 문자 쓰다가 저녁 굶는다.'
'양반은 안 먹어도 긴 트림'

필자가 고등학교에 다닐 때 국어 선생님이 "양반은 입 덕, 상놈은 발 덕"이라고 말했던 기억이 난다. 김상대 아주대학교 명예교수의 『언어와 진실』(국학자료원, 2003)에는 '입 덕' 대신 '글 덕'이라고 명시돼 있고, 우리 속담도 '상놈은 발 덕, 양반은 글 덕'이라고 한 걸 보면 아마 국어 선생님이 착각하신 듯하다. 그러나 입 덕이든 글 덕이든 속뜻은 같다. 지체 높은 양반이야 말 몇 마디만 하거나 글 몇 자 끼적거리기만 하면 되지만, 막 굴러먹는 상놈은 발품깨나 들여야 한다는 뜻이다. 우리는 모두 양반이라고 긍정해서도, 착각해서도 안 된다. 양반이고 싶겠지만 양반이 되면 굶어죽는다. '머슴 정신'을 갖고 있어야 살아남는다. 필자는 이를 '상놈 정신'이라 명명하고 싶다. 그리고 상놈의 '상'자에는 여러 의미가 담겨 있는데, 이를 세 가지로 구분해 보자.

입발림만으로는 곤란하다. 이젠 실천이다. 발이 부르트도록 뛰어다녀야 한다. 입만 살아 있다가는 가정도 기업도 나라도 망한다. 어쭙잖은 문자 쓰다가 저녁 굶기 십상이다. 동양방송TBC이 JTBC로 부활한 2011년 12월 2일, 이 채널에선 방송인 허참 씨의 사회로 〈JTBC 추억여행〉이란 프로그램이 방영됐다.

이날 탤런트 강부자 씨는 눈시울을 붉히며 "눈물 값이었죠. 저와 가수 이은하 씨는 눈물로 일감을 빼앗겼습니다"라고 울먹였다. TBC가 신 군부에 의해 강탈당했을 당시 이은하 씨가 눈물의 공연으로 천직인 노래를 부를 수 없게 됐음을 말하는 것이다. 강부자 씨도 "일일연속극 〈달동네〉 촬영을 갔더니 나의 출입을 아예 막더라"

고 회고했다. 그럼에도 불구하고 이들은 탤런트로서 가수로서 크게 성장했다. 눈물 때문에 일자리를 잃었지만 눈물 젖은 빵을 먹으며 절치부심했고 성공한 뒤에는 다시 눈물로 과거를 추억했다.

최지성 삼성그룹 부회장은 홀로 유럽에서 세일즈맨으로 일했을 당시 와인 폭탄주 하나로 외국인 바이어들을 상대했다. 큰 와인잔에 포도주를 가득 따른 뒤 '원샷'으로 거듭 두 잔을 마셨다. 이를 신기하게 본 바이어들도 덩달아 마셨고. 그렇게 자기의 몸을 불사르며 영업해 지금의 최지성을 만들었다.

현대자동차그룹 김용환 부회장은 1988년부터 2000년대 초반까지 오로지 해외에서 컨테이너를 팔러 다녔다. 자신을 '을乙 중의 을'이라고 낮추고 영업을 다녔다. 바이어들에게 찾아가 작은 선물을 주곤 했는데, 그때마다 딸로부터 "왜 아빠는 남에게 선물만 주고 받지는 못해?"라는 질문을 받아야 했다. 그렇게 치열한 영업전쟁을 치르고서야 오늘날의 김용환이 된 것이다.

우리은행 회장과 은행장 자리에 까지 올랐던 이순우 씨는 특유의 집념으로 어려웠던 은행원 시절을 겪었다. 그가 한빛은행 명동역 지점장이었을 당시 명동의 상가 곳곳마다 '은행원 및 잡상인 출입금지'라는 푯말이 붙어 있었다. 이들 상가들은 은행원이 찾아와 예금 유치활동을 벌이는 것을 탐탁지 않게 여기고 문전박대하기 일쑤였다. 그러나 그는 버텼다. 명동의 유력자들이었던 상가 사장들과 친해지려고 온갖 노력을 다했다. 그리고 그로써 훗날 은행장의 자리에 오르는 토대를 쌓은 것이다.

살찌우는 상商놈

'기업가 정신'이라 해도 좋다. 마크 주커버그와 함께 페이스북을 만든 크리스 휴즈Chris Hughes는 미래가 밝은 페이스북을 홀연히 떠나 계속해서 새로운 창업을 시도했다. 언젠가 한국을 방문해 벌인 강연에서 그는 "내 핏속의 기업가 정신이 나를 가만히 있도록 놔두지 않는다. 그것을 참을 수 없다"고 말했나.

일본의 저명한 경제평론가 오마에 겐이치大前研一는 커다란 변화를 주도한 빌 게이츠에게 경의를 표하며 1985년 이전 시대를 'BGBefore Gates', 이후 시대를 'AGAfter Gates'라고 명명했다. 기업가 정신에 대한 최대의 찬사다. 아시아 최고 부자인 마윈 알리바바그룹 회장은 2014년 대만 타이베이臺北에서 열린 '2014 양안兩岸(중국 본토와 대만) 기업인 회의' 기조연설에서 자신의 인생 역정을 소개하며 열 가지 성공의 비결과 가치관에 대해 이렇게 밝혔다.

"젊은이들을 믿어야 국가의 미래가 밝은 법입니다. 15년 전 중소기업에 불과했던 알리바바가 오늘날 이렇게 성장한 것은 시대와 사회, 국가가 젊은 자신에게 기회를 줬기 때문에 가능했습니다. 진융金庸의 무협소설(마윈 자신은 젊은 시절 그의 무협지에 심취해 그로부터 기발하고 창의적인 아이디어를 얻었다고 한다)에서 나이가 들수록 무공이 높은 것으로 묘사됐는데, 이는 잘못된 것입니다. 디지털 시대엔 오히려 젊은이들이 큰일을 할 수 있습니다. 지난 15년간 대만에서 젊은 기업인이 성공하지 못한 것은 기성세대가 그들에게 기회를 주지 않았다는 시각에서 반성할 필요가 있습니다." 젊은이들에게 기업가 정신을 고취시킨 연설이었다. 역시 창업가는 다르다.

최은영 한진해운 회장이 외삼촌인 신격호 회장을 예로 들며 "창업주는 확실히 다르다. 창업 2, 3세대에게 없는 게 있다. 바로 직관이다. 기업도 끊임없이 세포분열하는 생명체인 마당에 창업주의 그 경험은 억만금을 주고도 못 산다"고 필자에게 말한 바 있다. 가끔 이용하는 여의도의 24시간 해장국집이 있는데, 허름한 그 집에도 아래와 같은 '상인일기' 글귀가 붙어 있다. 이 얼마나 구구절절한 기업가 정신인가.

하늘에 해가 없는 날이라 해도
나의 점포는 열려 있어야 한다
하늘에 별이 없는 날이라 해도
나의 장부엔 매상이 있어야 한다
메뚜기 이마에 앉아서라도
전廛은 펴야 한다
달빛이라도 베어 팔아야 한다
일이 없으면 별이라도 세고
구구단이라도 외워야 한다
옷 벗고 힘을 팔아야 한다
힘 못 팔면 혼魂이라도 팔아야 한다
상인은 오직 팔아야 하는 사람
팔아서 세상을 유익하게 하는 사람

두루 요긴한 상_桑놈

예부터 뽕나무_桑는 여러모로 요긴하게 쓰였다. 누에를 기르는 데는 뽕잎이 최고다. '오디'라 불리는 뽕나무 열매는 관절염과 고혈압에 좋고, 노화를 억제하는 물질을 갖고 있다고 한다. 뿌리껍질은 해열제와 이뇨제로 사용돼 왔다. 이 뽕나무처럼 되기 위해서는 당장 불행하다고, 지금 어렵다고, 포기해서는 안 된다. 사람은 반드시 그 요긴한 쓰임새가 있다.

웨스틴조선호텔 일식당 스시조에서 신세계그룹의 정용진 부회장과 점심식사를 한 적이 있다. 필자가 "스피드를 즐기시는데, 요즘도 오토바이를 타시느냐"고 묻자 그는 손사래를 쳤다. 대신 아령과 역기를 든다고 했다. 그것도 서울 한남동 자택에서 말이다. 그러고 보니 딱 벌어진 상체가 굉장히 단단해 보였다. 금방이라도 와이셔츠 단추 몇 개가 튀어나올 듯했다. 담배도 끊었다고 했다. 그랬더니 "집 2층 방에 있어도 저 멀리 길거리에서 누군가 피우는 담배 냄새를 금방 맡을 정도"로 후각이 더 발달했단다.

정용진 부회장은 이명희 신세계 회장의 아들이다. 이명희 회장이 누구인가. 이병철 삼성 창업주의 막내딸이다. 이병철 회장에게 이명희 회장은 눈에 넣어도 아프지 않을 귀한 딸이었다. 그 이명희 회장이 아버지로부터 받은 신세계백화점을 오늘날의 신세계그룹으로 키웠다. 당연히 정용진 부회장은 외할아버지(이병철)와 어머니(이명희)로부터 천부적인 경영능력의 유전자를 물려받았을 것이다. 본인 말

마따나 그의 후각은 아주 뛰어나다. 정용진 부회장의 발달된 후각
은 유능한 일꾼을 냄새 맡고 발굴하는 데 그 능력을 제대로 발휘
한다.

특히 이명희 회장의 혹독한 '사자 훈련'은 꽤 유명하다. 될성부
른 직원은 일부러 험한 곳으로 보낸다. 만약 그 직원이 살아남으면
나중에 크게 쓰고, 쉽게 도태되면 그냥 내버려 두는 식이다. 요긴한
사람들을 길러내는 방식이다. 그러나 후각만으로 되랴. 제대로 된
비전을 제시하는 시각, 위기를 감지하는 촉각, 살맛나는 회사를 만
들어 내는 미각, 조언을 귀담아 들어야 하는 청각이 함께 어우러져
야 한다. 인생과 기업의 성패는 바로 이 오각五覺을 갖춘 요긴한 인재
들에게 달렸다.

상놈으로 성공하려면

이왕 양반임을 거부할 바에는 윗사람을 모실 때도 확실하게 할 필
요가 있다. 최은영 한진해운 회장은 뉴욕 출장 일정상 케네디 공항
이 아닌 뉴어크 공항을 이용한 적이 있다. 관계사 오너인 만큼 통상
대한항공 뉴욕지점에서 의전을 해야 했지만, 뉴어크 공항에는 국내
항공사 사무실이 없었다. 털털한 성격의 최 회장이 "의전은 무슨…"

이라며 다른 승객들과 함께 공항에 내리려 하자 갑자기 안내방송이 흘러나왔다.

"승객 여러분들께서는 다시 기내로 들어가 주십시오." 그리고는 "E Y CHOI(최 회장 영문 이니셜)"가 호명되며 먼저 내리라는 게 아닌가. 어리둥절한 채로 비행기에서 내리는 최 회장을 기다리는 사람이 있었으니 바로 한진해운 뉴욕지점장이었다. 호남 출신 지점장은 뉴욕에서는 항만청이 공항까지 관리하기 때문에 항만청과 교류가 있는 해운사 지점장의 민원이 받아들여졌다며, "나가(제가), 힘 좀 썼습죠"라고 말했다고 한다. 최 회장은 "외국인 탑승객들이 나를 테러범으로 착각했던 것 같았다"며 멋쩍었다고 술회했다.

이처럼 의전을 하려면 한진해운 뉴욕지점장 정도는 해야 한다. 에스컬레이터를 오르내릴 때 VIP의 앞에 서야 할까, 뒤에 서야 할까. 얼핏 보면 간단한 것 같지만 상당히 헷갈린다. 정답은 이렇다. 올라갈 때는 VIP의 뒤에, 내려갈 때는 앞에. 왜 그럴까. 올라갈 때 VIP에게 자신의 엉덩이를 보이면 실례가 되며, 내려갈 때 VIP의 정수리를 쳐다보지 않는 게 예법이다(VIP가 에스컬레이터에서 굴러 떨어지지 않도록 하기 위함이기도 하다).

필자가 직장생활 초년병 시절 우연히 배운 의전 중 하나다. 정부 관료 가운데 의전은 외무부 공무원이 으뜸일 듯싶지만 재무부 관리도 이에 못지않다. 경제기획원 A국장이 하와이로 출장 갔을 때다. 당시 하와이에는 재무부 B사무관이 연수 중이었다. 만약 재무부 출신보다 상대적으로 의전에 약한 경제기획원 출신이 그곳에 있었다면 공항 영접에만 그쳤을지도 모르겠다.

그런데 B사무관, 보통 정성이 아니다. A국장의 체류기간 모든 동선을 파악해 만전을 기한 것이다. 그뿐이 아니다. 혹시 비가 내릴지도 모를 상황까지 가정해 뒀다. 훗날 A국장이 장관이 되자 B사무관은 승승장구했고. 그 역시 장관이 됐다.

일본에 거주하는 친한 후배가 2014년 가을 NHK의 아침 일일드라마 〈맛상マッサン〉 이야기를 들려준 적이 있다. 이 드라마의 평균 시청률은 21.8%였다. 최근 10년 사이 일본 드라마 최고 시청률이라고 한다. 〈맛상〉은 일본의 위스키업체 닛카 위스키ニッカウイスキー를 창립한 다케쓰루 마사타카竹鶴政孝의 애칭이다. 그는 닛카와 더불어 양대 위스키업체인 산토리 위스키サントリーウイスキー의 초대 공장장까지 지낸 '일본 위스키의 아버지'다.

다케쓰루는 고등학교를 졸업하기도 전에 양조장집 아들답게 양조장에서 일하다가 24세(1918년)에 혈혈단신으로 스코틀랜드로 건너갔다. 밤에는 글래스고대학교Glasgow University에서 화학을 공부하고, 낮에는 동네 위스키 증류장을 돌아다녔다. 위스키 증류장에서 그가 한 일은 대형 증류기 안에 청소부로 들어가 내부구조를 죄다 외워 버리는 것이었다. 또한 항상 만년필을 품에 지니고 다니며 증류소 내부를 꾸준히 스케치했다.

다케쓰루는 귀국 후인 1934년 홋카이도 북부인 요이치余市에 증류소를 설립한다. 닛카 위스키의 전신이다. 처음엔 자본력이 약해 과즙음료부터 만들었다. 그래서 회사 이름 '닛카'도 '다이닛폰카주大日本

果汁'의 약자였다. 몇 년 뒤 사과주스 장사가 잘 안 되자 재고로 쌓인 사과를 이용해 증류주를 만들었고, 내친김에 위스키를 만들기 시작했다. 닛카 위스키는 이후 아사히 맥주ァサヒビール株式会社에 인수되었지만 아직도 최고의 위스키를 만든다는 자부심은 대단하다.

다케쓰루는 "최고의 정통 일본산 위스키를 만들겠다"는 고집이 대단했다. 80세까지 하루에 위스키 한 병씩 마시고 잠을 잤다는 일화는 유명하다. 먼 훗날인 1962년 일본을 방문한 리처드 버틀러 Richard Butler 영국 부총리는 다케쓰루를 두고 "한 청년이 만년필 한 자루로 우리 기술을 훔쳐 갔다"고 말하기도 했다.

다케쓰루의 성공 스토리는 홍콩의 최고 갑부 리카싱 허치슨 왐포아·청쿵실업 회장과 흡사하다. 교사였던 그의 아버지는 일본이 차오저우潮州를 점령하면서 직장을 잃었다. 리카싱은 홍콩으로 이주했지만 이내 아버지는 폐병으로 사망하고, 졸지에 그는 소년가장이 된다. 이때 그의 나이는 겨우 14세였다. 정규 학업은 중학교 1학년으로 끝이 났다. 이후 찻집 종업원, 시곗줄 행상, 플라스틱 제품 판매원을 전전했다. 그러나 결코 책은 놓지 않았다. 남보다 두 배 일하면서 독학했다. 그는 곧 이탈리아로 건너가 플라스틱 조화 제조업체에서 플라스틱 조화 제조기술을 닥치는 대로 익혔다.

홍콩으로 돌아와서는 이탈리아에서 배운 플라스틱 조화 기술을 활용해 큰돈을 벌었다. 460여 개 회사와 18만 명의 직원을 거느리고 세계적인 화상華商이 되었다. 홍콩에서는 "1달러를 쓰면 5센트가 리카싱 호주머니로 들어간다"는 말이 있을 정도다.

그렇다면 다케쓰루 마사타카와 리카싱의 공통점은 무엇인가. 바로 모방이었다. 이들은 굳이 창조를 고집하지 않았다. 최근 삼성전자와 애플을 무섭게 추격하는 중국의 모바일업체 샤오미小米 역시 선두업체들의 스마트폰 디자인 공부에 몰두, 수많은 성공모델을 가져다 완전히 자기 것으로 만들었다. "양반입네"하고 창조경제만 외치다가는 밥 굶기 딱 십상인데, 다케쓰루와 리카싱, 샤오미는 이미 오래전에, 그리고 지금도 '머슴 정신'으로 길을 개척했거나 개척 중이다. 이들은 모방도 훌륭한 창조임을 스스로 입증한 것이다.

제4장

비관은 긍정이다

아직도 천지에 빈 데는 많다

소설가 이윤기 선생은 2010년 8월 돌아가시기 몇 달 전에 『천지에 빈 데는 없다』라는 생애 마지막 신문 칼럼을 게재했다. 거기에 이윤기 선생은 소설가의 예를 들면서 "만약 원고료와 인세를 많이 받아 부자가 됐다면 천재나 수재가 몰려들어 자기 자리를 차지해 버릴 거고, 그러면 천재도 수재도 아닌 자신은 보따리를 싸는 수밖에"라고 썼다. 이윤기 선생은 택시기사 사례도 미안함을 전제로 꺼냈다. "택시기사 수입이 턱없이 많아진다면 고급 인력이 밀려와 살아남을 자신이 있는가"라고 반문하며 "천지자연엔 빈 데가 없다"고 했다. 이윤기 선생의 주장은 스스로 칼럼에서 밝혔듯이 노자老子의 말씀 상선약수上善若水 논리다.

'으뜸의 선은 물과 같다', 즉 높은 곳에서 빈곳으로, 가득 찬 곳에서 빈곳으로 흐르는 물의 흐름을 거스르지 않는 삶을 살아야 한다는 것이다. 대학자 노자의 깊은 뜻을 모두 헤아릴 수는 없지만 문맥 그대로만 놓고 거꾸로 해석해서, 현실에 안주하지 않는 삶을 살겠다면 이야기는 다르다.

현대백화점그룹 총괄 부회장까지 오른 경청호 그룹 고문은 월급쟁이로서 성공한 인물이다. 그는 대학을 졸업하고 두 군데 직장에 합격했다. 한 곳은 현대, 다른 한 곳은 대한항공. 고민 끝에 그가 입사를 최종 결정한 곳은 현대였다. 현대를 택한 그의 이유가 싱겁다.

"대한항공은 양복에 넥타이를 매고 다녀야 했지. 현대는 점퍼 차림이면 됐고. 그런데 더 중요한 것은 현대는 식사를 제공해 주더라 이거야. 충청도 시골 촌놈에게 당장 먹을 것을 준다고 하니…"

경청호 고문은 현대라는 직장을 선택해 월급쟁이로서는 최고의 자리에까지 올랐다. 그저 '옷차림새가 편해서', '밥을 주니까' 등의 이유로 현대를 택했다지만 얼마나 망설였을까. 그 고민 끝에 고른 현대라는 직장이 만만치는 않았을 게다. 그는 좌절하지 않고 안이함을 버리며, 개인과 조직의 발전을 위해 늘 진화하는 삶을 살았다.

경청호 고문을 비롯해 다른 기업의 성공한 전문경영인들은 그 자리가 어떤 이유로든 비어 있었기에 지금 그 자리에 있는 것이다. 경 고문이 택하지 않은 대한항공 자리에도 누군가 들어섰을 테고, 그 누군가는 치열한 경쟁을 통해 대한항공 경영자가 됐을 것이다.

주식시장을 예측하는 고수가 되고 싶고, 경청호 고문처럼 사회에서 큰 성공을 꿈꾼다면 분명 천지에 빈 데는 반드시 있다는 점을 알아야 한다. 아래가 아닌 위를 쳐다본다면, 남들과 크게 다른 성과를 내서 발전을 이루겠다면 또 다른 이야기다.

주식투자에 귀신같은 혜안이 있다는 어떤 CEO처럼은 아니더라도 그에 버금가는 옆자리는 확실히 있다. 우리 대부분은 그런 사람이 있으며, 그의 기막힌 비법이 달리 있다는 사실을 모르고 지나칠 뿐이다. 세상 천지에 난다 긴다 하는 고수들 속에서 진짜 고수는 그저 숨어 있을 뿐이다.

자연의 섭리를 따른다면야 천지에 빈 데는 없다. 그러나 도전을 꿈꾼다면 빈 데는 분명 있다. 이탈리아 작가 움베르토 에코Umberto Eco도 "천지자연은 빈 데를 용인하지 않는다"는 걸 우선하며 "빈 데를 용납한다면 새로운 세상이 언제나, 얼마든지 가능하다"고 했다. 변화와 발전의 위를 지향한다면 빈 데는 있다. 물은 늘 아래로만 흘러 빈 데를 채우는 것이기에 말이다. 자, 지금껏 실컷 비관하고 부정했으니 이제 길이 보일 것이다. 천지에 빈 데가 확확 눈에 띌 것이다.

이제 천지의 빈 데를 기가 막히게 뚫은 다섯 명(혹은 기업)을 소개해 본다. '카톡' 열풍으로 모바일시장을 선점한 김범수 씨, 이라크

전쟁을 계기로 속전속결로 승부해 왜소한 기업에서 거대기업이 된 물류기업, 미국 놀이시장 개념을 들여온 청년, 인터넷 민박이란 새로운 시장을 뚫은 사업가, 지방도시를 커피도시로 일군 강릉 토박이가 그 주인공들이다.

멀리 보지 않는다

'카카오톡'으로 대박을 터뜨린 김범수 창업주는 자신이 만든 한게임과 이해진 씨의 네이버를 합친 NHN을 창업했으나 이내 안정을 박차고 미국으로 떠났고, 점차 그의 이름은 미디어로부터 사라졌다. 그는 더 이상 할 일이 없어진 걸까. 아니었다. 어느 날 훌쩍 다시 혜성같이 나타나 스마트폰용 SNS '카카오톡'이라는, 당시엔 생소한 개념의 IT를 들고 돌아왔다. 그는 "카카오톡은 웹 시장에서 탈피한 모델인가"라는 필자의 질문엔 이렇게 대답했다.

"웹 시대에 사용자는 하루 평균 서너 시간 온라인에 접속합니다. 데스크톱 앞에 앉아야만 접속이 가능했기 때문이지요. 하지만 모바일 시대 사용자는 자는 시간을 제외하곤 언제나 온라인 상태입니다. 24시간 네트워킹이 가능해지면서 웹 시대에 존재했던 온라인과 오프라인 간의 경계도 무너졌습니다. 이런 시대에서 통하는 서비스의 본질은 무엇일까요. 저는 커뮤니케이션이라고 봤습니다. 그래서 스마트폰용 SNS 앱을 만든 것입니다."

그가 찾은 답이 맞았던 걸까. 2010년 3월 출시된 카카오톡은 1년 만에 가입자 1,000만 명을 돌파하더니 그 뒤 3개월 만에 2,000만 명, 다시 4개월 만에 3,000만 명을 넘어섰다. 그 이후로 가입자 수는 천문학적으로 늘어갔다. 필자는 그에게 성공 이유에 대해 물었다.

"이동통신사의 승인을 받는 구조였다면 실패했을 겁니다. 우리가 만들고 등록하는 '열린 시장'이었기에 가능했죠. 애플과 구글이 그 시장을 열었습니다. 그곳에선 '규모의 경제'를 이루지 않아도 생존하고 성공할 수 있습니다. 자본이 독식하는 '규모의 경제' 시대를 넘어 이제 열려 있고 순환하는 '생태계 경제'의 시대가 시작된 겁니다."

그렇게 그에겐 할 일이 태산 같았다. 천지에 더 이상 그가 존재할 빈 데가 없는 것처럼 보였는데 그게 아니었다. 대기업(삼성SDS)에 다니다 한게임·NHN 대표를 거친 그가 '천성적으로 주류가 될 수 없는 기업인'이란 평가에도 불구하고 주류보다 더 영향력 있는 기업인으로 자리매김한 것이다.

그는 늘 자신을 '야전사령관형'이라고 말하며, "NHN에서 전문 경영인으로 1년 일해 봤지만 체질에 안 맞았다. 판단하고 분석하고 계획하는 건 내 스타일이 아니다. 매일 오전 6시에 일어나 40분씩 산책·샤워·독서·음악 감상을 한다. 나는 그때그때 직관에 따라 움직이는 사람이다. 누구도 가지 않은 길이라 내 직관을 믿었다"고 했다. 또 "돈도 벌었고 사회적 지위도 얻었다. 하지만 정작 '이게 정말 성공일까' 의심이 들었다"고도 반문했다. 그러면서 "잘할 수 있고 좋아하고 사회적으로 의미 있는 일을 해야 한다는 게 내 생각"이라고 덧붙였다.

마지막으로 김범수 창업주의 중요한 특징이 하나 있다. 결코 낙관하는 법이 없다는 점이다. 통상 국내 기업 CEO들은 으레 "먼 미래를 내다보고 기업경영을 한다"고 말한다. 하지만 실제 그렇게 되기 어렵고 그렇게 하지도 않는다. 그래서 그는 "나는 사실 먼 미래를 내다보는 사람이 아니다"라고 자백한다. 그러면서 "때문에 거창한 장기 계획을 잡지도 않는다"고 말한다.

"10년, 20년 내다볼 수 있는 내공을 갖춘 사람은 흔치 않습니다. 저 역시 6개월 단위의 계획만을 세울 뿐입니다." 그는 그러나 꿈(미래)을 기록해 이미지로 만들라고 주문한다. 기록하지 않고 이미지 없는 꿈은 몽상에 그친다는 것이다. "꿈을 어떻게 이룰지 생각하고, 준비가 잘 됐다는 생각이 들면 과감히 도전해야 한다. 상상하지 않은 것이 어느 날 갑자기 이뤄지는 법은 없다"라고 말하면서 말이다.

속도전으로 승부하다

쿠웨이트 물류회사 PWC 로지스틱스Public Warehousing Company Logistics와 관련해 잠시 오래된 이야기 한 토막을 살펴보자. 수주 물량이 적어 크게 두각을 내지 못했던 이 회사에게 2003년 절호의 기회가 찾아온다. 이라크전쟁이 한창일 때였는데, 미국 군수물자를 수송할 회사로 선정된 것이다. 이 기회를 대성의 발판으로 삼기로 한 PWC는 쿠웨이트와 이라크를 오갈 트럭 운전자를 모집할 때 이런 조건을 걸었다. '선불로 1만 달러, 살아 돌아오면 1만 달러 추가' 목숨을 담보로 잡은 위험천만의 임무였지만 이에 대한 '공포의 보수'는 파격적이었다. 덕분에 상당수가 자원했다. 전쟁물자를 실은 200여 대의 트럭은 빗발치는 포탄 속을 뚫고 매일 이라크로 향했다. 천천히 가면 목숨이 위태로웠기에 운전자들은 사막 위를 무섭게 질주했다.

　미군 위성은 트럭들이 무사히 가는지 위성으로 확인했다. 때론 트럭이 폭파됐다. 그럴 때마다 위성에서 점 하나씩 없어졌다. PWC는 이런 '결사적' 비즈니스를 벌여 엄청난 돈을 벌었고, 모처럼 전쟁터에서 잡은 기회를 무기 삼아 이런 스피드를 인수합병M&A에도 전격응용, 도입했다. 전광석화 같은 의사결정으로 알짜 기업들을 사들였다. 급기야 직원 5,000여 명에 연간 16억 달러의 매출을 올리는 미국의 대형 물류업체까지 인수했다. 그 결과 작은 나라의 무명 회사가 일약 세계 10위권의 물류회사가 된 것이다.

　이후 PWC는 100여 개국에 450개 지점을 두었다. 회사 이름도

'민첩'이란 뜻의 '어질리티Agility'로 아예 바꿨다. 영영 기회가 없을 것으로만 여겼던, 조그마한 회사가 한번 호기를 잡자마자 질주 본능으로 큰 성공을 거둔 것이다. 이 사례는 경영에도 접목돼 '스피드 경영'이라는 단어까지 탄생시켰다.

경기가 어렵고 불투명해질수록 신속한 의사결정이 중시되는데, 스피드 경영은 빌 게이츠 MS 회장이 설파해 널리 회자되기도 했다. 그는 저서 『빌 게이츠 @ 생각의 속도』(청림출판, 1999)에서 "21세기 기업의 성패는 속도가 좌우할 것"으로 내다봤다. 존 체임버스John Chambers 시스코시스템스Cisco Systems, Inc. 회장의 "덩치 큰 기업이 작은 기업을 늘 이기는 건 아니지만 빠른 기업은 언제나 느린 기업을 이긴다"라는 유명한 말도 이에 해당한다.

놀이도 아이템이다

미국의 놀이문화를 들여와 성공한 한국짐보리㈜짐월드의 박기영 대표는 청년 때의 체험을 바탕으로 남과 다른 기업을 일군 사람이다. 때는 1992년 6월, 미국 워싱턴 DC에 있는 조지워싱턴대학교George Washington University의 강의실에서 경영학석사MBA 과정 마지막 수업을 듣던 청년의 눈이 반짝였다. '베네통의 키즈Kids마케팅 기법'에 대해 토론하던 중 미국인 노老 교수가 던진 말이 그의 뇌리에 박힌 것이다. "사업을 생각하는가? 그렇다면 아이들이 노는 모습을 봐라." 29세 청년 박기영은 그 순간, 예전에 우연히 방문했던 미국 영·유아 놀이 교육업체인 짐보리Gymboree Corp.를 떠올렸다. 그리고 강의실을 나오자 마자 자신이 당초 생각했던 길을 틀었다. MBA 졸업과 동시에 일본 도시바에 취업하기로 돼 있었지만 짐보리 본사로 행선지를 바꾼 것 이다.

짐보리는 1976년 미국에서 개발해 영국·호주·프랑스·캐나다 등 세계 30여 개국에 센터를 운영하는 놀이교육업체다. 그는 당시를 이렇게 술회했다. "먼저 우리나라를 생각했습니다. 영·유아 시설이 라면 애들을 봐주는 곳이라는 인식이 지배적인 곳에 교육과 놀이를 접목한 시설을 만든다면 반드시 성공할 수 있겠다는 판단이 섰던 겁니다." 특히 박기영 대표는 한국 어머니들의 교육열에 주목했다. 그래서 '엄마와 함께하는 놀이교육'이라는 모토를 앞세웠다. 하지만 위험요소도 즐비했으니…. 박 대표는 일단 귀국 전부터 부모와 지인 들을 설득해 7억 원의 사업 자금부터 빌려야 했다. 한국짐보리의 시 설 문제도 골치였다. 그동안 우리나라에서는 경험하지 못했던 수준 으로 만들어야 했기 때문이었다. 이런저런 문제점을 안고 박 대표는 귀국을 감행했다. 그의 명함엔 '한국짐보리㈜짐월드 대표 박기영'이 라고 적혀 있었다.

우선 박 대표는 서울 서초동 법조타운 근처를 1호 센터 자리로 선택했다. 센터 크기도 165.29㎡(약 50평) 정도로 하고 인테리어 비용을 쏟아 부었다. 한국짐보리 교사들도 전부 4년제 대학 출신자들로 구성해, 교육을 다시 시킨 것은 물론이었다. 특히 학부모들이 만족하지 못한다면 100% 환불해 주겠다고 큰소리도 쳤다. 그리고는 1년이 지났다. 그러자 이곳저곳에서 지점을 내겠다는 사람들이 나타났다. 그럼에도 박 대표는 쉽게 허락하지 않았다. 철저하게 시장조사를 했다. 지점 신청자들로 하여금 인구밀도와 교육열을 중심으로 분석하고 지점을 열게 한 것이다. 그리고는 이듬해 여섯 개가 문을 열었다. 그다음 해엔 15호점까지 확대했다. 그는 서두르지 않고, 프로그램의 질을 높이는 것을 우선했다. 전쟁에서 2등은 죽은 목숨이며 1등을 해야 살아남는다는 점을 박 대표는 잘 알고 있었기 때문이었다. 그래서 늘 50여 개인 지점 수를 더 이상 늘리지 않고 유지한다.

창업 10년이 지나면서는 자석을 이용한 놀이기구를 새로운 교육 프로그램으로 떠올렸다. 플라스틱 막대나 공 안에 자석을 넣어 이것들을 떼었다 붙였다 하면서 여러 모형을 만드는 프로그램이다. 생각은 곧 실행으로 이어졌다. 2003년 '짐맥'이라는 이름으로 자석놀이기구가 탄생했다. 국내 최초의 자석놀이교구였다. 이 기구는 곧 미국 짐보리 본사에 수출까지 됐다. 몇 년 뒤인 2007년에는 미국에서 '맥포머스'란 조립형 놀이기구도 들여왔다. 세모·네모·육각형·입체 삼각형 등 다양한 형태의 조각들에 자석을 넣어 서로 대기만 하면 여러 평면, 혹은 입체 모형을 만들 수 있는 놀이기구였다.

처음에는 매출이 안 나왔지만 홈쇼핑을 뚫는 데 성공했다. GS 홈쇼핑에 제품을 내놓자마자 첫 방송부터 판매량은 120%를 기록했다. 이듬해 홈쇼핑 매출만 143억 원이나 됐다. 2011년 상반기에는 GS 홈쇼핑 판매 1위에 오르기까지 했다. 지난해에는 롯데홈쇼핑 전체 3위에도 선정됐다. 2010년에는 뜻하지 않은 기회까지 찾아왔다. 미국 맥포머스Magformers 래리 헌트Larry Hunts 사장이 "아예 맥포머스 본사를 인수할 생각이 없느냐"는 느닷없는 제의를 한 것이다. 그는 제안 받은 지 15일 만에 본사를 인수해 버렸다. 판권만 가지고 있던 한국 중소기업이 미국 본사를 인수한 대형사건이었다.

하지만 박 대표는 거기서 그치지 않고 미국으로 눈을 돌렸다. 2012년 미국 미시간주에 자회사를 설립해 미국 시장을 공략한 것이다. 미국 최대 완구 전문매장인 토이저러스Toys-R-Us, Inc., 서점 유통체인인 반스앤드노블Barnes & Noble은 물론 세계 최고 온라인 유통기업인 아마존 등 온·오프라인을 모두 뚫었다. 2013년에는 아마존에서 조립완구 부문 판매 3위에 올랐다. 수출하는 나라만 20개가 넘었다. 미국 대학 강의실에서 우연히 얻은 아이디어로 그 나라의 형태를 본받아 창업했지만, 나이가 들면서는 오히려 미국 회사를 인수하고 나아가 미국으로 활로를 개척한 또 다른 형태의 역방향 사업을 펼친 것이다.

'소유'에서 '대여'로

'공유경제'란 물품을 소유의 개념이 아닌, 서로 대여해 주고 빌려 쓰는 개념의 경제활동을 말한다. 2008년 하버드대학교 로렌스 레식 Lawrence Lessig 교수가 처음 사용한 말로, 대량생산과 대량소비가 특징인 20세기 자본주의 경제에 대비해 생겨났다. 말하자면 물품은 물론 생산설비나 서비스 등을 개인이 소유할 필요 없이 필요한 만큼 빌려쓰고, 자신이 필요 없는 경우 다른 사람에게 빌려주는, 즉 경제활동을 공유한다는 의미다.

최근 논란의 중심이 된 우버Uber 택시가 대표적인 공유경제 서비스다. 우버는 고용, 혹은 공유된 차량의 운전기사와 승객을 모바일 앱으로 연결해 준 뒤 운송서비스를 해주는 회사다. 2010년 6월 미국 캘리포니아주 샌프란시스코에서 첫 서비스를 시작했다. 택시를 잡기 어려운 도심에서 편리하게 고급 차량을 탈 수 있다는 점에서 폭발적인 성장세를 보이고 있다.

우리나라에는 2013년 8월 서비스가 들어와 2014년에는 강남에 1백여 대, 강북 도심에 수십 대의 우버 택시가 운행되면서 라이드쉐어링 서비스인 '우버X'가 일반 소비자들에게 인기를 끌었다. 하지만 택시기사들의 불만 때문에 서울시와 우버 택시 간에 치열한 다툼이 벌어졌고, 결국 2015년 3월 '우버X' 서비스는 중단되고 말았다.

이러한 공유경제 서비스를 민박사업에 도입한 사람이 있다. '민방 공유 소셜 민박'이라는 신개념 서비스를 제공하는 코자자 창업주 조산구 대표다. 그는 전국 주요 관광지들 주변에 여행객들이 머무를 수 있는 가정집과 게스트하우스 등에 대한 정보를 모은 뒤, 이를 인터넷 공간에 소개하고 외국인 관광객과 연결해 주는 사업을 시작했다. 집주인이 남는 빈방을 인터넷에 내놓으면, 외국인 여행객이 자기 취향에 맞는 곳을 골라 저렴한 비용으로 숙박을 해결하는 식이다. SNS를 활용한 빈방 공유 숙박정보사업을 통해 한국 내에 공유경제를 확산시켰다. 남는 방을 여행객에게 빌려주고 돈을 받으면 집주인은 괜찮은 수입을 얻을 것이고, 한국을 홍보하는 보람도 있다. 외국인은 저렴한 가격에 숙박을 해결하고 한국 문화를 체험해서 좋다. 지방자치단체도 관광 숙소 부족 문제를 해결하면서 지역 관광을 활성화시킬 수 있다. 바로 조산구 대표가 강조하는 이점들이다. 창업 2년 만에 2,000여 명의 여행객이 코자자를 통해 한국에 머물렀다.

이런 시스템을 처음 선보인 글로벌 숙박 공유 서비스 에어비앤비의 기업 가치는 무려 25억 달러(약 2조 7,000억 원)에 이른다고 한다. 코자자는 에어비앤비와 유사하지만 에어비앤비에서는 찾아볼 수 없는 특별한 게 한 가지 있다. 가장 한국적인 숙소를 빌려주는 '한옥 스테이'가 그것이다. 한국의 전통문화를 체험하고, 고풍스럽고 자연친화적인 집에서 한국의 음식을 즐길 수 있는 한옥 숙박의 매력 말이다. 때문에 조 대표는 스스로 '한옥 알림이'를 자처한다. 평소 한국 문화에 관심이 높던 구글의 에릭 슈미트Eric Schmidt 회장이 한국을 방문했을 때도 조 대표를 찾았을 정도다.

1991년 한국 최초의 인터넷 커뮤니티 'KIDS BBS'의 '시숍(관리자)'을 맡은 적이 있었던 조 대표가 코자자 창업을 생각한 때는 2011년 말이었다. 미국에서 박사학위를 받은 뒤 2000년 실리콘밸리에서 위치정보 서비스인 '넷지오NetGeo'를 세워 운영하고, 2007년 귀국해 KT·LG유플러스에서 신사업 담당 임원으로 일하기도 했던 조 대표는 스마트폰과 SNS가 빠르게 확산되면서 온·오프라인의 구분이 사라지기 시작한 점에 착안했다. 그는 온라인에서 일어나는 공유문화가 오프라인에도 옮겨갈 것으로 확신했다. 하지만 쉰을 바라보는 나이에 벤처 창업은 사실 엄두가 나는 일이 아니었다. 전산작업과 대외 홍보활동은 물론 각종 허드렛일까지 스스로 처리해야 했다.

　　그러나 그는 결과적으로 아직 걸음마 단계에 불과한 우리나라에 공유경제를 소개한 개척자 중 한 사람으로 우뚝 섰다. 국내에는 조산구 대표의 코자자처럼 집을 공유하는 것뿐 아니라 차를 공유하거나 공구·장비·옷·책 같은 개인물품도 나눠 쓰는 공유경제 사업체가 속속 생겨나고 있다. 상대는 돈을 벌어서 좋고 자신은 돈을 아끼니 좋고. 각종 불필요한 제품 제작을 줄여 환경을 보호하고, 유·무형의 교류를 늘려 지역사회의 발전에도 기여할 수 있다는 자부심이 조 대표에게 있다. 사람들의 인식이 점차 '소유'에서 '대여'로 바뀌고 있는 자본주의의 큰 변화를 조 대표가 선도하고 있는 셈이다.

강릉을 탈바꿈시킨 커피콩

김용덕 테라로사 사장은 강원도 강릉을 일약 '커피 도시'로 바꿔 놓은 사람이다. 필자도 경포대에 몇 번 놀러 간 적이 있는데, 갈 때마다 바닷가에 즐비한 커피전문점을 보고 놀라곤 한다.

그런 경포대의 변화를 주도한 사람이 바로 김 사장이다. 강릉 토박이인 김 사장은 매우 가난한 어린 시절을 보냈다. 고생하며 자란 사람들이 으레 하는 일, 즉 아침엔 신문배달, 낮엔 잡지 팔이, 저녁엔 도서관 허드렛일까지 해야 했다. 그는 강릉상고 출신이다. 초등학교와 중학교에 다닐 때 선생님이 "상고에 가면 은행에 취직할 수 있다"고 조언해 줘서다.

졸업 무렵 그는 정말 은행원이 됐다. 졸업을 반년이나 앞둔 1977년 6월이었다. 그는 은행에 들어간 뒤 무려 21년 동안이나 다녔다. 억대 연봉도 받아봤다. 소위 '잘나가는' 은행원이었다. 하지만 외환위기가 불어닥치자 사표를 냈다. 다니던 은행이 명예퇴직 신청을 받은 것이다. 그리고는 바로 그 다음 날 학원에 등록해 어린 시절부터 꿈꿨던 미술 공부를 시작했다. 그렇게 틈틈이 미술 공부를 하며 1년을 백수로 지냈다. 늘 무직으로 지낼 수는 없는 일. 그는 강릉에서 가까운 속초에 돈가스집을 차렸지만, 당연히 돈을 벌지 못했다. 돈가스집을 정리하면서 다시 파스타집을 열고, 남은 퇴직금을 탈탈 털어 전국 맛집 기행에 나섰다.

커피에 대해서도 그때 눈을 떴다. 맛집의 메인요리보다 커피에

탐닉하게 된 김 사장은 커피 맛의 차이를 알게 됐다. 일반인은 '커피가 거기서 거기지'라고 생각하지만 세계 제일의 커피는 맛이 다르다고 생각하는 경지까지 올랐다. 어느 날, 세계 최정상의 커피숍을 찾아 일본 고베의 하기하라萩原 커피숍에 들렀을 때다. 그런데 이 집은 숯불로 생두를 볶아내는 것 아닌가. 무려 80년 동안 이런 전통이 이어져 왔다고 했다. 그는 주인에게 사정해서 커피를 볶는 공장을 구경했다. 거기서 더 깜짝 놀랐다. 직원들이 생두 자루에서 썩은 콩을 일일이 골라내고, 초음파까지 동원해 3단계에 걸친 세척작업을 하고 있는 게 아닌가. 그는 큰 충격과 감동을 한꺼번에 받았다.

2001년 가을, 한국으로 돌아온 김 사장은 속초의 파스타집을 정리하고 강릉에 '커피 공장'을 지었다. 산지의 독특한 기후 환경에 따라 특이한 향미를 품고 있는 고급 커피를 볶는 우리나라 최초의 공장이었다. 커피를 파는 일은 부업으로 삼고, 커피 원두를 볶아 호텔에 납품하는 일을 본업으로 했다. 그는 커피 공장에서 하루 500~600kg의 커피콩을 볶았다. 한 잔에 들어가는 원두의 양은 25g. 최대 2만 4,000잔 분량인 셈이다. 하지만 거래처는 하나도 없었고, 2006년엔 빚이 25억 원이나 됐다. 자살까지 생각했다.

그래도 솟아날 구멍은 있는 법. 은행원 생활을 오래 한 게 도움이 됐다. 은행 지점장이던 한 친구의 보증으로 대출을 받아 급한 돈을 막을 수 있었다. 그리고 서울에서 가장 잘나가는 레스토랑이었던 청담동의 안나비니를 찾아갔다. '강남 최고의 레스토랑에서 통하면 된다'는 생각에서였다. 매번 문전박대를 받았지만 1년간 그 레스토랑의 지배인 집을 매일 방문했다. "이 커피 맛 한 번만 봐 달라"고 매달리면서. 정성이 통했는지 끝내 안나비니와의 계약이 성사됐다. 이게 대박을 치고 입소문이 났다. 급기야 신라호텔에도 커피를 공급할 수 있었다.

　김 사장은 공을 들여 생두를 솎고, 볶고, 커피를 내려, 손님의 테이블까지 가져가는 전 과정을 자신을 찾아온 모든 사람에게 가르친다. 커피숍 한쪽엔 아예 커피 교육장이 있다. 이렇게 그를 거쳐 간, 이른바 '문하생'들이 곳곳으로 퍼져 나가면서 자연스럽게 강릉 지역엔 커피전문점이 기하급수적으로 늘게 되었다.

비관과 낙관의 공존

한나리 유방의 최측근인 소하蕭何가 처음 한신韓信을 만나면서 묻는다. "대원수의 자격은 무엇입니까?" 한신은 장량張良이 자신을 '장차 한나라의 대원수'로 천거해 준 표식을 여전히 유방이나 소하에게 보여주지 않았을 때다. 한신은 거침없이 대답한다. "5재才 10과過지요. 즉 다섯 가지 재주가 있어야 하며 열 가지는 하지 말아야 합니다. 다섯 가지 재주는 지智·인仁·신信·용勇·충忠입니다. 지혜와 어짊과 믿음과 용기와 충성심이 있어야 합니다. 그러나 다음 열 가지 중 한 가지라도 있으면 대원수의 자격이 없습니다." 한신이 언급한 열 가지는 이렇다.

① 용기는 있으되 죽음을 가볍게 여기는 것
② 급해서 허둥대는 것
③ 이로움을 찾되 탐욕을 부리는 것
④ 어질지만 (전쟁에서 사람을 죽여야 할 때) 사람을 죽이지 못하고 우유부단한 것
⑤ 지혜롭지만 겁을 모르는 것
⑥ 믿음이 있으되 함부로 아무나 믿어 버리는 것
⑦ 청렴하기는 하지만 사람을 용서할 줄 모르는 것
⑧ 계책은 있으나 방심하는 것
⑨ 의지가 강한 것은 좋지만 무엇이든 자기 마음대로 하려는 것
⑩ 게을러서 남에게 떠맡기는 것

지智·인仁·신信·용勇·충忠, 이런 5재才를 다 갖춘다? 보통 사람이라면 어림도 없는 일일 것이다. 어쨌든 한신은 이 다섯 가지가 전군을 통솔할 막중한 책임의 대원수가 꼭 지녀야 할 덕목이라고 봤다. 한신은 그러나 여기에 그치지 않는다. 열 가지 부연설명을 곁들인 것이다. 차면 넘친다고 했던가. 용맹하기만 하고 죽음을 가볍게 여기는 것은 금물이라고 했다. 애꿎게 부하장수들의 목숨을 잃게 해서는 안 된다는 뜻이다. 너무 어질어서도 곤란하다고 했다. 전쟁에서 인仁만 외칠 수는 없는 노릇이라고 했다. 또 자기 지혜만 믿고 두려움을 모른다거나, 신뢰도 좋지만 남을 쉽게 믿는다거나, 강건한 의지만 강조하

다가 고집만 부린다면 리더의 자격에서 탈락이라고 주장했다.

긍정이 꼭 정답은 아니다

긍정은 좋은 것이기도 하지만 독이 되기도 한다. 이 세상에 긍정만이 존재하지는 않는다. 반드시 부정과 공존한다. 낙관도 마찬가지다. 늘 낙관적인 세상, 항상 낙관적인 미래는 없다. 그런 세상이라면 유토피아를 일컫는 것인데, 이 땅에 언제 존재하기는 했던 것인가. 결국 낙관은 비관과 더불어 살기 마련이다. 세상은 나 혼자 살아가는 곳이 아니다. 반드시 적이 있고 상대방이 있다. 나는 긍정이고 낙관이요, 적이나 상대방이 부정이다. 비관이라 친다면 싫으나 좋으나 함께 살아가게 마련이다.

그렇게 우리는 긍정과 부정, 낙관과 비관에 섞이면서 그들과 함께 뒹굴며 진화한다. 언제나 라이벌은 있게 마련이고, 있어야 발전한다. 보완재건 대체재건 간에 말이다. 기업의 주요 임원 인사가 났을 때를 보자. 잘나가는 기업은 통상 라이벌, 혹은 상호 보완재 역할을 하는 인재들을 내세워 경쟁시킨다. 반면 위기를 맞은 기업은 과감히 대체재를 발탁해 변화를 꾀하기도 한다.

가령 삼성전자의 경우 '투톱-원톱-투톱' CEO 시스템을 번갈아

활용한다. 상호 보완재 경영은 '기술의 혼다'로 불리는 일본 굴지의 기업을 보면 잘 드러난다. 혼다 창업주 스스로 보완재를 택하면서 성장해 왔다. 몇 년 전 도쿄 출장 때 혼다 본사에서 만난 아시아·태평양 본부장은 이렇게 말했다. "혼다엔 두 사람이 있습니다. 혼다 소이치로와 후지사와 다케오입니다. 두 사람이 손잡은 게 오늘날의 혼다를 있게 했지요." 혼다는 기술의 신, 후지사와는 영업의 신으로 불린다. 서로에게 없는 게 서로에게 있었다.

대체 인물을 과감히 앞세운 프록터앤드갬블P&G, Procter & Gamble Co.은 경영난에 빠진 2000년, 앨런 래플리Allen G. Lafly를 과감히 구원투수로 뽑았다. P&G가 어떤 회사인가. 다국적 생활용품 회사로서 '마케터 사관학교'로 불리는 엄청난 기업 아닌가. 세제와 화장품을 비롯해 우리들 주변 생활에서 흔히 볼 수 있는 제품들을 팔며 다양한 마케팅 전략을 선보인 회사다.

제프리 이멜트Jeffrey Immelt GE CEO, 멕 휘트먼Meg Whitman HP CEO, 스티브 발머Steve Ballmer MS CEO 등 기라성 같은 경영자들이 이 P&G 출신이다. 그런 P&G가 CEO로 부른 래플리는 원래 비즈니스맨이 되기를 원치 않았다. 그의 꿈은 교사였고, 뉴욕주 북부의 해밀턴대학교Hamilton College에서 역사학을 전공했다. 대학 재학 중 1년 동안은 프랑스로 연수를 떠나 역사와 정치를 배웠으며, 예술과 드라마처럼 자신이 관심 있는 분야의 지식 등을 닥치는 대로 익혔다. 그런 래플리가 비즈니스에 관심을 갖게 된 계기는 1970년 해군에 입대하면서부터다. 그는 일본에 건너가 미군기지 내 잡화점 운영 업무를 맡았다. 당시 그가 근무했던 기지에는 1만여 명의 미군과 미군 가족들이 거주하고 있었다. 그는 이들을 위해 매일 물품을 공급하고, 각종 운송 및 판매 서비스를 담당했다. 이러한 생활은 그가 교사의 꿈을 접고 마케팅 전문가로 변신하게 된 계기가 됐다.

군에서 제대한 래플리는 하버드대학교 경영대학원에서 경영학 석사학위를 받고, 1977년 P&G에 입사했다. 그가 처음 맡은 일은 P&G의 주방세제용품 브랜드 '조이Joy'의 영업사원이었다. 이후 15년간 세탁·청소용품 부문에서 일하며 점차 두각을 나타내기 시작했다. 이어 P&G의 아시아지역 총책임자 등을 거치더니 회사가 위기에 빠진 2000년 P&G의 회장 겸 CEO로 전격 발탁됐다.

당시 P&G의 주가는 반 토막 나 있는 상태였다. 전임 CEO 더크 야거Durk Jager는 CEO에 오른 지 17개월 만에 불명예 퇴진한 상황이었다. 야거는 대량 해고와 적대적 인수합병만이 살 길이라며 직원들을 대거 감원했고 독선적인 경영방식으로 일관했다. 자신과 뜻이 다른 사람은 가차 없이 해고했다. 회사는 더 어려워졌고 야거의 대체재로서 래플리가 뽑힌 것이다. 그러나 주식시장은 더 고꾸라졌다. 투자자들이 "도대체 앨런 래플리가 누구냐"며 주식을 팔았기 때문이었다.

래플리는 CEO가 되자마자 "신제품의 반은 내부에서, 반은 외부에서 나올 것"이라고 선언했다. 도입된 외부기술 중 하나가 바로 막대사탕을 기구에 꽂고 버튼을 누르면 돌아가는 '스핀팝Spin Pop'이었다. 이를 이용해 전동칫솔을 만들었더니 대박이 났다. 2001년

P&G의 순이익 29억 달러는 2010년 127억 달러로 뛰었다. 온화한 성품으로 맺어진 부하 직원들과의 융합도 한몫했다. 그는 2009년까지 CEO로 재직하면서 "고객이 보스다(customer is boss)"라는 구호를 외쳤다. 래플리는 직원들에게 "사자가 사냥하는 모습을 보고 싶으면 동물원이 아니라 정글로 가야 한다. 스스로 고객이 되어 '살아 보고(living it)', '일해 보라(working it)'"고 강조했다. 특이한 점은 상품 개발과 디자인, 마케팅팀을 함께 일하게 했다는 대목이다. 세 분야의 직원들이 같은 사물을 바라보는 관점이 너무나 다르다는 점을 잘 알고 있었기 때문이었다. 상품개발팀은 성능에, 디자인팀은 고객의 감정에, 마케팅팀은 소비패턴에 각각 중점을 뒀다. 바로 오늘날 유행하는 '컬래버레이션 마케팅collaboration marketing(협업 마케팅)'이다.

직접 육성한 로버트 맥도널드Robert MacDonald를 후임자로 지명했지만, 회사는 이후 경쟁사 유니레버Unilever에게 밀렸고, 그러자 이사회는 래플리를 다시 CEO 자리에 오르게 했다. 래플리는 훗날 '혁신 경영의 구루'로 치켜세워졌다.

이해진 네이버 창업주에게는 라이벌 김범수 한게임 창업주가 있었다. 둘은 함께 NHN을 만들었다. 그러나 서로 뜻이 달랐다. 뒤에 김범수 창업주는 이해진 창업주에 대한 서운한 감정을 안고서 NHN을 박차고 나온다. 그리고 카카오톡을 만들어 멋지게 재기한다. 훗날 그는 필자에게 이런 기막힌 말을 했다. "'지식의 저주(어떤 것에 대해 알게 되면 그 전 상태로 돌아가기 힘든 선입견이 생기는 것)'를 뚫고 아무도 안 가본 길을 갔다. 10년에 한 번씩 시장의 틀을 바꾸는 기술혁신이 오더라."

'지식의 저주The Curse of Knowledge'란 스탠퍼드대학교 경영대학원 교수 칩 히스Chip Heath가 의사소통 문제를 설명하며 자주 언급한 개념이다. 사람이 무엇을 잘 알게 되면 그것을 모르는 상태가 어떤 것인지 상상하기 어렵게 된다는 뜻이다. 즉 전문가들은 자신의 수준에 기대어 일반인들 수준을 예단하게 되고, 그 때문에 전문가들이 나름대로 쉽게 설명한다고 생각하는 내용도 일반인들은 이해하기 어려워지는 등 의사소통 문제가 발생한다는 것이다.

히스 교수는 정보를 가진 사람과 그렇지 못한 사람이 의사소통에 실패하는 이유가 지식의 저주에 있다고 봤다. 가령 생일 축가와 같이 누구나 아는 노래 리듬에 맞춰 테이블을 두드린다고 하자. 두드리는 사람(노래는 알고 있음)은 듣는 사람(노래를 모름)이 노래 제목을 맞출 확률이 50%라고 본다. 하지만 정작 그 노래를 듣는 사람 가운데 2.5%만이 정답을 맞혔다는 것이다.

김범수 창업주는 이 같은 히스 교수의 '지식의 저주'를 디지털 시대에 비견했다. 모바일 시대엔 인터넷 시대의 성공 공식을 버려야 한다는 것이다. 카카오톡의 성공 비결은 "웹에서의 성공 기억을 버렸기 때문"이란다. 카카오를 웹 기반 서비스에서 모바일로 전환하는 결정은 쉽지 않았지만 인터넷 시대의 방식을 버렸기에 성공할 수 있었다는 것이다. "어떤 것에 대해 알게 되면 그 전 상태로 돌아가기 어렵습니다. 선입견이 생기는 것입니다. 그러면 의사소통에만 실패하는 게 아닙니다. 새로운 시장에서 성공할 수 없습니다. IT업계를 보면

10년에 한 번씩 시장의 틀을 바꾸는 기술 혁신이 옵니다. 10년 전 인터넷을 기반으로 한 웹 혁명이 그랬고, 2009년 아이폰이 출시되면서 시작된 모바일 혁명이 그랬습니다. 모바일 시장에서는 웹 시장에서의 전략과 비즈니스 방식이 통하지 않습니다. 거기서 탈피해야 성공할 수 있는 겁니다." 그가 필자에게 강조한 내용이다.

그는 겉으로는 드러내지 않았지만 이해진 창업주에게 굉장히 서운한 감정이 많았다. 그를 잘 아는 벤처업계 사람들의 이야기를 들어 보면 이는 사실이었다. 이해진과 김범수, 둘은 상호 보완재로서 NHN을 훌륭한 기업으로 일궜지만 결별과 또 다른 업종의 대립각으로서 각자의 기업을 더 큰 기업으로 키우고 있다. 누가 긍정이고 누가 부정이며, 누가 낙관이고 누가 비관인지는 모르겠지만 두 상반됨이 서로를 더 발전시켜 나갔다.

보완하고 대체하라, 끝없이…

이처럼 보완재건 대체재건 불꽃 튀는 경쟁은 굉장한 결과를 낸다. 이 같은 사례는 문화예술 분야에서도 있다. 비틀스The Beatles의 존 레논John Lennon과 폴 매카트니Paul McCartney는 철천지 원수지간이었다. 성격부터 판이했다. 자존심이 강한 레논은 다혈질의 소유자였던 반면 매카트니는 감성적이며 부드러웠다. 둘은 성향이 다르다 보니 자주 대립했고, 음악적 취향 역시 딴판이었다.

불후의 명곡 〈Yesterday〉를 작곡한 매카트니가 〈Let It Be〉를 만들었을 때 레논은 〈Imagine〉으로 대응했을 정도였다. 매카트니가 〈Let It Be〉를 통해 '순리를 따르라'는 메시지를 전달하자 레논은 〈Imagine〉에서 '뭔 소리냐, 마음껏 상상하고 꿈꿔라'는 함의를 담아 맞섰으니 참 대단한 라이벌이었다. 이렇게 서로 으르렁대며 경쟁한 덕에 오히려 비틀스의 인기는 하늘을 찔렀다. 'Let It Be'하고 'Imagine'한 게 오히려 절묘한 조화harmony를 이뤘다.

애플과 함께 세계를 이끄는 구글의 창업주 래리 페이지Larry Page는 구글의 주주총회와 기업설명회에 잘 모습을 드러내지 않는다. 필자는 그 이유가 궁금했다. 그래서 염동훈 구글코리아 대표에게 물어본 적이 있다. 그의 대답은 이랬다.

"제가 구글코리아 대표로 있던 시절, 매년 두세 차례 본사를 방문했습니다. 그때 페이지를 근거리에서 보좌한 한 여성 임원은 '페이지가 가진 제품과 서비스에 대한 통찰력은 깊이 생각하는 습관에서 나오는 것 같다'고 하더군요. 페이지의 이런 성격 때문에 페이지 대표는 제품과 서비스 개발에 집중하고, 대신 대외활동은 에릭 슈미트 회장이 챙깁니다. 페이지가 '딥 싱커deep thinker'라면 슈미트는 '활동가activist'지요. 실제 슈미트 회장은 구글 대표 사리에서 물러난 뒤에도 미국 내외에서 구글을 대표해 다양한 활동을 했습니다. 한국에서 이명박 대통령과 면담하기도 했구요."

염동훈 대표는 "페이지처럼 잘 못하는 일은 더 잘하는 사람에게 맡기고 자신은 잘하는 일에 집중하는 것, 그게 구글의 문화"라고 말하면서, "페이지가 정말 신경 쓰는 분야는 새로운 제품과 서비스인데, 한번은 임원회의에 '구글 글라스Google Glass'를 직접 쓰고 들어왔습니다. 구글 글라스는 안경처럼 생긴 기기에 검색 결과 등을 표시해 주는, 일종의 '입는 컴퓨터'지요. 임원회의에 직접 쓰고 와서 구글 글라스의 성능을 시험해 보고 싶었던 겁니다. 사용자들에게 유용한 정보와 서비스를 제공하는 게 구글의 목표입니다. 사실 정보를 수집하고 보여주는 건 어렵지 않습니다. 정보를 사용자 입장에서 편리하게 보여주는 것, 그게 핵심이죠. 구글 글라스는 그런 맥락에서 봐야 합니다. 검색 결과를 눈앞에서 보여주면 얼마나 편리하겠습니까. 한창 개발 중인 무인자동차도 마찬가지입니다. 그게 돈이 될지 아무도 모릅니다. 하지만 분명한 사실은 사용자에게 유용하다는 것입니다. 구글이 무인자동차를 개발하는 이유입니다"라고 말을 이었다.

이왕 구글 이야기가 나왔으니 염동훈 대표로부터 구글의 문화와 미래에 대해 더 잘 파악할 수 있는 이야기를 하나의 사례를 통해 생생히 들어 보자.

"매년 열리는 구글 연례 개발자회의에서 공개된 '구글 나우Google Now'가 세간의 관심을 모은 적이 있습니다. 구글 나우는 우리가 보는 검색의 미래입니다. 검색 서비스는 사용자가 검색창에 원하는 걸넣으면 관련 정보를 찾아주는 형태로 이뤄지고 있습니다. 하지만 앞으로는 사용자가 무엇을 원할지 예측해 보여주는 형태로 변하게 될 것입니다. 오늘 비가 내린다고 칩시다. 구글 나우가 탑재된 기기는 당신이 매일 출근하는 시간과 출근하는 장소, 이용하는 교통편을 알고 있습니다. 그러면 구글 나우는 사용자가 아침에 일어났을 때 '오늘은 15분 일찍 출발하되 교통편은 어떤 걸 이용하는 게 낫고 차를 타고 간다면 우회로는 어디가 좋겠다'고 미리 보여주는 거죠."

요즘 구글은 세계를 호령한다. 혹자는 구글을 정보의 게이트 gate라고 한다. 개방을 통해 이익을 공유한다는 뜻이다. 또 한편으로는 구글의 독점에 대해 우려와 두려움을 표하는 사람들도 많다. 어쨌든 구글은 무서운 성장세를 보이고 있으며, 이는 '딥 싱커' 래리 페이지와 '액티비스트' 에릭 슈미트(앞으로 CEO는 계속 바뀌겠지만)의 절묘한 조화에서 오는 것일지도 모른다.

이질적인 것이 서로 섞여 흐뭇한 조화를 이루는 사례로 잠시 술 이야기를 해보자. 술 회사를 취재할 때의 일이다. 회식 때 흔히들 마시는 폭탄주의 도수가 매우 궁금했다. 그래서 진로의 기술담당 부사장과 저녁을 할 기회가 있을 때 그에게 물어봤다.

"양주와 맥주를 섞어 마시는 경우에 대해 말씀드리죠. 양주잔에 양주를 7부가량, 맥주잔에 맥주를 7부가량 따른 뒤 이를 합쳤을 때의 도수를 직접 실험해 본 적이 있습니다. 9.5도가 나오더라구요. 양주를 40도로, 맥주를 5도로 봤을 경우에 말입니다."

40도와 5도를 섞었을 때 그 중간인 20도 정도로 예상했으나 의외로 10도가 채 되지 않는다는 대답을 들었다. 아마 맥주의 양이 더 많으니 그럴 것이다. 전문가의 답변이었으니 사실일 테고. 진로 부사장과 만났을 때는 양폭(양주+맥주 폭탄주)이 한창 유행할 때였고, 소맥(소주+맥주) 폭탄주는 그리 흔치 않을 시절이었다. 그래서 소맥 폭탄주의 도수는 미처 파악하지 못한 게 아쉬움으로 남는다.

어쨌든 술조차 극과 극이 섞이면 오묘한 맛이 나온다. 그리고 우리는 술 마실 때조차 그 오묘함을 즐긴다. 어차피 긍정과 부정은 함께 가는 것이다. 낙관과 비관은 공존하는 것이다. 그게 인간 세상이다.

비관의 힘

운에 앞서 우선 노력이다

우리가 건물 1층에서 엘리베이터를 타고 올라가려 할 때, 이미 엘리베이터는 막 1층을 지니 2층으로 올라가는 경험을 자주 한다. 30층까지 올라갔다가 다시 내려오려면 기다려아 한다. 그러면 푸념을 한다. "내가 꼭 엘리베이터를 타려고 할 때만 이런 식이야"라고. 대형마트에 갔을 때도 마찬가지다. 쇼핑을 마치고 여러 개의 계산대 가운데 가장 빨리 계산이 끝날 듯한 곳에 줄을 서지만 좀처럼 줄이 줄어들지 않는다. 그러면 "이상하게 내가 선 줄은 왜 늘 늦는 걸까"라고 투덜거린다. 시험을 볼 때도 이런 경우가 있다. 기말고사에 대비해 정말 꼼꼼히 공부를 했다. 그런데 재수 없게도 미처 보지 못한 책 내용에서 시험문제가 출제된다. 이른바 '머피의 법칙Murphy's Law'이다.

머피의 법칙은 1949년 미국의 에드워드 공군기지Edwards Air Force Base 에서 근무하던 에드워드 머피Edward A. Murphy 대위가 처음 사용한 말이다. 당시 미 공군에서는 조종사들에게 전극봉을 이용해 가속된 신체가 갑자기 정지될 때의 신체 상태를 측정하는 급감속 실험을 했으나 모두 실패했다.

나중에 조사해 보니 조종사들에게 쓰인 전극봉의 한쪽 끝이 모두 잘못 연결되어 있었다. 한 기술자가 배선을 제대로 연결하지 않아 생긴 사소한 실수였다. 전극봉을 설계한 머피는 이를 보고 "어떤 일을 하는 데는 여러 가지 방법이 있고, 그 가운데 한 가지 방법이 문제를 일으킬 수 있다면 누군가가 꼭 그 방법을 쓴다"고 말했다. 머피의 법칙은 바로 여기서 유래했다고 한다.

이후 사람들은 일이 좀처럼 풀리지 않고 오히려 갈수록 꼬이기만 해 되는 일이 없다거나, 자신이 바라는 것은 이루어지지 않고, 우연히도 나쁜 방향으로만 일이 전개될 때 흔히 이 말을 사용하면서 일반화한다.

하지만 이를 극복하는 방법이 있고, 재수가 없어서 그렇게 되는 게 아닌데도 우리는 운運 탓을 한다. 가령 엘리베이터를 탈 때마다 자주 기다리게 된다면 스마트폰으로 이메일을 보낸다든지 화장실에 다녀온다든지 하면서 기다릴 필요가 없도록 당시의 상황에 맞추면 된다.

대형마트 계산대에서 기다리는 것도 그렇다. 마트에는 계산대가 한 곳만 있는 게 아니라 여러 곳이다. 만약 사람들이 비슷한 줄을 서 있는 10개의 계산대가 있고, 그중 한 곳에 줄을 섰다고 해 보자. 내가 서 있는 곳이 빨리 줄어들 확률은 10분의 1이다. 나머지 계산대에서 줄이 빨리 줄어들 확률은 10분의 9다. 내가 선 계산대의 줄이 줄어들 확률은 당연히 낮은 법이다.

자, 우리는 운명을 곧잘 이야기한다. 그러나 그런 운에만 기댄다면 일을 제대로 이룰 수 없다. 그건 부질없는 낙관이요, 신기루에 떠오른 오아시스다. 지나친 운은 오히려 화를 불러올지 모른다. 언젠가 타임워너Time Warner Inc. 회장이 "10%가 실력이요, 10%가 네트워크요, 80%가 운"이라고 했다. 필자는 이에 동의하지 않는다.

휴맥스의 변대규 대표는 늘 "난 지독히 운이 없었다. 왜 이리 되는 일이 없을까"라고 한탄했다. 하는 사업마다 실패를 반복했기 때문이다. 그는 실패를 거듭할수록 불운을 있는 그대로 맞았다. 그건 바로 비관하는 습관이었다. 그게 되레 성공 밑거름이 됐다. 인생은 공평하지 않다. 그렇기 때문에 사람마다 운도 제각각인 것이다. 바둑판에는 361개의 점이 있다. 바둑을 둔다는 것은 제가 지닌 여건을 골고루 평평하게 바둑판에 분산하는 과정이 아니다. 바둑돌은 9개의 화점에 집중된다.

우리 속담에 '사촌이 땅을 사면 배가 아프다'는 말이 있는 반면, 미국 속담에는 '동서네보다 1만 달러 더 벌게 해 주세요'라는 말이 있다고 한다. 미국이 포지티브 경쟁이라면, 우리는 네거티브 경쟁인 셈이다. 그래서 우리나라에서 사람의 운명이 바뀔 확률이 더 높은지도 모르겠다. 악착같은 한국인 근성 말이다.

중동에는 사해死海가 있다. 이스라엘과 요르단에 걸쳐 있는 염호鹽湖다. 그 지역은 건조기후라서 유입수량과 거의 동량의 수분이 증발해 염분농도가 극히 높기 때문이다. 예로부터 높은 염분으로 인해 사람 몸이 물 위에 뜨기 쉬운 것으로 유명하다. 그런데 하구 근처 외에는 생물이 거의 살지 않는다. 여기엔 교훈이 있다. 사람 몸이 물에 떠 익사자는 없겠지만 다른 생물이 없다는 점이다. 그래서 사해다. 생존가치가 없는 것이다.

마음속으로 '혹시나…'하며 상황을 긍정하려는 듯 품는 요행僥倖도 금물禁物이다. 병자호란 때 일이다. 후금이 청천강을 건너 안주安州로 진격하고 있었다. 안주는 압록강 남쪽 의주로부터 서울에 이르는 축선 중 가장 중요한 방어거점이었다. 하지만 성은 곧 함락되었고, 성을 지키던 남이흥南以興 평안병사는 부하들과 함께 화약더미에 몸을 던졌다. 그는 죽기 전에 "내가 지휘관이 되어 한 번도 습진習陣을 못해 보고 죽는 것이 애통하다"는 말을 남겼다. 이미 '이괄李适의 난'으로 혼쭐이 난 임금 인조가 병력을 이끌고 있던 당시 장군들을 감시하기에 혈안이어서 가장 중요한 북방 방어의 병사들에게조차 진陣을 치는 훈련을 시키지 못했던 것이다.

큰 일이 벌어졌을 때 준비가 없으면 이런 꼴이 난다. 행여 운에 기대서는 곤란하다. 철저한 원인분석을 통해 만약의 일에 대비해야 한다. 롯데자산개발 김창권 사장이 해준 이야기가 있다. 미국 필라델피아 벤자민 프랭클린 박물관Benjamin Franklin Museum 이야기다. 그 유명한 벤자민 프랭클린Benjamin Franklin 동상이 서 있고 자연과학과 기술에 관한 참고품을 모아 놓은 곳이다.

이 박물관은 매년 외관 색칠비용을 과다하게 사용했다고 한다. 도대체 어찌된 일일까, 하고 관계자들이 원인분석에 들어갔다. 일단 박물관 외벽엔 새가 많이 꼬였다. 그래서 다시 의문을 갖고, 왜 새가 많이 꼬일까 조사해 봤더니 벌레가 많아서였다. 또 원인 파악에 들어갔다. 왜 벌레가 많은 걸까. 이유는 빛이 너무 잘 들었기 때문이었다. 밤새 조명을 비추다 보니 벌레가 생겼고, 이를 잡아먹으려는 새가 꼬였다. 급기야는 박물관 외관이 망가졌던 것이다. 결국 박물관측은 조명의 위치를 바꿔 이 문제를 해결했다. 김창권 사장은 "이처럼 박물관조차 원인분석을 확실히 한다"고 말했다.

그렇다. 나는 왜 행복하지 않은가, 나는 왜 하는 일마다 이 모양인가 탓하지 말고 철저한 분석에 들어가야 한다. 혹시 그 이유가 너무 낙관적이고 긍정적이어서 그렇다면 위험천만이다. 당장 낙관을 비관으로, 긍정을 부정으로 보사. 그러면 안 보이던 게 보일지도 모른다.

언젠가 MBC 라디오 〈라디오 동의보감〉에서 들은 멘트가 생각난다. "귀를 자주 만지면 잘 들린다고 한다. 귀를 밝게 해준다. 왼쪽은 위로, 옆쪽은 옆으로, 아래 쪽은 아래로 잡아당겨야 한다. 그 전에 양손을 비벼 충분히 열부터 내야 효과가 만점이다." 운 좋게 귀가 잘 들릴 때까지 기다려서는 그렇게 될 턱이 없다. 귀가 잘 들리는 요령을 터득하고 훈련을 쌓아야 하는 법이다.

또 긍정이 좋은 것이 되려면 신념이 확고해야 한다. 아니면 기본기가 탄탄하거나 모험을 걸든지. 노장 프로골퍼 황인춘 선수는 2002년 프로 전향 이후에도 두각을 나타내지 못했다. 그의 소속사는 가능성은 무궁무진한데 부진의 연속이던 황 선수를 보다 못해 "한번 읽어 보라"며 『신념의 마력』(21세기북스, 2007)이란 책을 선물했다고 한다. 기자 겸 금융인 출신인 클로드 브리스톨Claude M. Bristol이 1948년에 쓴 인생경영서로, 사람의 운명까지 바꿀 수 있는 신념과 잠재력의 원리를 다룬 책이다. 황 선수는 이 책을 꼼꼼히 읽고 마음을 가다듬었다. 그리고 그는 GS칼텍스매경오픈과 금호아시아나오픈 두 메이저 대회에서 승리하는 이변을 연출했다. 그는 샷이 흔들릴 때마다 이 책을 읽는다고 한다.

구본무 LG그룹 회장은 "내 샷은 모두 굿샷"이라고 말한다. 성이 구씨이기 때문에 자신의 샷은 모두 '구-샷'이란 우스갯소리다. 실제 그의 핸디캡은 7로 수준급이다. 골프에 임할 때 그는 과감한 승부수를 권한다. 소심한 플레이로 더블보기를 기록하는 것보다 과감한 스윙으로 트리플보기를 하는 게 차라리 낫다는 것이다. 그는 "적극적인 사람이 발전 가능성이 높다. 도전 없이 성장 없다. 대충 치다가 안 좋은 스코어를 내고 아무렇지도 않은 듯 웃는 모습은 싫다"고 말한다. 한 LG 임원은 "구 회장은 손님들과의 라운드 때는 '구-샷' 같은 유머로 분위기를 띄우고, 임원들과의 게임 때는 과감한 플레이를 주문한다"고 전했다.

충남 천안에는 코오롱그룹이 운영하는 우정힐스 골프장이 있다. 이 골프장 11번 파5 홀은 'to be or not to be(죽느냐 사느냐)'란 별칭이 붙어 있다. 세컨드 샷 지점에서 그린을 바라보면 왼쪽이 해저드, 오른쪽이 OB 지역이다. 이곳에서 이웅열 코오롱 회장은 늘 투온, 정면 돌파를 시도한다. 재계 오너 중 최고수로 통하는 그의 핸디캡은 2다. 그는 "골프 경기도, 기업 경영도 모험을 걸어야 한다. 그러나 조건이 있다. 반드시 탄탄한 기본기를 갖춰야 한다"고 말한다.

비관에서 긍정으로

우리는 학교에서 이렇게 배운다. 철저한 계획부터 세운 뒤 실행에 옮기라고. 맞는 말이다. 평상시의 세계에서는 그렇다. 그러나 주변은 우리를 그렇게 한가하게 놔두질 않는다. 철저한 훈련과 탄탄한 기본기가 중요하긴 하지만 상황에 따라 달라질 수 있다. 특히 불가능한 일을 해야 하거나 새로운 것을 창조하려 할 때는 방법을 달리 해야 한다.

　1903년 10월 7일 미국 워싱턴 DC를 가로지르는 포토맥Potomac 강 가에 수많은 인파가 몰렸다. 사상 처음으로 사람이 탄 비행기를 하 늘에 올려 보내기 위한 실험이었다. 이 실험은 당대 최고의 물리학자 새뮤얼 랭글리Samuel Langley 박사가 주도했다. 그는 알레게니Allegheny 천 문대장, 펜실베이니아의 피츠버그대학교University of Pittsburgh 물리학·천 문학 교수를 거쳐 1887년 스미스소니언 협회Smithsonian Institution 회장을 지냈다. 태양의 적외선 스펙트럼을 연구하기 위해 '볼로미터bolometer' 를 발명했으며, 태양 정수의 변화와 지구 대기에 의한 열복사의 선택 흡수도 연구했다. 특히 1896년 최초의 동력 비행기를 제작하는 데 성공했다.

　그러나 이날 포토맥 강가에서의 실험은 실패로 끝났다. 비행기 가 그만 강물 속으로 추락하고 만 것이다. 두 달 뒤 같은 장소에서 재도전했으나 역시 성공하지 못했다. 그로부터 며칠 뒤인 12월 17일, 이 실험을 성공시킨 역사적인 사건이 다른 곳에서 벌어졌다.

　주인공은 윌버 라이트Wilbur Wright와 오빌 라이트Orville Wright 형제였 다. 라이트 형제는 동네사람 다섯 명이 지켜보는 가운데 노스캐롤라 이나주 키티호크Kitty Hawk 해변에서 사람이 탄 비행기 실험을 멋지게 성공시켰다.

　도대체 이게 무슨 일일까. 어떻게 해서 천재 물리학자 랭글리 박 사는 실패하고 자전거 점포를 운영하던 보통 사람들 라이트 형제는 성공했을까.

랭글리 박사는 철저한 이론과 계획을 바탕으로 이륙에 집중했다. 그래서 연구의 대부분을 비행기를 하늘에 띄울 수 있는 강력한 엔진개발에 몰두했다. 반면 라이트 형제는 하늘을 날다 보면 뜨는 것은 자동적으로 된다고 생각했다. 그래서 수많은 글라이딩 실험을 했고, 하늘에서 조종하기 쉬운 기체 설계에 집중했다. 말하자면 헤엄을 치다 보면 물에 뜨고, 자전거 페달을 밟아 앞으로 나아가다 보면 균형이 잡히는 이치를 실행에 옮긴 것이다. 철저하게 이론을 수립하고 계획을 세운 뒤 행동하기보다는 행동하면서 이론을 수정하고 구체화한 것이다.

항우項羽에게 굴복하고 머리를 조아린 유방. 항우의 책사 범증范增은 항우에게 이렇게 건의한다. "유방에게는 파巴·촉蜀·한중漢中 지방을 주어 한왕漢王으로 임명하소서. 이는 포상을 주는 것 같지만 사실은 좌천左遷입니다. 그곳은 산이 험악하고 교통이 매우 불편한 벽지입니다."

패망한 진나라 핵심 도시 함양咸陽에 항우보다 먼저 진출한 유방은 울며 겨자 먹기로 이 제안을 받아들일 수밖에 없었다. 함양에 먼저 입성한 사람이 그곳의 왕이 되기로 되어 있었지만 항우의 군대가 워낙 강해 살기 위해서는 바짝 엎드려야 했다. 유방의 걱정은 태산 같았다. 오지 중의 오지로 쫓겨 가는 셈이었기 때문이었다. 그때 측근 중 역이기酈食其란 사람이 "서쪽으로 가는 것에 대해 전혀 걱정할 것 없다"며 세 가지 이점을 밝힌다.

"첫째, 파·촉·한중은 험준한 산과 길로 통행이 매우 어렵습니다. 때문에 함양에 있는 항우의 군대는 우리가 무엇을 하는지 알 수 없게 됩니다.

둘째, 험준한 산과 강을 이용해 군사와 병마를 훈련시킨다면 훗날 천하를 다툴 때 잘 훈련된 군사들이 산과 강을 쉽게 넘을 수 있습니다.

셋째, 우리는 서쪽으로 가지만 우리 군사들의 고향은 모두 동쪽에 있습니다. 나중에 동쪽으로 진격할 때 군사들은 고향으로 간다는 생각에 사기가 하늘을 찌를 것입니다."

결국 서쪽으로 향하는 유방 일행. 이때 또 하나의 사건이 벌어진다. 유방을 따라나섰던 장량이 "훗날 천하쟁패에 대비해 동쪽에서 미리 작전을 수행해 놓겠습니다"라고 말하며 다시 동쪽으로 돌아가면서 함양과 파·촉·한중을 연결하는, 험한 벼랑 사이에 나무를 박아 통로로 만들었던 잔도棧道를 모두 불태워 없애 버리는 것 아닌가. 의아해 하던 부하들에게 장량이 말한다.

"이렇게 하는 데는 네 가지 이로운 점이 있네. 우선 항우로 하여금 방심하게 하는 거지. 앞으로 유방군이 동쪽으로 나갈 의사가 없이 자기네들끼리 편하게 살겠다는 것이라고 믿게 만드는 거야. 또 함양과 파·촉·한중의 경계지역을 지키는 삼진왕三秦王들도 방심하게 만들어 방어에 틈을 만들자는 거야. 연결 다리들이 불에 타 우리 병사들에게도 더 이상 도망칠 곳 없으니 마음을 잡고 훈련에 임하라는 이점도 있지. 마지막 하나는 나중에 천하의 제후들이 천하의 패권을 놓고 큰 싸움을 벌였을 때 우리는 워낙 외진 곳이라 쓸데없이 그 싸움에 힘을 들일 이유도 없고 군사와 군량미들을 아낄 수가 있지." 척박한 땅으로 쫓겨난 유방은 처음엔 발을 동동 구르며 원통해하면서 비관에 빠진다. 그러나 곧 절치부심, 각오를 다지게 된다. 비관적인 환경도 오히려 희망적인 환경이 된다. 아니, 정확히 얘기하면 스스로 비관을 희망으로 바꿔 버린 것이다.

새해를 맞이할 때면 우리는 은근히 기대한다. 살림살이가 나아질 것이라고. 그런데 못 보고 있는 게 있다. 새해의 시작과 끝은 어둡고 춥다는 점을 말이다. 새해의 시작은 한겨울 1월이요, 연말은 막 겨울에 들어가는 12월이다. 우리는 늘 어둡고 추운 데서 시작하고 끝난다. 그건 바로 낙천적인 시작, 긍정적인 끝과는 정반대다. 해마다 거치는 우리의 삶이 그렇다. 언제나 비관에서 시작해 비관으로 끝난다. 그러면서 우리는 매년 새해를 맞고 한 해를 겪는다. 하지만 늘 살아 있다. 그건 어둡고 추운 데서 새해를 시작했기 때문에 오는 것인지도 모른다. 사는 곳이 다르면 풍경도 달라지게 마련이다. 나보다 잘하는 사람은 많지만 나처럼 하는 사람은 없다.

알리바바그룹의 창업주 마윈은 말한다. "세상을 보는 각도나 깊이는 사람마다 다르며 따라서 모든 세대 모든 개인에게는 각각의 다른 기회가 있다. 인생에는 3개 등급의 기회가 있다. 젊었을 때는 가진 게 없으니 주변의 모든 게 (채울 수 있는) 기회이며, 어느 정도 성공했을 때는 기회가 뭔지 알기 때문에 주변에 보이는 모든 게 기회다. 마지막 기회는 성공한 이후 자신의 기회를 남에게 줄 수 있는 기회다."

결론적으로 말하면 비관은 낙관하기 위해 존재한다. 부정은 긍정하기 위해 있다. 실패는 성공하기 위해 존재하는 것과 같은 이치다. 우리가 상식으로 알고 있듯이 낙관과 긍정은 좋은 것이다. 그러나 힘의 위력은 다르다. 그냥 성공하는 힘이 1이라면 실패를 겪은 뒤 생기는 힘은 2가 된다. 긍정의 힘이 1이라면 부정한 이후 나오는 힘은 2다. 실패 뒤의 성공, 비관 후의 낙관, 부정한 다음에의 긍정의 힘은 배가 된다.

The Power of Pessimism

맺음말

포커게임을 하다 보면 돈을 딸 때보다 잃을 때가 많은 사람이 있다. 이런 스타일의 사람은 십중팔구 비슷한 생각으로 게임에 임한다. '꼭 한 번은 기회가 온다.' 그러면서 무리한 베팅을 한다. 계속 돌려지는 패가 좋든 나쁘든 절대 죽지 않고 돈을 건다. 물론 기회가 올 수는 있다. 실제 온다. 하지만 언제 올지는 아무도 모른다. 희한하게도 이런 부류의 사람에게 어쩌다 온 기회는 고작 쌓인 판돈이 얼마 없을 때다. 가진 돈을 다 잃고 난 뒤 씁쓸한 마음으로 집에 돌아갈 때 '무리하게 베팅하지 말고 좋은 패가 뜰 때까지 기다릴 걸'이라고 후회한다. 그러나 때는 늦었다. '꼭 기회는 온다, 반드시 온다. 포 카드가 뜰 거야'라는 막연한 기대감에 빈털터리가 되고 만다.

70대를 치는 싱글 골퍼가 상대하기 좋은 사람이 있다. 80대 초중반가량 치는 골퍼다. 골프 핸디가 싱글이면 산전수전 다 겪었다고 봐야 한다. 잠깐 실수를 하더라도 곧 만회하는 데 선수다. 물론 80대 초중반의 핸디를 갖고 있는 골퍼도 마찬가지다. 그 정도 치려면 상당한 경험과 내공이 있는 셈이다. 문제는 자신이 싱글을 친다고 착각한다는 데 있다. 평균 타수가 80대 초중반임에도 그렇다.

그 정도만 쳐도 훌륭한 실력인데다, 가끔 싱글도 기록하기 때문에 자신감이 넘쳐 있다. 그래서 이런 골퍼는 싱글 골퍼의 밥이 되기 십상이다. '오늘은 꼭 싱글을 칠 것 같아'라는 부푼 기대감이 스스로를 망친다. 돈 내기 골프게임에서 돈 잃기 딱 좋은 부류다.

지구가 편평하지 않듯이 삶도 결코 순조롭지만은 않다. 아무리 평범한 사람이라도 곡선이 있는 법. 롤러코스터만 타지 않았을 뿐이다. 문제는 보통의 삶을 사는 사람이 많지 않다는 점이다. 우리 주변을 둘러보면 대부분의 사람은 이렇게 산다. 우여곡절迂餘曲折! 실패를 거듭해 죽고 싶은 심정의 사람도 적지 않을 터. 이들에게는 '개똥밭에서 굴러도 이승이 낫다'는 속담이 얄밉게 들릴 것이다.

나는 어려움에 처했을 때마다 떠올리는 시詩가 있다. "광야로 보낸 자식 콩나무가 되었고, 온실로 보낸 자식 콩나물이 되었네." 정채봉 시인의 「콩씨네 자녀교육」이다. 그러면서 스스로 위안을 삼는다. "그래, 맞아. 지금의 시련은 콩나무가 되기 위한 거야. 그래서 광야에 있는 걸 거야." 그리고는 주위를 둘러본다. 내 적은 누구고, 내 친구는 누구인가. 늘 간직하며 살자 했지만 비겁하게도 잘 나갈 때는 잊어버리곤 했던 영어 속담이 그제야 생각난다. 'A friend in need is a friend indeed(어려울 때 친구가 진정한 친구다).'

소위 잘나가다가 고꾸라진 사람들에게는 묘한 특성이 있는 듯하다. 떠난 줄 알았는데 제자리고, 버린 줄 알았는데 갖고 있고, 잊은 줄 알았는데 기억하고…. 떠날 때 버릴 때 잊어야 할 때 과감하지 못한, 바로 미련이 많다는 것이다. 그래서 언제나 "다음번엔 잘되겠지"라고 자신에게 말한다. 이런 게 '낙관'이요 '긍정적 사고방식'이 아니겠냐고 말한다면 그 사람은 재기하기 틀렸다.

인생을 살아가면서 평범함이 제일 행복할지 모른다. 그러나 사회는 우리를 평범하게 내버려 두지 않는다. 우여곡절이라는 놈이 지독히도 괴롭힌다. 개똥밭 이승이다. 자, 그렇다면 이 개똥밭에서 계속 허우적거려야만 할까. 이왕 평범하게 살지 못할 바에는, 이왕 허우적거릴 바에는 악착같이 빠져나와 성공하는 게 낫지 않을까. 이름표는 누구나 남긴다. 하지만 이정표는 누구나 남기는 게 아니다. 어차피 평범한 삶을 살지 못할 텐데, 역경을 딛고 성공하고, 이왕 성공할 바에는 이름표가 아닌 이정표를 남겨 보자.

맹자는 하늘이 큰 소임을 맡을 사람에게 먼저 어떤 시련을 주는지 갈파했다. 심지心志를 고통스럽게 하며, 근골筋骨을 피로케 하고,

체부體膚를 굶주리게 하며, 신세其身를 궁핍케 한다고 했다. 시련과 극복을 거치지 않으면 하늘이 내리는 대임大任을 수행할 수 없다는 뜻이다.

자기가 품는 이 땅에서의 소임이 클수록 사람은 진지해진다. 따라서 스스로 디딘 '바닥'에 진지한 눈길을 주지 않을 수 없다. 나는 그런 경우의 필요한 감정을 슬픔으로 읽었다. 그런 슬픔의 연유를 제대로 파악하고 연구해야 바닥으로부터 올라선 뒤 하늘을 향할 수 있는 법이다. 그래서 솔직하고 진지한 비관은 세상을 제대로 살아가려는 이 모두에게 늘 필요하다고 생각한다.

이 땅의 경제활동도 하늘이 내리는 대임이다. 개인적인 성공은 당연히 그에 따르겠지만, 크게 보면 이 땅의 기업인들은 나라를 꾸리고, 뭇사람들을 먹여 살리는 경국제민經國濟民의 첨병들이다. 그럼에도 이들은 늘 국가적인 차원, 사회적인 차원, 아니면 개인적인 차원의 부침을 겪는다. 그들에게 깊은 성원을 보내야 하는 내 처지에서는 아무래도 '슬픔'에 묻힌 힘의 아름다움을 건네는 게 옳다고 생각해서 이 책을 적었다.